燕鸣经管学术前沿系列丛书

群决策理论在社区自治中的应用研究

白 静 著

中国财经出版传媒集团
中国财政经济出版社
· 北京 ·

图书在版编目（CIP）数据
群决策理论在社区自治中的应用研究 / 白静著.
北京 : 中国财政经济出版社, 2025. 3. -- (燕鸣经管学术前沿系列丛书). -- ISBN 978-7-5223-3788-3
Ⅰ. D638
中国国家版本馆CIP数据核字第2025AK5611号

责任编辑：叶　彤　　　　责任校对：张　凡
封面设计：兰卡绘世　　　责任印制：党　辉

群决策理论在社区自治中的应用研究

QUNJUECE LILUN ZAI SHEQU ZIZHI ZHONG DE YINGYONG YANJIU

中国财政经济出版社 出版

URL：http：//www.cfeph.cn

E－mail：cfeph@cfeph.cn

社址：北京市海淀区阜成路甲 28 号　邮政编码：100142

营销中心电话：010－88191522

天猫网店：中国财政经济出版社旗舰店

网址：https：//zgczjjcbs.tmall.com

涿州汇美亿浓印刷有限公司印刷　各地新华书店经销

成品尺寸：170mm×240mm　16 开　14.25 印张　205 000 字

2025 年 3 月第 1 版　2025 年 3 月河北第 1 次印刷

定价：78.00 元

ISBN 978－7－5223－3788－3

（图书出现印装问题，本社负责调换，电话：010－88190548）

本社质量投诉电话：010－88190744

打击盗版举报热线：010－88191661　QQ：2242791300

前　言

党的二十大报告强调健全基层群众自治机制。社区作为基层自治组织单位，亟须创新和完善共治共享的社区治理体系。当前对于社区自治的研究多集中在治理模式和治理机制等宏观层面，本书聚焦于社区居民行使决策权时的共识达成过程，从微观层面为社区自治中的居民决策问题提供理论支持及实施路径。

在社区治理过程中，很多问题如社区改造、社区治安管理、公共服务等与社区居民自身利益息息相关，因此需要社区居民共同参与决策。通过广泛收集全体居民的意见，并充分协商沟通，最终作出居民们普遍认同的决策，这是一个典型的大规模群决策问题。因此，本书将群决策理论应用到社区自治中。

本书首先界定了研究对象，即社区自治决策问题。在对社区自治决策的概念、特点分析的基础上，从群决策视角析出了影响社区居民自治决策中达成共识的相关因素。

在对社区自治下的群决策分析的基础上，针对社区自治中大规模群决策的特点，考虑社区居民群体结构、决策形式、决策群体心理、决策群体认知差异等方面对群决策各环节的影响，分别设计了组织关系隐形影响下社区居民群体共识决策模型、线上社交影响下的社区居民群体共识决策模型、考虑决策者期望价值动态演化的动态群决策共识模型、带有不确定性和偏好性的多属性群决策模型四种共识决策方法，以期提升居民自治决策的高效性，进而完善社区治理的自治机制。

作者

2025 年 1 月

目 录

第一章 绪 论

第一节 研究背景及意义

知屋漏者在宇下，知政失者在草野。基层是国家运转的“根基”，又是与人民群众联系的“窗口”，如何有效地对基层进行社会治理，事关人民生活的幸福安康，事关党与国家的繁荣发展。在城市基层治理中，根据治理精细化以及治理重心下移的相关要求，以“两级政府、四级管理”为核心的“市政府—区政府—街道—社区”的多层级城市治理格局已经逐步形成，同时也确立了以社区为基础的基层治理模式。然而，随着政府职能的逐步下沉，以及大量的行政事务进入社区，社区治理正面临着治理规模庞大、治理资源匮乏等问题，迫切需要对社区治理进行强化和创新，依据不同的治理环境合理引入多元治理主体参与其中[1]。党的二十大报告指出，要建立健全基层党组织引领下的基层群众自治体系，大力推进基层组织的建设工作，健全基层直接民主的制度规范与工作机制，切实提升城乡社区居民进行自我管理、自我服务、自我教育、自我监督所达成的实际成效。因此，要充分发挥群众在社区治理中的基础性作用，探索构建高效的社区治理模式，促进基层治理水平的提高。

通常来讲，城市社区居民自治包括以下几个方面：（1）自治选举，即居民通过合法渠道及形式来推选基层各类自治组织，如居民委员会、社区物业委员会、社区党组织以及社区各种群团组织等，并对这些组织的工作予以监督。（2）自治决策，即在处理与社区共同利益相关的公共事务时，例如对社区道路或房产等进行重大修缮、对社区环境进行大规模改建和制定社区管理制度等。（3）自治活动，即自主参加社区义务工作和社区活动，如参加志愿活动、社区居民活动和居民之间互助等[2]。

社区居民的加入不但可以解决治理时人力和物力资源的匮乏问题，还可以确保他们自身的合法权益被合理关注，使他们的权利不受侵害。为有效应对现代异质性社会的复杂治理需求，目前各地基层社区都在采用各种方法从各自不同的切入点、拓展面探索共治共享的社区治理体系。然而，观察现实情况，大部分城市基层社区居民在参与社区自我管理方面其范围和程度仍然相当有限：一方面，旧有的基层社区治理模式导致了政府对社区事务的主导地位和提供公共服务的路径依赖，这种“家长式”的管理理念深入人心。此依赖性导致人们在参与集体活动时变得懒散，缺少积极参与社区公共事务的意愿和能力。居民在基层社区治理中的参与通常限于一些非政治性的事务（例如提供反馈、出席居民委员会的会议、听取居民委员会的通报），他们几乎没有参与重大决策和直接进行管理的机会；与此同时，居委会还肩负着执行地方政府（主要是辖区内的街道办事处）众多行政管理任务的职责。特别是在目前，社区居委会的人员招聘和资金拨付等事务大部分由地方政府掌控和承担的情况下，自然地，地方政府会将部分行政事务转交给当地的居委会执行，也就无意识地牵掣了居委会的很多精力，同时加上居委会人员素质程度等因素的原因，导致居委会工作中以行政职能参与社区管理的部分较多，以协商践行居民自治决策部分就会显得薄弱[3]。

另一方面，社区的一些重要议题由于缺少居民的自主决策导致进展缓慢。随着国家和社会民主法治意识的增强，及对民主法治的日益重视，国家和社会的层面，政府在处理与社区福祉相关的公共事务时，更加倾听居民的声音，一些在政策制定中的惠民措施，甚至要求强制性地以居民的同意作为实施的先决条件。如 2020 年 4 月北京市发布的《北京市老旧小区综合整治工作手册》，其中规定了对现有多层住宅增设电梯的严格要求：“应当充分听取拟加装电梯范围内全体业主的意见，并经专有部分占该单元住宅总建筑面积三分之二以上的业主且占总人数三分之二以上的业主同意，且其他业主不持反对意见。”然而，实际情况表明，老旧小区的改造进程因反对声音而受阻，尤其是增设电梯的工程推进迟缓。导致居民自治决策出现问题的原因就是一定比例的居民赞同率。由于缺乏居民自己直接决策的机制及平台，网格员、物业公司、居委会等相关参与方仅起到决策事件发起作用，居民需自行协商作出决策。而数量庞大的社区群众涉及的人员众多，彼此意见不一，缺乏共有的生活阅历和情感纽带，也缺乏利益联系，造成决策效率极低。因而研究社区自治中的决策机制，提升公民自治决策的高效性是基层治理的实践需求。

在社区治理过程中，很多类似加装电梯的问题如社区改造、社区治安管理、公共服务等与社区居民自身利益息息相关，因此需要社区居民共同参与做决定，要求广泛收集全体居民的意见，在居委会等部门组织下进行充分协商沟通，最终做出居民们普遍认同的决策，这是一个典型的大规模群决策问题。所谓群决策是指以群体为决策主体做出统一的有效抉择的活动，是决策活动的主要形式。群决策的优点在于能够充分发挥集体智慧，非常适合处理具有多目标、不确定性、时间动态性和竞争性等复杂的社区自治决策问题。然而大规模群决策在社区治理中的应用研究却不是很丰富。因此，本书在传统的管理学和社会学的理论基础之上，坚持问题导向的原则，基于群决策理论构建社区居民群体共识决策模型，致力于为社区治理提供一个有效的自治机制，从而引导居民更加积极有序地参与基层社会治理，以有助于社会的和谐和稳定。

第二节 国内外研究现状

一、社区治理

社区是城市治理体系的基本单元，是党和国家联系服务群众的“最后一公里”。当前我国正处于全面建设社会主义现代化国家的关键时期，社区治理作为实现现代化的重要支撑，被赋予广泛发展空间和高度关注。本节通过梳理国内外学者文献研究，挖掘社区治理基本发展路径，并从机制、方法以及社区居民自治决策等角度进行详细阐述，为后续研究奠定必要的理论基础。

（一）社区治理研究现状

国外关于社区治理的研究已经有很长的历史。滕尼斯在 1887 年首先使用了“社区”这一术语，他认为，“社区”是建立在亲族亲属基础上的一种社会关系[4]。1960 年以后，美国逐步实现了由“旧改旧”到“社区化”的思想转型，而社区民众的讨论也大大促进了“市民”的发展。美国学者 Bichard C. Box 在 1990 年就提出了以民众为本的“公民中心”的社会管理方式，它突破了以“基层政府主导”的传统社会管理方式，探索了一条新的市民管理路径[5]。Edelenbos 通过对英国 Caterham Barracks、美国 CCEC 和荷兰 Federation Broekpolder 等三个典型的社区自治个案的研究，总结在社区发展的实现过程中，建立起了一种“政企共创”的社会互动机制[6]。在这之后，因为体制与文化的差异，欧美各国都大力提倡政府的权力自由化，经过了新公共管理、新公共服务等多种模式的转型，建立起了由市场主导，政府、社会和居民治理分开的多元化但又分散的治理方式[7]。从自治型、行政型和混合型三种划分方式来看，西方的代表性社区管理模式主要有英美模式、新加坡模式、日本模式[8][9]。近年来，在对社区治理问题的研究中，学者们认为，不管是在国内还是在国外，都可以将其归纳为“政府主导”“自治”和“混合型”[10]。Ao Wang[11]描述了三高市－日本宏观社区政策背景下的地方居民参与研究。Concepción Unanue Cuesta[12]通过在一个试点研究中接近三个地区的社区、社会行为者和保健专业人员，按照定性方法进行跨国分析，从而发现这些措施在健康权之外的潜在影响，以及这些措施是否符合农村地区人口定居要求。

相比于国外社区治理研究，国内社区治理的发展进程与国家政策导向紧密相连。2004 年，中共十六届四中全会明确建立健全新型的社会治理体制，形成了一批具有特色的城市社区治理模式[13]。在中共十八届三中全会上，党中央首次将“社区建设”“社会治理革新”等传统理念替换为“社区治理”，并将其纳入国家发展的全局战略层面。江必新认为，这是我党关于社会主义现代化的一项重要的思想和实践的紧要创新，它标志着中国社会主义现代化的战略规划已经迈入了一个全新的发展时期[14]。由此，我国的基层社会管理模式也发生了变化，从原来的以政府为主，到以政府、市场社会组织和社区民众的多元主体为中心[15]。胡振光认为，多元主体协作不仅是对社会的公共产品进行再创造，更重要的是对社区的公共责任与公共利益的再创造[16]。国家政策从外在的压力和体制变革中产生的“路径依赖”，促进了从基层管理到基层治理的转变。杨海涛从“精细化管理”“无缝隙政府”和“群众路线”三个层面对我国城市社区“网格管理”进行了系统的阐释，并就中国特色从“网络管理”向“网络治理”转变的前景进行了探讨[17]。宋晓娟以“共生理论”为核心，实现了“网络型”社会管理的价值观，从而探寻中国城市“网络型”社会管理的实践途径[13]。党的十九大报告明确指出，要构建“共建共治共享”的新治理模式。它为新时期的城市管理体制建设开辟了一条新的道路。也就是说，在以上所说的多种治理方式基础上，将共建共治共享的思想理念运用其中，更加注重政府、市场组织、社会组织以及社区居民在内的多方参与[18]。

（二）社区治理机制

1. 多元主体参与机制

城市基层社会多元主体合作治理模式包括政府、市场组织、社会组织和社区居民等治理主体。对于这一模式，多名学者认为其在当今国家社区治理过程中有着重大贡献[19]。牟春雪认为，以市场组织和社会组织为代表的多元化的市场组织和社会组织提供了高效的公共物品和公共服务，并对它们的提供过程进行监管和引导[15]。程琰将“社会组织”“市场组织”和“社区居民”作为现代社会管理的基本特点之一，打破了仅由政府作为一个管理社会主体的状态，成为目前社区治理的关键内容之一[20]。市场组织主要以物业公司形式存在，它的首要目的是通过对各市场机构进行有效的指导，使它们能够获得最大的收益，从而降低它们给城市社区管理造成的消极后果，发挥它们的积极作用[19]。社区居民以“社区居委会”的身份参与了社区治理，再把所有用于管理和发展的资源转移到社区中来[21]。

2. 跨部门协同机制

在社区治理背景下，与以往的“政府协作”方式不同，“协同”更侧重于“多维”“和谐”等，因而被众多学者所认可。协作的本质在于把各个社会领域连接在一起，以适应现代社会的多样化需要，从而构成一个新型体系[22]。谢琦认为，跨部门协同是指两个或多个部门在组织中进行合作，包括共享讯息、资源、能力、风险等，以实现共识的目标[23]。热夏提·古尔班江等学者将跨部门协同治理作为解决目前中国城镇社区治理现代化的一种主要方式，对于减轻由老龄化带来的一系列养老问题，缓解社会矛盾与极端冲突，促进社区建设与社区自治具有十分积极的意义[24]。

（三）社区治理方法

1. 网格治理法

网络化管理作为一种有中国特色的城市基层治理方式，其特点是按地域、人口分布等要素进行分区，形成多个网格单元。党的十九大提出以来，中国社区治理方式已由“管理”逐渐过渡到了“治理”。陈茜霖等认为，网络化治理是以网络化管理为基础，保持其职能上的优势，通过嵌入式融合和交叉运作来促进社区治理的创新性发展[25]。杨蓓蕾等对其进行了界定，提出了社区参与主体在互助互动的背景下，通过协作实现对社会公共事务的共享，从而实现对社会公共问题的协同治理[26]。网络治理以信任、激励、沟通和协商等非强制权力为基本治理方式，组成了组织内外部交互和权力依赖的具体方式[28]。

2. 民主协商法

目前的民主协商方式有两种[27]。首先，采用社区例会的方式，由居民代理人、物业代表团、社区团体代表等参与到大会中，就有关的社会问题进行讨论和询问，并进行面对面的沟通与商议，将所有方面的利益都充分考量，从而达成一致意见，为社区做出更好的决定。另外一个办法就是在网络和线下结合进行磋商[28]。除各单位的代表外，社区内的其他成员亦可利用手机网站和小程序等网络平台提出相关问题，并在网上建立线下磋商会。呼连焦提出，推行“民主与协商”的治理模式，有效地凝聚民众的力量[29]，从而可以营造出一个和谐、全面的社区治理氛围。对于推进基层自治，推进党政对社区的各项决策，具有重要现实意义。

（四）社区居民自治决策研究现状

1939 年美国社会学家桑德森提出“社区自治”的发展问题，为后续研究奠定了理论基础。到 20 世纪 50 年代到 90 年代，美国社区自治制度发展成为典型范例，非政府组织、社区管理委员会、政府三者共同负责，让城市居民参与到社区自治中，且法律为社区自治提供基本保障[30]。20 世纪 70 年代，学者对不同国家和地区的社区居民自治模式和机制进行了深入研究，如美国的多元合作模式、日本的混合型模式、新加坡的政府主导与居民参与结合模式等。在这个过程中，学者们开始关注影响社区居民自治决策的各种因素，一些研究者指出，较高的社会经济地位和受教育程度通常与居民更积极地参与和更有效的决策相关[31]。部分学者还研究居民个体特征与心理因素对自治决策行为的影响，研究发现，社区环境、工作自主性以及与政治组织的接触等因素与居民的政治参与和决策意愿密切相关。

随着实践的发展，研究人员通过对不同国家的具体实践案例进行全面剖析，为进一步优化决策机制、提升自治效果提供极具价值的参考依据。Shawn M B 和 Alison M K 研究居民个体特征与心理因素对自治决策行为的影响，研究发现，社区环境、工作自主性以及与政治组织的接触等因素与居民的政治参与和决策意愿密切相关[32]。Colin C. Williams[33]通过评估贫困社区的第三部门参与模式的批判性发现，第三部门组织可以在社区居民自治决策中发挥独特作用，它们能够整合社会资源，为社区提供多样化的服务和支持，激发居民的参与热情。进入 21 世纪，一些研究开始关注如何利用互联网、大数据等技术手段来促进社区居民自治决策，提高决策的科学性和民主性，增强居民之间的沟通和参与度 。Keith G Provan[34]深入研究了网络治理模式在社区居民自治决策中的应用，分析其结构、管理和有效性。网络治理模式强调多元主体之间的平等合作与互动，通过构建网络关系，不同主体如居民、社区组织、企业、政府部门等可以实现资源共享、优势互补。Simon Lam 和 John Schaubroeck[35]认为在社区居民自治决策中，信息共享是确保决策科学性和民主性的关键环节。居民之间、居民与社区组织之间以及不同决策主体之间的有效信息共享，能够避免信息不对称导致的决策偏差。Mason M[36]、Sim J 等人[37]以及 Marshall B 等人[38]对定性研究方法在社区居民自治决策研究中的应用进行了深入探讨。他们聚焦于定性研究中的样本量确定、数据饱和等关键问题，旨在提高定性研究的科学性和可靠性。Gawlik R[39]对决策过程进行了定性—定量分析，探讨了如何综合运用多种方法提高决策研究的准确性。定量研究方法如问卷调查、统计分析等有助于对居民决策行为的影响因素进行量化分析，验证理论假设，构建预测模型。

相比于国外研究动态，国内居民决策的研究也很有借鉴意义。随着社区治理和自治在国内兴起，学者们开始关注社区民主参与及自治组织体系建设，探讨居民参与社区决策的情况。孙柏瑛等学者对北京市区居民参与社区决策情况进行调查与评析，指出社区民主参与虽取得一定进展，但仍任重道远，居民参与程度和效果有待提高[40]。邓泉国比较农村村民与城市居民民主决策，为后续研究提供对比分析基础[41]。张武对城市社区自治组织体系与机制建设展开研究，探索构建合理的组织架构与运行机制[42]。2008年以来研究领域不断拓展，涉及社区自治发展路径等多方面，研究方法也更加多样化。薛风平、王义运用结构方程模型进行社区居民政治参与影响因素的实证分析，开启了对居民自治决策影响因素的量化研究阶段[43]。胡那苏图在 2020 年对产业地域典型社区协同治理进行研究，探讨了在产业发展背景下社区多元主体协同参与决策的模式和机制[44]。夏永梅关注到智慧城市背景下居民自治面临的发展困境与法律应对，其中涉及互联网技术对居民自治决策过程的影响[45]。陈怡如探讨 EPS 社会工作介入模式对社区居民自治能力建设的应用，表明专业社会工作在提升居民自治决策能力方面具有积极的作用[46]。方梦星对社区居民自治视角下业主委员会“两难”问题的研究，深入剖析了业主委员会在社区自治决策中的角色困境和行为逻辑，为解决业主委员会与居民、物业公司之间的矛盾冲突提供了决策思路[47]。

二、多属性群决策问题

随着社会的不断进步和科技的飞速发展，人们在日常生活中所遇到的问题变得越来越复杂多样。由于个人的认知能力和知识水平存在一定的局限性，这常常会导致在进行决策时出现各种各样的失误和偏差。为了解决这一问题，群体决策的方法应运而生。所谓群体决策（GDM，Group Decision Making）是指在决策过程中，多个参与者共同参与讨论和决策，从而很好地弥补了个人决策时所面临的信息不足、经验不够等方面的问题。在群体决策中，其中有一个方面是多属性群决策（MAGDM，即 Multi - Attribute Group Decision - Making）。这一方面主要关注的是在多个决策者共同参与决策时，他们所面临的决策属性是有限多个的。换句话说，决策者需要在有限的属性范围内，对不同的问题方案进行综合评估和排序，从而最终找到并选择出最优的解决方案。多属性群决策（MAGDM）实际上是多属性决策（MCDM，即 Multi - Criteria Decision Making）和群体决策（GDM）这两个领域的交叉融合。多属性决策主要研究如何在多个有限属性下进行方案选择和排序，而群体决策则侧重于多个决策者共同参与决策的过程。将这两个领域结合起来，多属性群决策不仅能够充分利用群体智慧，还能讨论多个属性，通过综合分析和讨论，进而提高决策的科学性和准确性，从而成为现代决策研究领域中一个非常重要的研究方向。多属性群决策不仅在理论上具有重要的研究价值，而且在实际应用中也具有广泛的应用前景。

群体决策的特点具体体现在以下几个方面：（1）多个决策者：也就是说参与决策的人员不再是一个单一的个体，而是由两个或两个以上的成员组成，这种多个决策者参与的决策可以汇集更多的观点和专业知识，为决策质量的提升提供了保证。（2）集体决策：决策的结果是通过对多个决策者的意见进行汇总、讨论和综合分析后得到的，这种集体决策可以平衡各方利益，可以减少个人偏见对决策结果的影响，同时可以避免极端观点，为决策的公正全面提供了保证。（3）多个选择方案：决策者需要在有限多个备选方案中选择出最优的方案。而多属性群决策问题的特点是在群体决策问题特点的基础上增加了多个评估属性这一特点即影响方案最终排序结果的属性是有限多个的，而这些属性之间既可以是相互独立的，也可以是相互关联的。当属性之间相互独立时，每个属性对方案的评估是独立进行的，决策者可以分别对每个属性进行分析和评价。而当属性之间相互关联时，决策者需要考虑属性之间的相互作用和影响，这使得决策过程变得更加复杂和具有挑战性。因此，在多属性群决策问题中，决策者不仅要考虑各个属性的重要性，还要考虑属性之间的相互关系，以确保最终的决策结果能够综合考虑所有相关因素，达到最优的决策效果。

在多属性群决策问题上，权重确定方法、决策信息集成方式、对备选方案的排序方法等始终是学者们研究的重点。下面将着重介绍一下这几个方面的国内外研究现状。

（一）权重确定方法的国内外研究现状

权重是多属性群决策过程中一类不可忽视的信息，反映了各个属性在决策过程中的重要程度，不同的权重信息通常会造成决策结果的天差地别，因此在确定权重信息时应该慎重。权重信息不仅包括属性权重还包括决策者权重，其中需要指出如果我们是在动态环境下做出决策的，那么还需要考虑时间权重即考虑不同时间段决策信息的重要性程度。

首先，属性权重反映被评估属性的重要程度，属性权重的确定方法大致有三类：（1）主观赋权法。决策者根据自身经验和认识水平主观地对各属性进行赋值，这种方法可以很好地表现出决策者的评价意图。常见的主观赋权法有：专家打分法、德尔菲法和层次分析法等。袁海霞利用德尔菲法确定要素的权重系数，并应用于潜艇舱室空气污染要素权重的确定中[48]。林泽阳和林建华根据盲数计算各属性的重要度区间估计值，提出利用盲数理论确定属性的主观权重[49]。Sang 和 Liu 利用拉格朗日乘子法，基于最小二乘偏差的优化模型来计算主观权重[50]。Wu 等人在前景理论的基础之上，借助层次分析法确定可再生资源评估属性的主观权重[51]。（2）客观赋权法。为了避免主观赋权法的随意性，许多学者开始利用属性的客观信息来确定属性权重。常见的客观赋值法有：熵权法、离差最大化法、主成分分析方法等。谭旭等人针对三角犹豫直觉模糊数下多属性决策问题，提出一种使得分函数和最大熵理论相结合的方法来确定属性权重[52]。杜康和袁宏俊针对属性值为区间梯形直觉模糊数的多属性群决策问题，提出了一种基于熵权的区间梯形直觉模糊数型多准则妥协解排序方法[53]。郝湉湉等人针对社会网络环境下决策者的属性差异，采用离差最大化法估算出决策者属性权重[54]。林鹏等人基于梯形模糊数，提出运用离差最大化模型确定属性权重[55]。罗志忠和张丰焰，提出利用主成分分析法来确定公路网节点的指标权重[56]。(3) 主客观综合赋权法。这种方法将主观赋权法和客观赋权法相结合，克服了主观、客观赋权法的缺点，延续了主观、客观赋权法各自的优点。丁勇率先应用二元语义集成算子对属性的主观权重进行了计算，随后提出了一种基于最小偏差原理的属性客观权重确定方法。最终，通过综合主观权重与客观权重，获得了属性的综合权重[57]。王志平等人不仅考虑了决策者心理行为的局限性，而且为了应对概率犹豫和模糊环境下的多属性群决策问题，提出一种一致性调节方法确定决策者的综合权重[58]。Gao 等基于 ANP 和最大离差法的优化模型，确定了浮式光伏-抽水蓄能系统选址决策的属性权重[59]。

其次，决策者权重体现了决策者对信息重要性的评估。由于决策者只是在某一方面比较擅长而不是所有方面，所以决策者所被赋予的权重大小将直接影响方案选择的合理性。同样地，决策者权重的确定方法大致也可以分为三种：主观赋权方法、客观赋权方法和主客观综合赋权方法。文献[60]根据主观经验直接给出了决策者权重。然而，鉴于主观赋权法的随意性和主观性，越来越多的学者专注于决策者客观权重的研究中，Yue 先定义了正负理想矩阵，接着根据个人决策矩阵与正理想矩阵之间的距离测度来确定决策者权重[61]。苏加福等人根据决策者的专业性，确定了各属性的决策者权重[62]。林鹏等人基于梯形模糊数，提出利用决策专家的赋值离差和最小化方法确定决策者权重[55]。为了使决策者权重既符合决策者主观意愿，又具有客观性，一些学者开始尝试将主观赋权方法和客观赋权方法相结合，王志平在概率犹豫模糊环境下，根据已知的主观决策者权重，通过一致性调节运算得到决策者的综合权重[58]。

但是随着社会经济的发展，我们所面临的决策问题出现了长期性的特征，也就是说我们逐渐处于动态环境中，不同的时间段的重要程度会有所不同，这时也就出现了时间权重这一概念。林鹏等人在动态梯形模糊数环境下，通过研究动态混合多属性群决策问题，提出利用熵权法和 Orness 测度赋权法计算时间权重[55]。Zhu 等人在概率区间值犹豫模糊环境下，通过获取概率信息，引入云模型对计算过程优化，提出了一种综合阶段内和阶段间决策信息求解阶段权重的方法[63]。

（二）决策信息集结方式的国内外研究现状

决策信息集成方式是多属性群决策中的另一个重要问题。在实际决策过程中，不同的决策者可能会提供不同类型和形式的信息，如何有效地整合这些信息以形成统一的决策意见是一个挑战。当前决策信息集结方式大部分是由加权算术平均算子（WAA，即 Weighted Arithmetic Averaging Operator）、有序加权算术平均算子（OWA，即 Ordered Weighted Averaging Operator）、加权几何算子（WG，即 Weighted Geometric Operator）、有序加权几何算子（OWG，即 Ordered Weighted Geometric Operator）等的基础上扩展或混合而成。许小卫等人引入模糊测度及 Choquet 积分来定义三角犹豫直觉模糊关联有序加权几何平均算子（R－THIOWGA），并以 R－THIOWGA 集成算子为基础解决模糊关联多属性群决策问题[64]。刘兮等人在概率对偶犹豫模糊信息环境下，提出了阿基米德 copula 加权概率对偶犹豫模糊算术平均算子和几何平均算子，将其应用于信息集结时[65]。Muhammad 等人在毕达哥拉斯犹豫模糊集的环境下，毕达哥拉斯犹豫模糊有序加权平均和毕达哥拉斯模糊有序加权几何算子用于聚合毕达哥拉斯犹豫模糊值，这将使得数据更加准确和有价值[66]。

（三）对备选方案排序方法的国内外研究现状

当前，对备选方案排序方法的研究大多是在逼近理想解排序法（TOPSIS，即 Technique for Order Preference by Similarity to Ideal Solution）、多准则妥协优化解法（VIKOR，即 Vlsekriterijumska Optimizacija I Kompromisno Resenje）等经典方法的基础上进行扩展或混合。这些方法在处理不同类型的决策问题时各有优势。TOPSIS 法依据决策单元与理想最优解或最劣解之间的距离来实施排序。王志平等人针对概率犹豫模糊语言环境，在充分考虑决策者心理行为的前提下，基于 TOPSIS 方法实现多个备选方案之间的优劣排序[58]。范建平等人针对信息不一致和不连续问题，将单值中智集的三个参数投影到坐标系上，进而构成了一个三维空间，同时将 VIKOR 方法拓展到这一环境之下[67]。禹春霞等人针对决策信息变化问题，采用平均解距离法（EDAS，即 Evaluation based on Distance from Average Solution）也就是按照距平均解的距离对方案进行排序，这种方法能够有效避免原始评价信息失真的情况，并且具有较好稳定性[68]。Roghanian 将 TOPSIS 法应用于模糊环境下，并将其应用于供应商的选择和评估问题中[69]。

综上所述，多属性群决策问题的研究在国内外都取得了显著的进展。权重确定方法、决策信息集成方式和备选方案排序方法的研究不断深化，新的理论和方法不断涌现，为解决实际决策问题提供了有力的支持，为复杂多变的决策环境提供了更加科学、合理的决策支持。

三、社会网络下的群决策问题

在社会和媒体发展背景下，公共卫生与生态安全决策环境正经历变迁，复杂性加剧，参与主体趋向多元。现代决策活动信息范围广泛，影响因素众多，难以单凭个人实现科学决策。因此，需汇聚群体优势与集体智慧，作出最优决策。这一转变促使决策参与对象由单一个体扩展至多个部门、庞大人数的大群体，此类决策难题通常被归类为“群决策问题”。随着互联网技术尤其是社交软件的蓬勃发展，人们之间的网络交流显著增加。这为我们在处理实际决策时收集决策者间的社会关系提供了有力支持，使我们能够构建包含各种特征的社会关系网络。这一现象推动了基于社会网络分析的群体决策研究成为热点。在群体决策中，共识的达成是关键环节，它涉及决策者间的反复沟通与偏好调整。而基于反馈机制的共识过程，在决策情境中，决策者的情感、观点或行为易受交流互动影响。为减少这种偏好影响，需要引入协调者来协助信息收集和意见反馈等工作。

基于反馈机制的共识过程聚焦于协调者与决策者之间的互动，主要包括以下五个阶段：（1）收集偏好意见，旨在通过各种渠道收集参与者的意见和偏好，以便形成基础的决策依据。（2）共识测量，在意见收集后，需要对这些意见进行量化和评估，从而确定不同意见的重要性和影响力。（3）共识控制，通过协商和讨论来达成大部分参与者都认同的决策，确保决策的有效性和执行力。（4）反馈机制，决策实施后，反馈机制能够帮助管理者评估决策的效果，以便对未来的决策进行改善。（5）选择过程，也是决策的核心，包括分析信息、生成备选方案和最终选择最合适的方案。其中达成共识的过程（CRP）一般框架如图 1－1 所示。

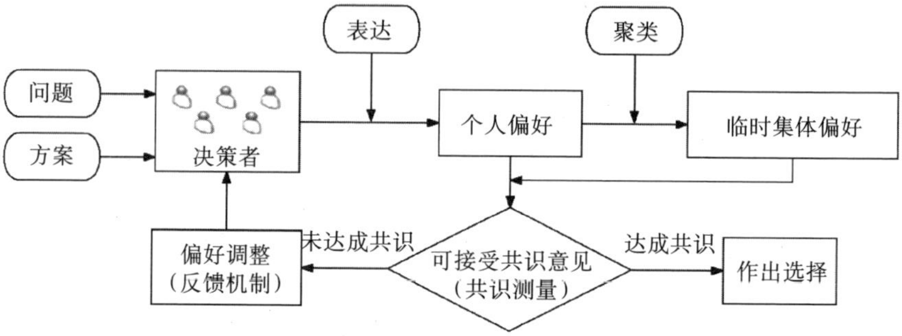

图 1－1　CRP 的一般框架

（一）考虑社会网络关系的群决策方法

社会网络关系的群决策方法是通过分析社交网络中各个个体之间的关系，来辅助群体做出更好决策的一种方法。围绕社会网络关系群决策问题，国内外诸多学者开展了系列研究。

张威威针对决策主体成员之间的多样性、决策环境的不稳定性，提出了公众参与型的大群体共识决策方法[70]。为不局限于固定的静态社会网络关系群决策场合，李胜利构建了决策者影响力扩散模型以及基于动态影响力的观点演化共识模型[71]。武彤提出考虑内部偏好关系与外部社交关系的区间二型模糊大规模群决策方法[72]。晁祥瑞开发了一套基于余弦相似度的算法，用于整合多样化的异构偏好、对决策者进行聚类，并检测非合作行为，以及促进达成一致意见[73]。针对不确定信息表示方法和大群体特征，刘原园通过应用社会网络分析技术，探讨了在概率性语言环境中大规模群体达成共识的决策过程模型[74]。楚俊峰提出了一种综合考量决策者之间信任关系以及个体之间临近性的群体模糊判断矩阵决策方法，构建了基于信任关系和临近性的权重分配模型，旨在通过整合多维度的信息，提升群体决策的科学性和准确性[75]。Dong 等在分析决策者之间的信任关系基础上，开发了针对社会网络群体决策的信任导向型反馈机制[76]。为了降低大规模集团决策问题的复杂性，Wu 等[77]提出一种基于信任网络信息的两阶段解决方案，第一阶段，利用网络分区算法，基于决策者间的信任联系进行分区，通过分析决策者之间的信任关系，算法能够识别出具有较强内部信任联系的子群体；第二阶段，应用最短路径算法来确定跟随者对可信领导者的信任度，能够帮助识别出在信任网络中连接任意两个决策者之间的最短信任路径，从而为决策提供一个基于信任的权重系统。Guo 等提出一种基于二维相似度 - 信任矩阵的分层聚类算法，研究以构建具有高效协作和交流环境的子群体[78]。在研究个体一致性和社会网络的背景下，Li 等探讨了如何从一致的犹豫模糊偏好关系中提取出作为个体信息的个体优先级权重向量，有效地将个体的偏好信息转化为量化的权重指标并进一步聚合成群体信息，揭示了犹豫模糊偏好关系一致性提高对社交网络的动态影响，从而为理解群体决策提供了一个新的视角[79]。由于决策者之间的信任关系会影响多标准组决策的结果，Xu 等提出了一种基于概率语言信息的适用于社交网络群体决策决策者聚类方法，同时利用优化模型的思路，还提出了一种计算共识度阈值的客观方法，该方法可以根据每轮社交网络群体决策的结果更新共识阈值[80]。传统方法未能充分反映关键决策者在达成共识过程中调节信息传播的关键作用，并且决策问题中部分缺乏语言评估也对确定最佳替代方案构成了障碍，对此 Mao 等提出了一种改进的基于拉普拉斯引力中心性的共识方法，可以有效地处理社交网络环境中的不完整决策信息[81]。Shang 等针对决策者对初始意见固执不放的社交网络群体决策达成共识的问题，提出了一种基于反馈机制的被动调整（PA - FM）和基于社交互动的主动调整（AA - SI）的新共识模型，该模型根据决策者的意见分布在每一轮中自适应地采用 AA - SI 或 PA - FM[82]。

社会网络关系分析在群决策中的应用正逐步成为研究热点。在未来，这一领域的发展趋势将呈现出以下特点：首先，随着大数据和人工智能技术的不断进步，我们将能够更深入地挖掘和分析社会网络中的关系数据，揭示个体间相互影响和决策行为的潜在规律。其次，社会网络关系在群决策中的重要性将得到进一步强调，通过量化分析个体间关系网络的紧密程度、信任度等指标，我们可以更准确地预测和评估决策结果。最后，跨学科融合将成为推动社会网络关系群决策方法发展的关键，结合心理学、社会学、计算机科学等多学科理论，构建更加适应复杂多变环境的决策模型，提高决策的智能化和精准化水平。

（二）共识测量与意见反馈

共识测量与意见反馈在群体决策和协作研究领域占据着关键地位。共识测量着重于量化群体成员间的一致性水平，而意见反馈则涉及在群体决策过程中利用信息反馈来协助成员达成共识。共识测量是群体决策研究的核心议题之一，它关注于评估群体成员在决策过程中的意见一致性。共识的程度往往映射出决策的品质和群体的团结力。在学术文献中，共识测量的方法主要分为定性和定量两大类别。

定性方法主要依赖于专家的主观判断，通过观察和分析群体成员的讨论过程来评估共识的程度。专家可能会根据群体成员的发言频率、语气、肢体语言等非言语信息来判断他们之间的共识水平。定性方法的优点在于能够捕捉到群体动态的细微变化，但其主观性较强，难以进行精确的量化分析。例如，Delphi 方法就是一种常用的定性共识测量技术，它通过多轮问卷调查和反馈循环，让专家们就某一问题达成一致意见。

定量方法则更加侧重于使用数学和统计工具来量化共识。常见的定量共识测量指标包括：一致性指数，来衡量群体成员意见的相似程度，或者采用模糊集理论来处理意见的模糊性和不确定性。如肯德尔和谐系数（Kendall's W）和克朗巴赫的 α 系数（Cronbach's alpha），用于评估群体成员评分的一致性；共识距离，如欧氏距离或曼哈顿距离，用于衡量不同个体或群体意见之间的差异；共识阈值，设定一个阈值，当群体成员的意见差异小于该阈值时，认为达成了共识。对此，国内外专家做出以下研究。

庄花构建基于共识决策的群体互动算法，依据数学期望理论，提出一种新的概率语言术语集的度量方式，用作群体决策共识水平的评估工具[83]。针对犹豫模糊信息，弥补传统的距离测度缺陷，吴双胜等研究了犹豫模糊语言的几种距离测度新型公式，如欧氏距离、海明距离等[84]。徐选华提出了一种改进的蚁群聚类算法，将决策群体成员对决策问题所涉及的多个评价准则值巧妙地转化为偏好矢量，利用这些偏好矢量之间的相聚度作为计算邻域相似度的关键公式，形成一个启发式聚类算法[85]。为了保证共识阈值的客观性，邹文昌提出了最低共识阈值的概念，以此为共识阈值的确定作参考，并且基于方案的排序相似度提出了新的群共识度量方法[86]。吴航遥在共识测度算法中引入群体满意度指标，更加有效地识别关于不同方案决策信息的共识差异性，并构建基于肯德尔距离的共识模型，通过计算方案排序的最小改变成本获得群体共识排序[87]。Wang 等提出采用一个称为随机共识指数的概念，当通过基于个人偏好的方法计算共识指数时，帮助决策者直观地选择合适的共识阈值[88]。Liu 等基于关系强度和传播效率，提出新的信任传播算子，补全不完全信任关系，并设计非线性模型消除决策者之间的冲突，在每次迭代中都能呈现最大减少，从而高效快速地将冲突降低到所需阈值以下[89]。为了控制调整信息的成本，基于最小成本的共识模型最初由 Ben - Arieh 和 Easton 提出[90]，而 Qin 等[91]首先采用 Louvain 算法对大群体聚类，进而研究了大群体决策下的最小调整成本共识模型。通过各主体共识达成的反馈协调机制，能够让各个决策主体的偏好信息在不断迭代更新中得到充分的认可和接纳，进一步解决各个决策主体之间的意见冲突。反馈机制将会提供反馈建议并要求决策者调整自身偏好意见，直至共识达成。如 Ding 等认为冲突关系只存在少数决策者之间，因此可以利用系数表示技术分析识别决策者之间的冲突关系，并建立了基于冲突关系的共识反馈机制[92]。Liu 等提出基于信任关系的共识反馈机制，开发了区间值信任函数的排名顺序关系的新概念，用于在意见反馈时确定哪种意见值得信赖或不值得信赖[93]。考虑通过在意见动力学中使用有界置信度模型驱动，Zha 等研究开发了一种创新的共识形成模型，该模型融入了个性化反馈机制，在置信度已知或未知两种场景下，该机制能够提出更受欢迎的建议[94]。未知的置信度由学习算法负责进行估算，通过实际数值示例和模拟分析，验证了该模型在促进共识形成方面的效能，同时考虑了个体对反馈调整建议的接受程度。

共识测量与意见反馈构成了群体决策研究的核心议题。通过运用多种方法和模型，这些研究致力于提升群体决策的效率与品质。无论是采用定性还是定量的方法，目标都是为了更精确地评估和增进群体成员间的共识，进而增强决策的科学性和有效性。国内外的研究成果为群体决策提供了坚实的理论基础和实用的工具，有助于解决决策过程中出现的意见分歧，推动群体朝着共同目标迈进。

第三节　研究现状和分析思考

综上分析，学者们对社区治理及大群体决策作了大量研究，为社区自治中的群体共识决策的研究提供了经验，但是在研究方法上多是从管理学、社会学、法学、政治学等学科角度开展，以理论分析和定性表述为主，但是对于城市社区居民自治决策的具体过程还少有定量分析的研究。本书将群决策理论应用于居民自治决策中，采用多学科交叉方法从以下几方面对社区自治决策进行深入研究和思考：

（1）虽然目前有关社会网络的群决策研究众多，但现实中还客观存在着一些其他的社会关系并未在社会网络群决策中得到深入研究，比如社区中的组织关系，且多数研究只考虑社会关系在共识协调过程中的静态驱动作用，却较少有研究会考虑到社会关系在共识协调过程中的动态变化对共识达成的影响。

（2）具有社会网络关系的决策群体，在决策过程中会受到关系网络的影响，该影响不仅体现在社会网络的固有关系，还包括决策群体在互动中相互交流各自的目标，以影响对方的认识以及充盈自身信息。而在互联网化的社会环境下，当今线下决策过程并不会完全脱离线上环境而存在，决策者的互动更多是借助网络社交工具。因此，研究线上社交互动对线下决策的影响是社区自治群决策问题的现实需求。

（3）当前对于群决策的研究主要集中于集成算法及其在静态决策中的初步应用，对于动态决策下的复杂决策过程研究较少，而决策信息的时变性会对决策者的心理产生特定的影响，因此，关于动态时变信息下考虑决策者动态演化心理行为的社区居民群体决策模型的进一步研究是十分必要的。

（4）决策群体会受到生活经验、工作经验以及知识背景的影响，其作出的决策信息存在明显的偏好性，但大多数研究在信息合成过程中没有考虑到这一因素造成的不确信问题。

第四节 研究内容

本书将群决策理论应用到社区自治的相关决策中，考虑社区群决策在决策群体结构、决策形式、决策群体心理等方面的特征，构建决策模型、设计决策方法，从微观层面为社区自治中的居民群决策问题提供理论支持及实施路径。主要研究包括以下几个方面：

第一章首先介绍课题的研究背景及意义，主要对社区治理和大群体决策问题两个研究领域的发展状况加以阐述。

第二章介绍预备知识。

第三章介绍了社区居民自治决策的概念、特点、影响因素框架，并从群决策视角确定了社区自治决策的影响因素。

第四章研究组织关系隐形影响下社区居民群体共识决策模型。首先，从社会资本角度分析在员工社区居民决策中组织的制度体系和控制系统的隐形影响，提出了“群决策中的组织隐形场域”概念及“隐形场力”模型来刻画组织内居民偏好的形成过程。其次，设计了一种可视化交互的双重共识协调机制，在共识结果可视化的前提下，考虑组织关系及社会资本的动态变化影响，从隐形场力变化及群体偏好影响两方面调整居民偏好，以实现快速共识收敛。最后，通过案例分析验证方法的有效性和实用性。

第五章研究线上社交影响下的社区居民群体共识决策模型。首先，利用线上社交平台对决策者的意见引领度进行了量化评估。其次，结合线下社会网络效能构建双层效能影响矩阵，用于决策者的权重计算。最后，将所提出的共识达成机制应用于社区居民群决策案例中，以验证所提方法的合理性与有效性。

第六章研究时变不确定信息下考虑决策者期望价值动态演化的动态群决策模型。考虑到动态决策信息的时变特性，定义了一种时间序列区间三角模糊软集，同时基于新信息优先原则，采用指数衰减模型确定时间权重系数，得到静态模糊软矩阵；进一步，考虑决策者时间变化下的期望价值演化，结合软集决策思路，引入阈值－参照点集合，计算决策者的心理“益损值”，并确定决策者的心理期望价值；同时，将决策情景发生的时间概率转化为相应的权重函数，并依据前景值最大化原则及极大熵理论建立一种确定决策方案参数及权重的优化模型，得到方案的综合累积前景值，实现最优方案的决策。

第七章研究带有不确定性和偏好性的多属性群决策问题。首先，采用能充分表达不确定决策信息的概率语言术语集刻画属性指标，并将其作为证据推理算法中的证据信息。其次，从认知科学的角度考虑由生活经验及工作经验等不同偏好造成的证据不确信问题，对证据折扣系数表达式进行改进，构建基于概率语言赋权交叉熵的 Mass 函数。再次，利用递归算法对决策群体多指标形成的证据信息进行合成，得到各方案的综合评估信息。最后，通过案例验证该模型的有效性和实用性。

第八章首先对全书进行了总结，然后展望了今后进一步的研究工作。

第二章 预备知识

本章的内容框架如图 2－1 所示。

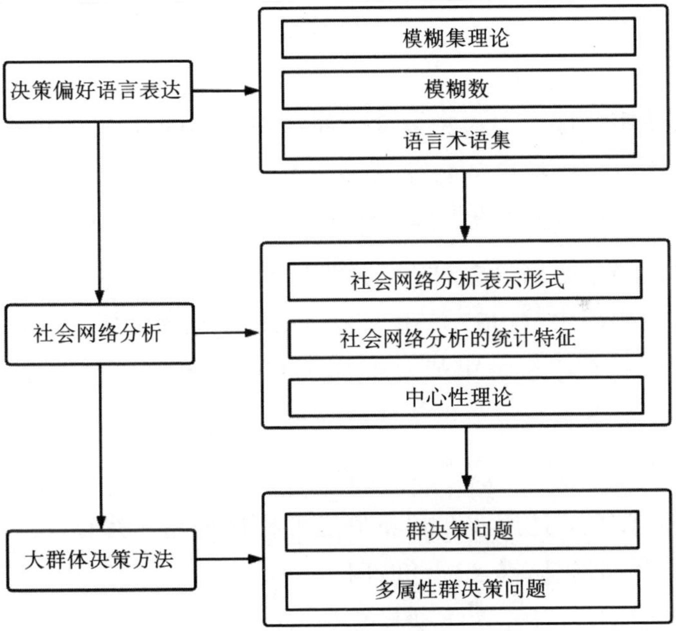

图 2－1 内容框架

第一节 决策偏好语言表达

在现实生活中，决策信息常常以语言变量的形式出现。本论文假设一个语言变量的取值是有限的。给定 $S=\{s_\alpha \mid \alpha=-t,\cdots,-1,0,1,\cdots,t\}$ 为有限的有序离散语言术语集，奇数个语言变量，其中，s_α表示某个语言变量的可能取值。这样就定义了描述某属性的语言值。s_α中下标值的选取对结果无实质性影响，例如，也可以是 $S=\{s_0,s_1,\cdots,s_g\}$。专家对某一对象的评价，可以采用以下语言集合中的评价词汇进行描述：

$S=\{s_{-3}=$非常差，$s_{-2}=$差，$s_{-1}=$有点差，$s_0=$中等，$s_1=$有点好，$s_2=$好，$s_3=$非常好$\}$ 或者 $S=\{s_0=$非常差，$s_1=$差，$s_2=$有点差，$s_3=$中等，$s_4=$有点好，$s_5=$好，$s_6=$非常好$\}$

一、模糊集理论

在决策的实际操作中，决策者往往面临复杂的环境和有限的知识，这使得决策者难以利用精确的数值来表达评价信息。因此，迫切需求一种能够反映决策者在决策过程中不确定性的信息表达方式。随着研究者对这类模糊不确定性问题的深入探讨，“模糊”这一概念逐渐发展和完善。在众多影响深远的理论中，1965 年由著名自动控制领域专家 Zadeh 教授首次提出的模糊集理论[95]尤为突出。该理论提供了一种数学化的手段来表达模糊概念。不确定概念中的对象属于该概念的可能程度不同，模糊集理论使用隶属函数表达这种可能程度[96]。与精确数学有所区别，模糊集理论接受不确定性的差异存在，适用于描述不确定的模糊信息，并且已经在诸如控制和建模等众多科研领域得到广泛应用。

模糊集理论通过使用语言变量来表达评估者的偏好信息[97]。例如，利用模糊逻辑中的语言变量来表达他今晚出席宴会的概率，分别为很低、低、中等、高、很高。论域 X 内的模糊集 M 可由隶属函数 $\mu_M(x)$表示，其中的元素 x 对应区间 $[0,1]$ 中的某个实数，隶属函数 $\mu_M(x)$ 在 x 处的值代表 x 在 M 中的隶属度。因此，$\mu_M(x)$的值越趋于一致，M 中 x 的隶属度越高[98]。

该理论主要扩展了传统特征函数的取值范围，使其从仅限于$\{0,1\}$变为覆盖整个区间$[0,1]$，并且这一改进在随后的众多领域中都获得了广泛的应用。

定义 2.1[99] 设 X 为某一非空有限论域，x 对于论域 X 的隶属函数记为 $t_M(x)$，则 X 上的模糊集 M 可以定义为：

$$M=\{(x,t_M(x)),x\in X\};\tag{2-1}$$

其中，$t_M(x):X\to[0,1],x\in X$。由定义 2.1 可以看出，如果 $t_M(x)=0$，那么 x 完全不属于模糊集 M；如果 $t_M(x)=1$，那么 x 完全属于模糊集 M。

定义 2.2[99] 设 X 是一非空有限论域，M_1 和 M_2 为该论域上的两个模糊集，则有：

（1）$t_{M_1}^c(x)=1-t_{M_1}(x)$；

（2）$t_{M_1\cap M_2}(x)=t_{M_1}(x)\wedge t_{M_2}(x)$；

（3）$t_{M_1\cup M_2}(x)=t_{M_1}(x)\vee_{M_2}(x)$。

在决策过程中，专家们除了可能持有赞同或反对的立场外，有时也会保持中立。然而，由于传统的模糊集仅能表达单一的隶属度，它无法精确地反映专家在复杂决策情境下的真实偏好，这可能会导致决策结果的不合理性。为了解决这一问题，Atanassov 教授于 1983 年提出了直觉模糊集的概念，将非隶属度的概念引入传统模糊集中。与传统模糊集相比，直觉模糊集能够从隶属度、非隶属度和犹豫度三个维度来描述决策者的偏好，从而提高决策的准确性和品质。

定义 2.3[100][101] 设 X 为某一给定的论域，$I=\{\langle x,\mu_I(x),v_I(x)\rangle x\in X1\}$ 为一个直觉模糊集，其中，$\mu_I(x)$、$v_I(x)$ 分别表示 x 对于 X 的隶属度和非隶属度，$\pi_I(x)=1-\mu_I(x)-v_I(x)$ 表示犹豫度，有 $0\leqslant\mu_I(x)\leqslant1$，$0\leqslant v_I(x)\leqslant1$，$0\leqslant\pi_I(x)\leqslant1$，$x\in X$。倘若犹豫度 $\pi_I(x)=0$，那么直觉模糊数 I 可以简化为 $\langle\mu_I,v_I\rangle$。

定义 2.4[102] 给定两个直觉模糊数 $I_1=\langle\mu_{I_1},v_{I_1}\rangle$ 和 $I_2=\langle\mu_{I_2},v_{I_2}\rangle$，其基本运算和比较规则定义如下：

（1）$I_1\oplus I_2=\langle\mu_{I_1}+\mu_{I_2}-\mu_{I_1}\mu_{I_2},v_{I_1}v_{I_2}\rangle$；

（2）$I_1\otimes I_2=\langle\mu_{I_1}\mu_{I_2},v_{I_1}+v_{I_2}-v_{I_1}v_{I_2}\rangle$；

（3）$\chi I_1=\langle1-(1-\mu_{I_1})^{\chi},v_{I_1}^{\chi}\rangle,\chi>0$；

（4）$I_1^{\chi}=\langle\mu_{I_1}^{\chi},(1-v_{I_1})^{\chi}\rangle$，$\chi>0$；

(5) $\max\{I_1,I_2\}=\langle\max\{\mu_{I_1},\mu_{I_2}\},\min\{v_{I_1},v_{I_2}\}\rangle$;

(6) $\min\{I_1,I_2\}=\langle\min\{\mu_{I_1},\mu_{I_2}\},\max\{v_{I_1},v_{I_2}\}\rangle$。

定义 2.5[103] 设 $I_1=\langle\mu_{I_1},v_{I_1}\rangle$ 和$I_2=\langle\mu_{I_2},v_{I_2}\rangle$ 均为直觉模糊数，$\chi,\delta>0$，则有运算法则如下：

(1) $I_1\oplus I_2=I_2\oplus I_1$;

(2) $I_1\otimes I_2=I_2\otimes I_1$;

(3) $\chi(I_1\oplus I_2)=\chi I_2\oplus\chi I_1$;

(4) $(I_1\otimes I_2)^{\chi}=I_1^{\chi}\otimes I_2^{\chi}$;

(5) $\chi I_1\oplus\delta I_1=(\chi+\delta)I_1$;

(6) $I_1^{\chi}\otimes I_2^{\delta}=I_1^{\chi+\delta}$。

定义 2.6[104] 两个直觉模糊数$I_1=\langle\mu_{I_1},v_{I_1}\rangle$和$I_2=\langle\mu_{I_2},v_{I_2}\rangle$之间的距离公式可以表示为：

$$d(I_1,I_2)=\frac{1}{2}(|\mu_{I_1}-\mu_{I_2}|+|v_{I_1}-v_{I_2}|+|\mu_{I_2}+v_{I_2}-\mu_{I_1}-v_{I_1}|)$$

式（2-2）

其中，μ_{I_1}，μ_{I_2}，v_{I_1}，v_{I_2}，$d(I_1,I_2)\in[0,1]$。

如果$\delta_{ij}=\langle\mu_{ij},v_{ij}\rangle$，$A_{5b}^{(k)}$、$A_{5c}^{(k)}$分别为属性值为直觉模糊数的效益型属性和成本型属性，则δ_{ij}的标准化公式为：

$$\delta_{ij'}=\langle\mu_{ij'},v_{ij'}\rangle=\begin{cases}\langle\mu_{ij},v_{ij}\rangle,a_j^{(k)}\in A_{5b}^{(k)}\\\langle v_{ij},\mu_{ij}\rangle,a_j^{(k)}\in A_{5b}^{(k)}\end{cases}$$ 式（2-3）

二、模糊数

在模糊集理论中，模糊数由一系列可能的数值构成，而不是一个固定的数值。这些数值各自具有介于 0 到 1 之间的权重。模糊数是对传统实数定义的一种推广，其运算过程融入了不确定性和主观判断。本书将探讨两种特定类型的模糊数。

（一）区间数

定义 2.7[105] 设 $\hat{\eta}=[\eta^-,\eta^+]=\{x\,\eta^-\leqslant x\leqslant\eta^+,\eta^-,\eta^+\in R^+\}$，$\eta^-$和

η^+ 分别为 $\hat{\eta}$ 的下界和上界，则 $\hat{\eta}$ 为一个正实数轴上的区间数。

定义 2.8[106] 设 $\hat{\eta}_1=[\eta_1^-,\eta_1^+]$ 和 $\hat{\eta}_2=[\eta_2^-,\eta_2^+]$ 为两个在正实数轴上的区间数，其距离公式为：

$$d(\hat{\eta}_1,\hat{\eta}_2)=\sqrt{\frac{1}{2}((\eta_1^- -\eta_2^-)^2+(\eta_1^+ -\eta_2^+)^2)} \qquad \text{式 (2-4)}$$

定义 2.9[107] 给定任意两个正区间数 $\hat{\eta}_1$ 和 $\hat{\eta}_2$，存在一些运算法则定义如下：

（1）$\hat{\eta}_1+\hat{\eta}_2=[\eta_1^- +\eta_2^-,\eta_1^+ +\eta_2^+]$；

（2）$\hat{\eta}_1\otimes\hat{\eta}_2=[\eta_1^-\ \eta_2^-,\eta_1^+\ \eta_2^+]$；

（3）$\chi\hat{\eta}_1=[\chi\eta_1^-,\chi\eta_1^+],\chi>0$；

（4）$\hat{\eta}_1\div\hat{\eta}_2=(\eta_1^-/\eta_2^+,\eta_1^+/\eta_2^-)$；

（5）$\max\{\hat{\eta}_1,\hat{\eta}_2\}=[\max\{\eta_1^-,\eta_1^-\},\max\{\eta_1^+,\eta_1^+\}]$；

（6）$\min\{\hat{\eta}_1,\hat{\eta}_2\}=[\min\{\eta_1^-,\eta_1^-\},\min\{\eta_1^+,\eta_1^+\}]$。

在群决策中，决策者 $ek(k=1,2,\cdots,q)$ 给出方案 $xi(i=1,2,\cdots,n)$ 在属性 $a_j^{(k)}(j=1,2,\cdots,m^k)$ 的评估值 $\delta_{ij}=[\eta_{ij}^-,\eta_{ij}^+]$，$A_{2b}^{(k)}$、$A_{2c}^{(k)}$ 分别为属性值为区间数的效益型属性和成本型属性，则 δ_{ij} 的标准化公式为：

$$\delta'_{ij}=[\eta'^-_{ij},\eta'^+_{ij}]$$

$$=\begin{cases}[\eta_{ij}^-/\sum_{i=1}^{n}\eta_{ij}^+,\eta_{ij}^+/\sum_{i=1}^{n}\eta_{ij}^-],a_j^{(k)}\in A_{2b}^{(k)}\\ [(1/\eta_{ij}^+)/(\sum_{i=1}^{n}(1/\eta_{ij}^-)),(1/\eta_{ij}^-)/(\sum_{i=1}^{n}(1/\eta_{ij}^+))],a_j^{(k)}\in A_{2c}^{(k)}\end{cases}$$

式 (2-5)

（二）三角模糊数

定义 2.10[108] 设 $\tilde{\eta}=(\eta^L,\eta^M,\eta^U)$ 是一个正三角模糊数，$0<\eta^L\leqslant\eta^M\leqslant\eta^U$，其隶属度函数可以表示为：

$$\mu_{\tilde{\eta}}=\begin{cases}(x-\eta^L)/(\eta^M-\eta^L), & \eta^L\leqslant x<\eta^M,\\ (\eta^U-x)/(\eta^U-\eta^M), & \eta^M\leqslant x<\eta^U,\\ 0, & \text{其他}.\end{cases} \qquad \text{式 (2-6)}$$

其中，η^L 和 η^U 分别为 $\eta=(\eta^L,\eta^M,\eta^U)$ 的下界和上界，η^M 为中值。倘若

$\eta^U-\eta^L$的差值越大，那么正三角模糊数$\tilde{\eta}$的模糊程度就越大。

定义 2.11[109] 设$\tilde{\eta}_1=(\eta_1^L,\eta_1^M,\eta_1^U)$和$\tilde{\eta}_2=(\eta_2^L,\eta_2^M,\eta_2^U)$是两个正三角模糊数，根据扩展原理，有如下运算法则：

（1）$\tilde{\eta}_1\oplus\tilde{\eta}_2=(\eta_1^L+\eta_2^L,\eta_1^M+\eta_2^M,\eta_1^U+\eta_2^U)$；

（2）$\tilde{\eta}_1\otimes\tilde{\eta}_2=(\eta_1^L\eta_2^L,\eta_1^M\eta_2^M,\eta_1^U\eta_2^U)$；

（3）$\chi\tilde{\eta}_1=(\chi\eta_1^L,\chi\eta_1^M,\chi\eta_1^U)$，其中$\chi>0$；

（4）$\tilde{\eta}_1\div\tilde{\eta}_2=(\eta_1^L/\eta_2^U,\eta_1^M/\eta_2^M,\eta_1^U/\eta_2^L)$；

（5）$\max\{\tilde{\eta}_1,\tilde{\eta}_2\}=[\max\{\eta_1^L,\eta_2^L\},\max\{\eta_1^M,\eta_2^M\},\max\{\eta_1^U,\eta_2^U\}]$；

（6）$\min\{\tilde{\eta}_1,\tilde{\eta}_2\}=[\min\{\eta_1^L,\eta_2^L\},\min\{\eta_1^M,\eta_2^M\},\min\{\eta_1^U,\eta_2^U\}]$。

定义 2.12[110] 对于两个正三角模糊数$\tilde{\eta}_1$和$\tilde{\eta}_2$，它们的并集、交集所对应的隶属函数表示如下：

（1）并集：$\tilde{\eta}_1\cup\tilde{\eta}_2\Leftrightarrow\mu_{\tilde{\eta}_1\cup\tilde{\eta}_2}(x)=\min\{1,\mu_{\tilde{\eta}_1}(x)+\mu_{\tilde{\eta}_2}(x)\}$；

（2）交集：$\tilde{\eta}_1\cap\tilde{\eta}_2\Leftrightarrow\mu_{\tilde{\eta}_1\cap\tilde{\eta}_2}(x)=\max\{0,\mu_{\tilde{\eta}_1}(x)+\mu_{\tilde{\eta}_2}(x)-1\}$。

定义 2.13[111] 为了计算两个正三角模糊数$\tilde{\eta}_1$和$\tilde{\eta}_2$之间的距离，给出如下距离公式：

$$d=(\tilde{\eta}_1,\tilde{\eta}_2)=\sqrt{\frac{1}{3}((\eta_1^L-\eta_2^L)^2+(\eta_1^M-\eta_2^M)^2+(\eta_1^U-\eta_2^U)^2)}\qquad 式（2-7）$$

定义 2.14[112] 给定正三角模糊数的$\tilde{\eta}=(\eta^L,\eta^M,\eta^U)$，为了对$\tilde{\eta}$进行比较和排序，给出如下得分函数$S(\tilde{\eta})$：

$$S(\tilde{\eta})=\frac{\eta^L+2\eta^M+\eta^U}{4}\qquad 式（2-8）$$

如果$\delta_{ij}=(\eta_{ij}^L,\eta_{ij}^M,\eta_{ij}^U)$，$A_{3b}^{(k)}$、$A_{3c}^{(k)}$分别为属性值为三角模糊数的效益型属性和成本型属性，则δ_{ij}的标准化公式为：

$$\delta'_{ij}=(\eta_{ij}^{'L},\eta_{ij}^{'M},\eta_{ij}^{'U})$$

$$=\begin{cases}(\eta_{ij}^L/\sum_{i=1}^n\eta_{ij}^U,\eta_{ij}^M/\sum_{i=1}^n\eta_{ij}^M,\eta_{ij}^U/\sum_{i=1}^n\eta_{ij}^L), & a_j^{(k)}\in A_{3b}^{(k)},\\(1/\eta_{ij}^U)/(\sum_{i=1}^n(1/\eta_{ij}^L)),(1/\eta_{ij}^M)/(\sum_{i=1}^n(1/\eta_{ij}^M)),(1/\eta_{ij}^L)/(\sum_{i=1}^n(1/\eta_{ij}^U)), & a_j^{(k)}\in A_{3c}^{(k)}.\end{cases}$$

式（2-9）

三、语言术语集

由于决策者受限于个人认知，他们往往难以使用定量数据对评估目标进行准确评价。因此，在处理多属性群体决策时，定性信息的使用变得十分普遍。决策者通常偏好使用一组语言术语来表达对评估目标在特定属性上的评价。下文将阐述语言术语集的概念。

（一）确定的语言变量

定义 2.15[113] 设集合 $\dot{S}$ 为语言术语集，其中包含有限个语言评价术语，则表示形式为：

$$\dot{S}=\{\dot{S}_u \mid u=0,1,\cdots,g\} \quad 式（2-10）$$

其中，g 为正偶数，$\dot{S}_u$表示第 u 个语言术语，同时下标 u 也代表$\dot{S}_u$的语义值。随后，为了便于语言术语的集结计算，一些学者提出了更符合逻辑的语言术语集。

定义 2.16[114] 设 S 为一个有限且完全有序离散的语言术语集，则有如下表示形式：

$$S=\{S_u \mid u=-\gamma_1,-\gamma_1+1,\cdots 0,\gamma_2-1,\gamma_2\} \quad 式（2-11）$$

其中，S_u表示决策者对评估对象进行定性判断的语言术语，γ_1 和γ_2 是两个正整数，$\gamma_1+\gamma_2+1$ 是语言术语集 S 的粒度，即语言术语集 S 中的语言术语的个数。同时，S_0表示中心语言术语，代表“中立”的语言评价。

当$\gamma_1=\gamma_2$，由定义 2.16 定义的语言术语集 S 有如下特征：

（1）有序性：$S_\alpha \geqslant S_\beta$当且仅当 $\alpha \geqslant \beta$；

（2）存在逆运算：$Neg(S_\alpha)=S_{-\alpha}$，特别地，$Neg(S_0)=S_0$；

（3）极大化算子：如果$S_\alpha \geqslant S_\beta$，那么 $\max(S_\alpha,S_\beta)=S_\alpha$；

（4）极小化算子：如果$S_\alpha \leqslant S_\beta$，那么 $\min(S_\alpha,S_\beta)=S_\alpha$。

例如，如果 $\gamma_1=\gamma_2=3$，那么一个涉及七个粒度的语言术语集可以表示为：

$$S=\left\{\begin{array}{c}s_{-3}=\text{极其不好}(EP),s_{-2}=\text{非常不好}(QP),\\ s_{-1}=\text{不好}(P),s_0=\text{一般}(F),\\ s_1=\text{好}(G),s_2=\text{非常好}(QG),\\ s_3=\text{极其好}(EG)\end{array}\right\}$$ 式（2－12）

例如，假设$f(x)=\sqrt{x}\,(x\in[0,1])$并且$\gamma_1=\gamma_2=3$，那么定义2.16给出的七个粒度的语言术语集$S$中语言术语对应的语义值表示为：

$$S=\left\{\begin{array}{c}s_0=\text{极其不好}(EP),s_{0.4082}=\text{非常不好}(QP),\\ s_{0.5774}=\text{不好}(P),s_{0.7071}=\text{一般}(F),\\ s_{0.8165}=\text{好}(G),s_{0.9129}=\text{非常好}(QG),\\ s_1=\text{极其好}(EG)\end{array}\right\}$$ 式（2－13）

同样，假设$f(x)=x\,(x\in[0,1])$并且$\gamma_1=\gamma_2=3$，那么定义2.16所给出的七个粒度的语言术语集S中语言术语对应的语义值表示为：

$$S=\left\{\begin{array}{c}s_0=\text{极其不好}(EP),s_{0.1667}=\text{非常不好}(QP),\\ s_{0.3333}=\text{不好}(P),s_{0.5}=\text{一般}(F),\\ s_{0.6667}=\text{好}(G),s_{0.8333}=\text{非常好}(QG),\\ s_1=\text{极其好}(EG)\end{array}\right\}$$ 式（2－14）

对于语言术语集S，如果$\gamma_1=\gamma_2$且语义信息是对称且均匀分布的，那么该语言术语集为平衡的语言术语集，否则为不平衡的语言术语集。因此，式（2－13）为不平衡的语言术语集，而式（2－14）为平衡的语言术语集。

（二）不确定的语言变量

在实际的多属性决策情境里，决策者往往依据事先定义好的一组语言表达集合，利用一系列模糊的语言词汇来描述他们对各种方案的偏好。

定义2.17[115] 设$[S_\alpha,S_\beta]$表示一组不确定的语言术语，其中，$\beta\geqslant\alpha$，$S_\alpha,S_\beta\in S$，S_α和S_β分别为下界和上界。当$\beta-\alpha$越大，那么$[S_\alpha,S_\beta]$的不确定性也会越强。特别地，如果$\alpha=\beta$，那么$[S_\alpha,S_\beta]$就退化为一个确定的语言术语S_α或S_β。

定义2.18[115] 对于任意具有相同粒度的不确定语言术语$[S_\alpha,S_\beta]$，

$[S_{\alpha_2}, S_{\beta_2}] \in S$，且$\chi \in [0,1]$，有运算法则表示如下：

（1）$[S_{\alpha_1}, S_{\beta_1}] \oplus [S_{\alpha_2}, S_{\beta_2}] = [S_{\alpha_1+\alpha_2}, S_{\beta_1+\beta_2}]$；

（2）$[S_{\alpha_1}, S_{\beta_1}] \otimes [S_{\alpha_2}, S_{\beta_2}] = [S_{\alpha_1\alpha_2}, S_{\beta_1\beta_2}]$；

（3）$\chi[S_{\alpha_1}, S_{\beta_1}] = [S_{\chi\alpha_1}, S_{\chi\beta_1}]$；

（4）$[S_{\alpha_1}, S_{\beta_1}]/[S_{\alpha_2}, S_{\beta_2}] = [S_{\alpha_1/\beta_2}, S_{\beta_1/\alpha_2}]$。

在计算过程中，使用隶属度函数模型和序数尺度模型处理这些离散的语言术语可能会造成信息的缺失。

因此，将式（2－10）拓展为一个连续的形式，即$\overline{\dot{S}} = \{\dot{s}_u \mid u \in [0,g]\}$。当$\dot{s}_u \in \dot{S}$，那么$\dot{s}_u$称为原始的语言术语，否则为虚拟语言术语。

定义 2.19[116] 给定任意两个语言术语$\dot{s}_{\eta_1}$，$\dot{s}_{\eta_2} \in \overline{\dot{S}}$，$\chi \in [0,1]$，一些运算法则定义如下：

（1）$\dot{s}_{\eta_1} \oplus \dot{s}_{\eta_2} = \dot{s}_{\eta_1+\eta_2}$；

（2）$\chi\, \dot{s}_{\eta_1} = \dot{s}_{\chi\eta_1}$。

由于决策者们倾向于使用不同粒度的语言术语集，因此，通常需要对这些术语集的语义值进行标准化处理。为了明确语言术语的语义值，下面将定义基础的单位区间单调函数以及标准化后的语言术语集。

定义 2.20[117] 设$f:[0,1] \to [0,1]$是一个函数，有$f(0)=0$，$f(1)=1$，并且当$x>y$时有$f(x) \geqslant f(y)$，那么该函数被称为基本的单位区间单调函数。

定义 2.21[118][119] 假设$f(x)$是一个基本的单位区间单调函数，并且$h(x) = \dfrac{x+\gamma_1}{\gamma_1+\gamma_2}(\gamma_1, \gamma_2 \in N^*)$。令$F(x) = f \circ h(x) = f\left(\dfrac{x+\gamma_1}{\gamma_1+\gamma_2}\right)$，那么，

$S = \{s_{F(u)} \quad u = -\gamma_1, -\gamma_1+1, \cdots, 0, \cdots, \gamma_2-1, \gamma_2\}$为归一化语言术语集，其中，$F(x) = f\left(\dfrac{x+\gamma_1}{\gamma_1+\gamma_2}\right)$表示第$x+\gamma_1+1$个语言术语归一化后所对应的语义标度值。

第二节　社会网络分析

社交网络分析是社会学领域的一种研究手段[120]。该方法将网络视为社会结构的一部分，而非单独个体，其中网络由节点及其相互联系构成。通过分析这些联系，社会网络分析法旨在揭示网络的结构特性和属性。社会网络分析的核心理论涵盖了以下领域：

（1）从社会网络的定义和结构视角出发：社会网络由网络成员的特征和网络整体的特征构成，成员特征分析主要涉及节点的中心性度量和接近中心性等；网络整体特征分析则包括对小世界网络、小群体内部结构以及群体内部分组的聚类等的研究。

（2）从衡量社会网络的视角出发：分析社会网络时，必须从节点与连接两个维度进行探讨，故而需构建适当的指标来阐释节点与连接的属性。常见的节点测度涵盖了度中心性、接近度中心性、介数中心性等；而连接指标则包括了聚集系数、连通性、边介性等。

（3）从社会网络的布局与变迁视角出发：社会网络布局与变迁是社会网络研究的核心议题之一。社会网络布局涵盖群体结构、关键节点与边缘节点等元素，而社会网络变迁则涉及静态网络与动态网络两个维度。

（4）从社会网络运用的视角出发：社会网络的探究已普遍渗透至社会学、心理学、经济学、管理学、计算机科学等多个学科，如社交网络分析、网络安全、推荐系统的构建、新闻传播的分析等方面。因此，利用社会网络分析技术来处理大规模群体决策问题，能够有效地揭示各群体间联系及其影响效应[121]。社会网络分析的核心理论涉及以下几点：

社交网络的使用场景极为广泛，例如：①社交平台：如 Facebook、Twitter 等，是人们进行在线互动的核心平台，其社交网络分析技术能够用于人际关系研究、用户行为描绘、推荐算法等领域。②电子商务：如阿里巴巴、京东等平台，利用社交网络分析技术能够深入探究顾客行为、推荐产品等。③人际关系分析：如分析组织内部的人际互动、政治活动的策划者等，可采用社会网络分析技术。④网络推广：如基于社交平台的广告宣传、口碑推广等，可运用社交网络分析技术。

社会网络分析（SNA）是一种利用数学方法和图形理论形成的定量分析方法，旨在探究一系列社会实体之间的联系。社会实体可能是个别的人、集体或机构，通过对其互动的剖析，能够揭示隐藏的模式或信息。

当前，依托于社会网络分析（SNA）、结构与技术的群决策方法已普遍被采纳。这些技术不仅在理论层面为丰富和改进集体决策的理论与方法提供了价值，同时在实际社会网络群体决策问题的处理上也体现了显著的现实意义。

一、社会网络分析表示形式

采用社会网络分析（SNA）技术的基础在于能够描绘出社会实体间的网络结构。在众多表示形式中，图论法是最为普遍采用的一种，它利用有向图或无向图来描述社交网络，图形由节点和连接这些节点的线段组成。

文献[122]给出了图的具体定义：

定义 2.22　一个图 $G(V,E)$ 是由点集 $V=\{v^1,v^2,\cdots,v^R\}$ 和一组边 $E=\{e^{kl}=(v^k,v^l)\mid k\neq l,v^k,v^l\in V\}$ 构成的二元组，其中 V 中的元素 v^k 称为节点，边 (v^k,v^l) 表示点 v^k 和 v^l 之间的连接。

如果边是有方向的，即从一点 v^k 连接到另一点 v^l，每条有方向的边 e^{kl} 都连接一对有序的顶点 (v^k,v^l)，此时，图 $G(V,E)$ 为有向图。当边是无方向时，表示点 v^l 和 v^k 之间互相连接，此时图 $G(V,E)$ 称为无向图[122]。本篇研究聚焦于有向图研究，将决策者视作图中的节点，用 V 来代表一组专家 $\{e_1,e_2,\cdots,e_R\}$，用节点间的有向边 E 来表示，整个网络图的布局则反映了专家间社会联系的结构。

除了利用图形来描绘社会网络结构外，还有其他两种常见的表达方式：邻接矩阵法和代数表示法。

（1）邻接矩阵法：采用二维的社会计量或邻接矩阵来展示网络内各个

节点间的关系。

（2）代数法：利用关系式来描述网络内各个节点间的联系。

表 2－1 展示了用不同方式表示社会网络在五位专家 $\{e_1, e_2, e_3, e_4, e_5\}$ 之间的具体展示。

表 2－1　　社会网络的不同表示方式

图论表示	矩阵形式表示	代数形式表示
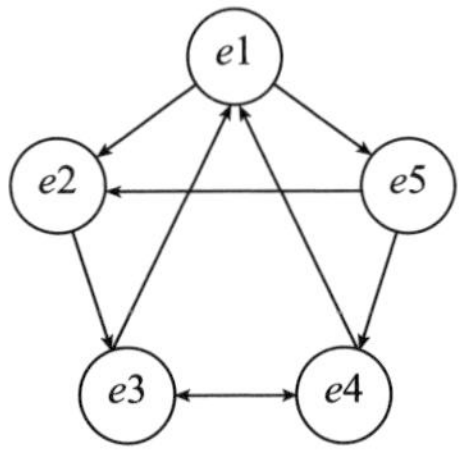	$A=\begin{pmatrix}0&1&0&0&1\\0&0&1&0&1\\1&0&0&1&0\\1&0&1&0&0\\0&1&0&1&0\end{pmatrix}$	$e_1Re_2, e_1Re_5, e_2Re_3,$ $e_3Re_1, e_3Re_4, e_4Re_1,$ $e_4Re_3, e_5Re_2, e_5Re.$ R 表示 e_k 和 e_l 有关系 （k，$l=1$，…，5，$k \neq l$）

对于图 $G(V,E)$，节点 v^k 和 v^l 之间的关系可以用函数 $f: V \times V \rightarrow \{0,1\}$ 刻画，其中

$$f(v^k, v^l)=\begin{cases}1, v^k \text{ 与 } v^l \\ 0, \text{其他}.\end{cases} \qquad \text{式（2－15）}$$

令 $a_{kl}=f(v^k, v^l)$，则称 $A=(a_{kl})_{R \times R}$ 为图 $G(V,E)$ 的邻接矩阵，也称为社群矩阵，其中

$$a_{kl}=\begin{cases}1, e^{kl} \in E \\ 0, \text{其他}.\end{cases} \qquad \text{式（2－16）}$$

社群矩阵 A 描绘了专家间有无社会联系，若 $a_{kl}=1$，则意味着专家 e_k 与专家 e_l 之间建立了直接的社会联系。然而，在众多场合中，对专家间社会联系的细致划分是必要的。参考文献对社群矩阵 A 进行了优化[123]，采用介于［0，1］之间的数值来描述两位专家间联系的紧密程度，并提出了以下定义：

定义 2.23[124]　一个加权图 $G(V,E,W)$ 是由点集 $V=\{v^1, v^2, \cdots, v^R\}$，边集 $E=\{e^{kl}=(v^k, v^l) \mid k \neq l, v^k, v^l \in V\}$ 和权重集合 $W=\{w^{kl} \mid k \neq l, v^k, v^l \in V\}$ 构成，其中边 e^{kl} 表示顶点 v^k 和 v^l 之间的连接，权重为 w^{kl}，若 $w^{kl}=1$，则表示 v^k 和 v^l 完全相关；若 $w^{kl}=0$，则表示 v^k 和 v^l 完全没有任何关系；若 $w^{kl} \in$

(0,1)，则表示 v^k 和 v^l 存在一定程度上的关系。

此外，一些相关的概念定义如下：

定义 2.24[124]　（距离和最短路径）网络 G 中，对于 i，$j \in V$，所有（i，j）路的最短距离长度称为从 i 到 j 的距离（Distance），长度等于距离的路称为最短路径（Shortest Path），记为 d（i，j）。

定义 2.25[125]　（连通网络）如果网络 G 的任意两个节点之间是连通的，则称是连通网络（Connected Network）；反之，称 G 为非连通网络（Disconnected Network）。

定义 2.26[126]　（最大连通分支）如果将 G 分解为不同的连通子图，

每个 V_i 内部是连通的，但不同的 V_i 之间不连通，则称 V_i 是 G 的连通分支（Connected Com－ponent）。节点数最多的 V_i 称为最大连通分支（Largest Connected Component），记为 Lc。w 称为 G 的连通分支数（Number of Components），记为 $w = w$（G）。

定义 2.27[124]　（桥）在网络 G 中，设 $i \in V$，$e \in E$，如果 $w(G-i) > w(G)$，则称 i 为桥点，简称为桥（Bridge）；如果 $w(G-e) > w(G)$，则称 e 为桥边。

定义 2.28[125]　（聚类系数）网络中的聚类系数（Clustering Coefficient）用于衡量节点中的聚集程度，表示为：

$$A_C(G) = \frac{1}{N}\sum_{i=1}^{N} A_C(i), \qquad \text{式（2-17）}$$

其中，$A_C(i) = \dfrac{2E_i}{d(i)[d(i)-1]}$是局部聚类系数，$Ei$ 是节点 i 的邻集中的节点构成的导出子图中的边数。

二、社会网络分析的统计特征

社会网络分析理论既有深厚的社会学基础，又有着显著的科技特征，可为研究组织的社交结构提供海量的数据指数。在对社会网络进行研究时，通常将其划分为规模统计量、凝聚性统计量和中心性统计量三大类。利用上述指标可以分析对传销的特征，从而更好地掌握其整体特征。常见的指标统计量和意义如表 2-2 所示。

表 2-2　社会网络分析常见统计量

统计量	结构意义	定义
规模统计量		
节点数量	网络规模	网络中参与者的数量
链接的数量	网络的整体忙碌程度	网络中参与者之间的关系数量
最大联通片	网络中的子群数量	网络中参与者的可达区域
密度	网络中节点的相互连接程度，低密度网络中节点的联系更少	网络中实际存在的所有连接的比例
网络直径	网络的大小	任意一对节点之间步数的最大值
平均距离	网络中节点间的亲密程度	从一个节点到另一个节点所需的平均步数
平均度	网络中节点的中心程度	通过节点的连接的平均数量
平均介数中心性	网络中节点的中心程度	通过节点的唯一路径的平均数量

节点 v^k 的连接数定义为与特定节点相连的边的数量，直观地讲，一个节点的连接数越多，其在某种意义上所扮演的角色就越关键。与连接数紧密相关的概念是连接中心性[127]，这是评估节点重要性最直接的指标，其定义如下：

定义 2.29　节点 v^k 的度中心性就是其度 k_i 除以最大可能的度 $N-1$，即：

$$w_k = \frac{k_i}{N-1} \qquad \text{式 (2-18)}$$

其中，$N-1$ 为网络中所有的节点个数。

图的连通性描述了各个节点之间的相互联系。在有向图 $G(V,E)$ 中，如果节点 v^k 和节点 v^l 之间存在有向路径，则称为节点 v^k 可以到达节点 v^l。如果在图内，从任何节点出发都能到达节点 v^k，那么节点 v^k 就被认为是该图的全局可抵达的节点。若在一个图中，任何两个节点都能相互抵达，则称为连通图[122]。在研究决策者网络特性时，图的连通性概念至关重要。

定义 2.30　（度中心性）网络 G 中的节点 i 的度中心性（Degree Centrality）定义为：

$$DC(i) = \sum_{j=1}^{N} A_{ij}, \qquad 式（2-19）$$

其中，A_{ij}为邻接矩阵中第 i 行第 j 列元素。

定义 2.31 （介数中心性）网络 G 中的节点 i 的介数中心性（Betweenness Centrality）定义为：

$$BC(i) = \sum_{s,t \in V} \frac{\alpha(s,t \mid i)}{\alpha(s,t)}, \qquad 式（2-20）$$

其中，$\alpha(s,t|i)$是节点 s 和 t 之间经过 i 最短路径数量，$\alpha(s,t)$是节点 s 和 t 之间所有最短路径数量。

定义 2.32 （近邻中心性）网络 G 中的节点 i 的近邻中心性，CC（i）定义为：

$$CC(i) = \frac{N-1}{\sum_{i \neq j} d(i,j)} \qquad 式（2-21）$$

定义 2.33 （特征向量中心性）网络 G 中的节点 i 的特征向量中心性（Eigenvect－ or Centrality）定义为：

$$EC(i) = X_i, \qquad 式（2-22）$$

x_i 是

$$Ax = \lambda x \qquad 式（2-23）$$

中特征向量 x 的第 i 个元素，x 是邻接矩阵 A 的特征值 λ 所对应的特征向量。

定义 2.34 （Alpha 中心性）网络 G 中节点 i 的 *Alpha* 中心性（Alpha Centrality），记为 Ca（i），是向量 Ca 中的第 i 个值，该向量为：

$$Ca = (I - \alpha A)^{-1} e \qquad 式（2-24）$$

其中，$e = (1,1,\cdots,1)$，I 是单位矩阵，α 是控制来自邻居节点的影响权重的参数，$\alpha < \frac{1}{\lambda_{\max}}$，λmax 是 A 的最大特征值。

三、中心性理论

中心性在社会网络分析中扮演着至关重要的角色，它在描绘网络的架构和功能方面表现出色，适合用来探讨社会系统的架构以及功能属性[128]。社会网络具有高度异质结构，部分节点具有显著的重要性，是社会网络中心性的核心，它可以通过将中心性和特征指标相融合，对核心个体进行辨识和评价[129]。

中心性技术作为一种普遍应用的作为一种对节点进行定量描述的方法，具有深刻的社会根源，其核心地位最有影响力[130]。研究显示，网络中相邻的节点倾向于隶属于现实世界中的一个群体[129]。此外，中心性这一概念并非固定不变，到现在为止，还没有一个公认的中心性定义。事实上，由于网络中的网络节点所携带的信息数量以及所关注的重点不同，网络的中心性方法也有很多。到目前为止，已经提出和研究了至少234个中心性方法或算法[131]~[135]。

中心性分析是研究企业结构异质特性的一种行之有效的手段，在众多领域得到了普遍运用。在对犯罪网络进行剖析时，关键罪犯往往表现出高度集中的中心性指标[132]。然而，在全球气候分析数据上，最高介数中心性的节点中层以上的中间层节点形成主要结构，成为影响表层大气循环的关键因素[135]。在全球贸易系统中，度中心性越高的国家，与最富有的国家之间的贸易关系就越密切[136]。但是，在世界民航运输系统中，度中心性指标越高的城市往往不会总是被选择[137]。另外，在社交网络[137]、信息网络[138]、生物网络[139][140]和计算机网络[141]的研究中，也使用了中心性方法。

同时，对中心性自身的讨论也越来越多。近年来，国内外学术界对网络中心性进行了较为全面的研究，有人根据网络的功能性来对网络中心性进行归类[142]，也有学者根据网络其他节点载荷来对网络中心度进行划分[137][143]。另外，也有研究者从中心性分类的角度来讨论[144]。Koschützki和Schreiber通过比较各种中心性的研究，认为它们是相互联系的，而且它们各自的应用领域也不尽相同[145]。Oldham等通过对212个线下网络17个中心性指数的对比分析，表明中心性指标具有正向关联，且在此过程中，网络模块化是影响其演变的核心要素[146]。Batool和Niazi等学者认为，在特定的体系下，具有高介数中心性的节点通常具有更高的向心中心度和特征向量中心性，而向心中心度则可以更好地辨识网络中的重要节点[147]。

现有的中心性研究还面临着诸多问题：首先，中心性的内涵表现出多元化，如何选择合适的中心性方式进行研究，对用户具有重要的学术意义和实用价值。从另一个意义上讲，这样的多元化也有助于推动找到新的中心性途径。其次，对于多层级的交互网络，中心性的界定并不能很好地处理这些复杂的相互作用方式。最后，研究动态网络过程中，中心性无法快速、精确地刻画动态变化的网络结构属性。

中心性方法已在众多领域内得到普遍运用，而且成效显著。在具体实施过程中，通常通过选取一种或者多种中心性的方式，来识别出网络中的重要节点，并最终发现其中的重要人员。若从不同视角审视此问题，设定一个特定的结构网络，采用中心性方法对其进行描述。在此基础上，利用已有的识别信息，研究具有重要意义的中间特征的算法。在研究结果的基础上，考虑中心性的固有属性、相互作用以及网络的自身特性，进行网络的全面分析，有望揭示网络中更丰富的结构特性及其社会学含义。

第三节　大群体决策方法

一、群决策问题

（一）群体共识

共识（consensus），亦即意见一致。集体达成共识可看作是观点的汇集，有时也被称为追求一致性的努力。集体决策的终极目标是确保选定方案获得一致的评价。

在集体共识形成的过程中，交流、对话、让步与协作显得极为关键。一般而言，此过程需要一位中介者（或称为协作者），其任务是成为集体决策者之间的沟通纽带。这位中介者具备启动和终止集体决策流程的权限。在共识决策中，协调者是确保决策流程顺畅进行的关键人物，负责汇总各方意见，同时激励决策者修订他们的选择，以更大程度地弥合群体间的差异。研究表明，在团结协作的环境下，讨论对于解决问题是具有建设性的。在群体决策的讨论中，主要涉及三个核心环节：阐述立场、促进相互理解以及融合不同的观点[148]。在实际的群体决策场景中，由于参与者背景的多样性，对于同一议题往往会产生不同的解读和观点，这导致了意见分歧。为了解决这些分歧并达成群体共识，需要对决策者的偏好进行调整。理论上，群体共识意味着所有成员意见的完全一致。然而，在现实世界，尤其是在大型且多元化的环境中，达成完全共识是极其困难的。因此，达成群体共识并协调多元意见，是群体决策理论探究中的核心问题。在群体决策研究的范畴内，共识构建已成为一个聚焦且充满活力的主题，引发了众多国内外学者的浓厚兴趣及深入研究[149]~[158]。在追求决策最优化的过程中，面临的一个核心难题是如何达成群体共识。而在这一共识的形成阶段，众多的非合作行为可能会出现，包括但不限于某些专家故意不真实地陈述意见，或者为了个人利益而固执己见，不愿转变立场。近期，研究者们正专注于寻找解决方案来克服这些挑战。

Dong 等人构建了一个新颖的共识框架，用于管理非合作行为，他们利用动态的自管理机制，根据多属性相互评价矩阵来确定专家权重，并将此机制整合进群体共识的形成步骤中。在共识形成的过程中，专家权重的动态设定是根据其专业知识、团队合作精神和中立性来更新其多维度评价矩阵实现的[156]。在现实操作中，实现全体一致的共识极具挑战，传统方法因而会剔除那些意见分歧最显著的专家以达成共识。但这种做法有两个主要问题：一是它可能会无视一些专家的关键判断与意见；二是它可能会降低专家们在群决策中的主动性。为解决这些问题，Liao 及合作者设计了一种改进的群体共识方法，该方法依赖直觉模糊偏好关系，只消除了专家意见中极度分歧的部分，并未彻底排除专家在决策组中的角色。利用中国奖学金委员会评选优秀博士生的实证案例，证实了这种方法在增强共识形成过程中的有效性[158]。现实中很难达成全面一致的意见，面对这一挑战，我们可以采取“软一致”的共识度量策略[159]，让共识过程达到高度一致。因为这些衡量标准更精确地描绘了人类共识的核心，基于柔性协商一致的共识机制获得了普遍采纳。Herrera - Viedma 等人[160]评估了以软协商为基础的共识构建模型，并对关键的文献资料和模范研究进行了探究，阐述了目前常用的方法：（1）根据计算得到的软共识度来构建参考框架的技术；（2）向专家提供意见以助于提出建议的技术；（3）以软共识度为基准进行计算以生成技术的方法；（4）利用共识度量来引导共识过程的技术。同时，文章还剖析了群体共识形成的最新趋势。另外，Palomares 等人[153]检视了大量有关群体共识的资料，指出各个群体共识过程都带有其独有的特点。基于当前资料里关于达成群体共识的方式，我们从反馈和无反馈的角度出发，将共识测量方法细分为四类：（Q1）采纳反馈机制和距离导向的一致性测量；（Q2）基于专家间距离并结合反馈机制的一致性测量；（Q3）无反馈机制的一致性测量，仍以距离为基础；（Q4）无反馈机制和依据专家间距离的一致性测量。在群体决策的场合中，所达成的一致性被归类为操作性共识。实际上，在共识形成的过程中，个体需要在多个阶段中逐渐调整自己的意见，直至实现群体的统一。这种调整基于一个前提，即个体愿意接纳变化。在这一过程中，可以明确区分出两类情况：一是过程的演进能够以特定方式模拟；二是这个过程在一定程度上是温和的，并由某一位特定中介个体（例如一位调解者或主持人）来引导，该个体通过逻辑推理和说服技巧来促使个体改变他们的立场。在群体决策的流程中，首先设定一系列备选方案。随后，每位决策参与者依据个人理解并利用他们所熟悉的决策工具，提供关于这些方案的决策信息。通过确保每个个体的信息达到满意标准，再将这些信息综合起来，形成群体的决策结果。为了达成群体共识，通常需要经过多轮深入的交流、反复的调整以及必要的相互让步。群体决策的基本结构如图 2－2 所示。

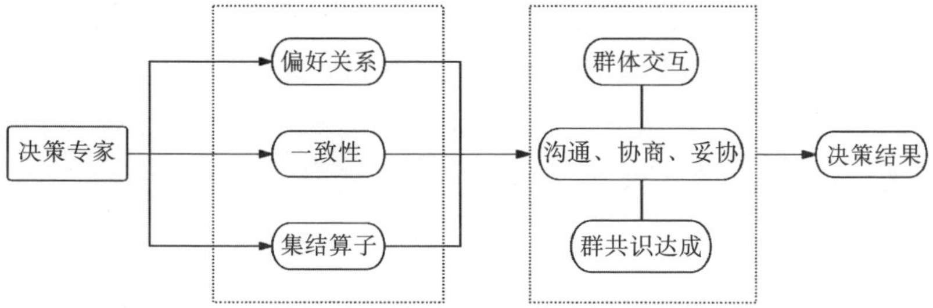

图 2－2　群决策基本过程

（二）群决策遵循的基本原则

鉴于团队成员在价值观、目标设定和信息掌握方面的多样性，群体决策过程中应遵循若干准则，以期达到最佳决策效果：

（1）构建一个跨领域专家组成的团队架构，以帮助组织获取更广泛的知识；

（2）激发团队成员主动投身于创新的探索之中，鼓励成员们积极地提出新想法，增强团队的凝聚力；

（3）营造一个无压力的团队决策氛围，促进成员间相互支持的团队文化；

（4）目标是实现团队内部意见整合并统一，如遇共识困难，采纳"软共识"策略[159][160]。

（三）群决策问题描述

设 V 为专家$e_r(r=1,\cdots,R)$构成的决策小组，$X=\{X_1,X_2,\cdots,X_m\}$为方案集，$C=\{C_1,C_2,\cdots,C_n\}$为属性集，$W=(w_1,\cdots,w_n)$为属性权重向量，满足$0\leqslant w_j\leqslant 1$ 且$\sum_{j=1}^{n}w_j=1$。专家 e_r 关于方案$X_i(i=1,2,\cdots,n)$ 在属性$C_j(j=1,2,\cdots,n)$ 下给出的价值表示为$L_{ij}^r(p)$，构成的决策矩阵$L^r=(L_{ij}^r(p))_{m\times n}$如下所示：

$$L^r=\begin{vmatrix} L_{11}^r(p) & L_{12}^r(p) & \cdots & L_{1n}^r(p) \\ L_{21}^r(p) & L_{22}^r(p) & \cdots & L_{2n}^r(p) \\ \vdots & \vdots & & \vdots \\ L_{m1}^r(p) & L_{m2}^r(p) & \cdots & L_{mn}^r(p) \end{vmatrix} \qquad \text{式（2-25）}$$

其中，$L_{ij}^r(p)=\{L_{ij}^{r,(k)}(p_{ij}^{r,(k)})\mid i=1,2,\cdots,m,\ j=1,2,\cdots,n,k=1,2,\cdots,\#L_{ij}(p),r=1,\cdots,R\}$为语言术语集 S 上的概率语言术语集。

大规模群体决策（LSGDM）涉及众多参与者，决策者数量可以从几十人扩展到几百人，甚至达到几千人。在这一过程中，每个成员根据评价标准（属性）为不同的选择方案提供决策信息。通过应用特定的规则，将这些个体信息汇总，形成一个集体的判断，目的是对方案进行排序或者从多个选项中选出最佳方案[161]。与常规的群体决策方法（GDM）相比，大型群体决策方法（LSGDM）能够整合多源资源，充分利用大规模群体的知识优势，全面地解决决策问题，从而使得决策结果更加中立，并增强了决策过程的科学性[162]。LSGDM 的一般方法包括如下过程：

（1）收集评价信息并标准化决策矩阵：在多准则群决策问题（MCG-DM）中，决策者提供关于备选方案在不同属性上的决策信息。这些属性通常分为两类：效益型和成本型。对于效益型属性，决策信息可以直接用于计算；而对于成本型属性，需要利用如下算子标准化矩阵 $L^r = (L_{ij}^r(p))_{m \times n}$

$$\widetilde{L}_{ij}^{r}(p) = neg(L_{ij}^{r}(p)) = \{ s_{2\tau-\alpha,ij}^{r,(k)}(p_{ij}^{r,(k)}) \mid s_{2\tau-\alpha,ij}^{r,(k)} \in S, k = 1,2,\cdots,K \}$$

式（2－26）

其中，$s_{2\tau-\alpha,ij}^{r,(k)}$为专家 e_r 对方案 X_i 关于属性 C_j 的第 k 个语言评价值，K 为 $L_{ij}^r(p)$中的元素个数。

（2）聚类过程：为了降低决策者数量增加导致的计算负担，我们应用聚类技术将决策者划分为若干群组，每个群组内的决策者彼此相似度较高，从而简化决策流程。聚类技术主要分为两大类：层次聚类和划分聚类。层次聚类能够生成具有层级结构的子群，但其计算过程相对复杂。而划分聚类的典型代表，如 k－均值和 FCM 聚类，虽然计算简单，但需要预先确定群组数量，并且对初始值选择较为敏感。除此之外，还有基于网络社区检测的算法[163]和基于机器学习的 SOM 算法[164]等其他聚类方法的研究。在策略上，一些方法致力于识别那些与集体偏好差异较大的子群体，并促使相关专家调整他们的偏好。而另一些方法则支持同一子群体内的专家以增强共识，并在不同子群体间促进共识的形成。

（3）共识达成过程（CRP）：在处理 LSGDM 问题时，由于涉及的决策者众多，他们的评估意见可能会出现分散或显著差异。若直接合并这些评估信息，可能会导致群体意见无法真实反映其立场。因此，必须借助共识模型来动态调整决策者间未达成一致的意见，通过互动过程提升整体的共识度，直至形成统一的决策立场。然而，LSGDM 共识模型面临的难题是成员构成复杂，协调意见困难重重。在 CRP 中，需要反复帮助决策者调整观点，并分析他们之间的关系，这使得计算复杂度大幅上升。鉴于此，本书主要研究在概率语言环境下 LSGDM 共识模型，通过社会网络分析来揭示决策者之间的潜在联系，并设计新的反馈机制以加速群体共识的形成。

（4）选择过程：在得到群体决策信息后，根据第一章第二节中的选择方法，可利用 TOPSIS、VIKOR 等方法对方案进行选择或者排序。

综上所述，目前关于 LSGDM 的研究主要为聚类算法、CRP、选择方法和权重的确定方法（主观赋权法、客观赋权法、组合赋权法）四个方面。

二、多属性群决策问题

在处理多属性决策问题时，通常需要经历两个核心步骤：先是收集决策所需的数据，再是进行备选方案的排序和选择最佳方案。这些数据通常由决策属性的数值和相应的权重组成。决策者或专家会基于具体情境对各个备选方案在不同决策属性上进行评分。然而，随着经济和社会的迅速进步，实际决策问题的复杂性日益增加，导致决策者或专家在提供评估数据时，所采用的数据格式也变得多样化。

根据决策者或专家给出的数据形式，多属性决策问题一般可以分为：（1）实数环境下的多属性决策问题，即确定型多属性决策问题；（2）模糊环境下的多属性决策问题，即不确定型多属性决策（模糊多属性决策）问题，其数据表现形式为模糊数、直觉模糊数、犹豫模糊数、对偶犹豫模糊数、概率犹豫模糊数、概率对偶犹豫模糊数；（3）随机环境下的多属性决策问题。

令 $X=\{x_1,x_2,\cdots,x_n\}$ 为备选决策方案集，$E=\{e_1,e_2,\cdots,e_m\}$ 为 m 个决策者构成的集合。$C=\{c_1,c_2,\cdots,c_p\}$ 为备选方案的属性构成的集合，其中 c 为第 i 个属性 $i=1,2,\cdots,p$，$\omega=(\omega_1,\omega_2,\cdots,\omega_p)$ 为属性权重向量，且满足 $0\leqslant\omega_i\leqslant1$ 和 $\sum_{k=1}^{p}\omega_k=1$。记 $A_k=(ak_{ij})_{n\times p}$ 为决策者 e_k 给出的决策矩阵，其中 a_{ij}^k 为决策者 e_k 给出的关于方案 x_i 对应于属性 c_j 的属性值。当决策者人数达到 20 人以上时，群决策问题称为大群体决策问题。多属性大群体决策方法一般包括如下步骤：

步骤 1：多属性群决策问题一般涉及两类属性，分别为效益型和成本型，为了有效处理不同属性之间的不可公度性，我们将决策矩阵 $A_k = (a_{ij}^k)_{n\times p}$，按照如下方法归一化处理为标准化矩阵$X_k = (x\,k_{ij})_{n\times p}$：

$$xk_{ij} = \frac{a_{ij}^k - \min_i \{a_{ij}^k\}}{\max_i \{a_{ij}^k\} - \min_i \{a_{ij}^k\}}，如果c_j是效益型属性 \quad 式（2-27）$$

$$xk_{ij} = \frac{\max_i \{a_{ij}^k\} - a_{ij}^k}{\max \{a_{ij}^k\} - \min_i \{a_{ij}^k\}}，如果c_j是成本型属性 \quad 式（2-28）$$

步骤 2：利用聚类方法将决策者分为不同的小组。

步骤 3：共识过程。

步骤 4：选择过程。

步骤 5：输出决策结果。

第四节　本章小结

本章介绍了决策偏好语言的几类代表性模糊语言表达形式，阐述了相关定义和性质。介绍了社会网络分析的表示形式、统计特征和中心性理论。对大群体决策方法等相关概念和理论作了介绍，为后续章节的进一步研究奠定理论基础。

第三章　社区自治下的群决策分析

在社区治理中，社区居民自治作为主体所展现出的重要性正日益凸显。随着社会的发展和民主意识的提高，公众对社区管理的理解不断加深，居民作为社区治理的核心角色逐渐获得更广泛的社会认可，居民自治不仅是社区自治的必然诉求，更是基层社会得以良好治理的根基所在。并且，如今通信网络技术的进步和广泛应用，使得社区居民之间的信息传递和对话变得更为便捷，进而促进了意见的一致性。这使得他们在社区事务和民意表达中承担了重要角色，居民自治逐渐在社区治理决策中占据关键地位。任何社会治理的战略、方针和具体措施的出台无不通过决策而实现，因此居民自治决策是居民自治的重要内容之一。

自治决策，即在处理与社区共同利益相关的公共事务时居民的决策。例如，对社区道路或房产等进行重大修缮、对社区环境进行大规模改建和制定社区管理制度等。本书研究的是城市社区居民的自治决策，下文简称为居民社区自治决策。本章内容框架如图 3－1 所示。

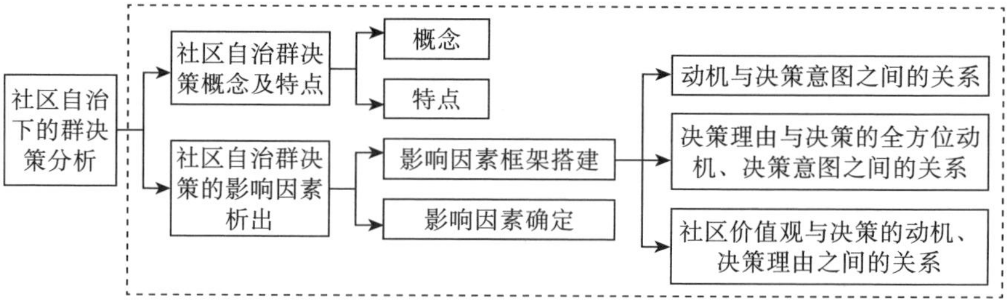

图 3－1　本章内容框架

第一节 社区居民自治决策概念及特点

一、社区居民自治决策概念

（一）社区

德国社会学家Tonnies于1887年在其著作《共同体与社会》（《Gemeinschaft und Gesellschaf》）中指出，社区（community）是指通过血缘、邻里及朋友关系等基于人的情感倾向而产生联系的人群集合体[165]。而在我国改革开放和城市化发展的背景下，“社区”这一现代概念逐渐得以确立。伴随着计划经济体制的瓦解，市场经济的确立，住房制度的变革，人口的大规模迁移，使“单位人”向“社会人”转变，社会利益分化加剧，公民自主性提高，使社会的稳定与健康发展面临严峻的考验。因此，从1991年中华人民共和国民政部提出“社区建设”开始，我国逐步明确了“两级政府，三级管理”（即市、区两级政府，市、区、街道三级管理模式）的城市基层行政制度，而社区也随之成为街道以下的城市基层治理的最基本单位。

2000年12月，中共中央办公厅、国务院办公厅联合印发了《民政部关于在全国推进城市社区建设的意见》（中办发〔2000〕23号），此文件对我国的社区概念作出了权威的解释：社区是指聚集在一定范围内的人们组成的社会生活共同体。另外，与西方语境中的社区不同的是，我国的社区通常由一个居委会进行管理，组成了社区基层群众自治组织，也就是居民委员会（以下简称居委会）。本书采用官方解释来明确社区的含义，将特定的社区视为社会的一个分支，社区建立在特定的地域中，由彼此关联、共同交流、拥有共同利益的人群所组建而成的社会生活共同体。本书认为，社区有以下特点：（1）社区是一个由多个利益相关者组成的集合体，其成员以共同的利益为基础参与社区内的各类公共事务；（2）社区是一个有明确地理界限的群体组织，其中的居民以特定的社会结构和社会关系为基础，稳定地生活在这个区域。基于以上特点，居民在参与自治的过程中，出于共同利益，才能够协作配合。

（二）社区自治决策

社区自治决策，从字面意义来说，其核心为决策，主体为社区居民，内容为自治。居民自治决策指居民通过平等的讨论和其他民主途径，共同决定和执行那些与社区利益相关的公共事务。《辞海（第七版）》中对“决策”的解释为：决策是指在改造世界的进程中，寻求并选定某种最优化目标与行动方案的活动。因此，决策在本质上与“决定”是相同的。但是，学者们当前对于居民如何“决定”自治事项尚未形成标准统一的定论，在实际生活中，相关的规则也是因时制宜，各不相同。本书认为，居民自治决策可理解为居民通过平等协商的方式达成对某一决策事项的“同意的居民比例满足规定的最低要求”，便可认为形成了自治决策。通常情况下，该比例既能依据法律条文或国家政策予以明确设定，若无此类法律或政策时，也能通过居民公约之类的形式由居民自主商议来加以确定。

二、社区自治决策特点

城市社区位于城市的市区范围内，具有人口众多、规模庞大及社会结构复杂等特征。农村社区居民与之存在本质上的差异，这种差异会对我们的后续研究方法产生根本性的影响。因此，在本书中，除非特别指出，否则本书提到的社区均指代城市社区。城市社区有四个特点，分别是：（1）城市社区的居民多进行非农业生产活动，其个体间的异质性较为明显，并且普遍拥有一定的教育背景和文化素养；（2）城市社区的构成极为复杂，不但有居民，还存在着各类政府机构、民间组织、企业单位等；（3）在城市社区中，经济、文化与政治的发展水平较高，社区居民所提出的利益诉求也朝着更为多元的方向发展；（4）城市社区人员之间的关系相对疏离，人员流动性较强，彼此间血缘关系淡薄，人际交往主要通过法律、契约与利益等加以规范。

基于以上特点，居民是否归属某一社区，通常根据其现实中的居住地址、户籍所在地或房屋产权来判定，但城市社区的居民人员更迭较为活跃，难以维持稳定状态，居民之间的关系不够密切，同质化水平较低。在自治决策过程中，他们在遵循相关道德准则与法律规范的基础上，更多的是考虑自身利益而非公共利益。

第二节　社区自治决策的影响因素析出

一、影响因素框架搭建

以城市社区居民在自治决策过程中达成共识的行为作为切入点，以参考文献[166]所提出的由居民社区价值观、支持理由、反对理由、全方位动机、意图以及行为这 6 个主范畴构建而成的典型关系结构为基础，并结合所纳入的初始范畴，依据城市社区居民于自治决策过程中达成共识的流程，提炼出影响城市社区居民自治决策进程的关键因素，构建理论分析框架如图 3－2 所示。

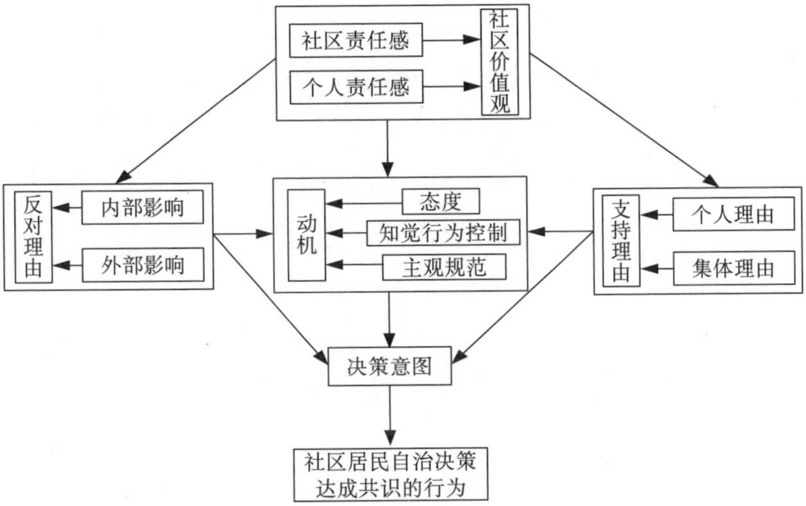

图 3－2　城市居民自治决策过程影响因素

该典型关系结构的主范畴中分别包含了个人责任感、社区归属感、个人理由、集体理由、内部影响、外部影响、态度、知觉行为控制、主观规范9个初始范畴，它们之间相互作用，有效推动了城市社区居民对社区事务的决策达成共识。

（一）动机与决策意图之间的关系

动机由态度、主观规范、知觉行为控制组成，对影响人们行为意图的各种因素进行了比较完整的归纳。其中，行为态度主要由行为结果评估决定。本书认为，居民对社区自治群决策中达成共识的态度，一方面由个体决策是否利于达成个人目标决定，例如，当个体认为与群体的观点相同时，就会对自己有好处，那么他就会有积极的共识决策态度。另一方面是取决于个体对决策后结果的评价，例如，当个人认为与群体的观点相同具备价值且十分必要时，那么他也会有积极的共识决策态度，反之也是如此。主观规范不仅是个体主观情感的表露，还表现为一种集体性的准则。这种规范能够被看作是一种灵活的管理力量，具有一定的社会调节功能[167]。社区居民在决定是否要与群体达成共识时，会面临求同的压力，也就是“从众”效应。例如，在老旧小区改造中，经过长时间的协商，当周边邻居，特别是那些存在社会网络关系的大部分居民都支持改建时，决策者就会感到压力，就会更倾向于与群体意见一致的决策行为。

知觉行为控制指人们对实施某一特定行为的难易程度所形成的一种主观感受与判断。在某种程度上，许多客观因素都会对居民的决策行为起到限制与约束的作用。比如参与决策的法规和制度是否健全、决策的机会和渠道是否畅通、是否有少数利益集团的阻碍等。当个体遇到阻碍其达成共识的因素越少，他们就会更愿意与群体做出相同的决定。计划理论表明，个体对某行为具备的动机与其执行该行为的意愿呈正相关关系，其中态度对意愿的作用最为突出。在影响居民参与社区自治决策意向的诸多因素中，主观规范是最具影响力的预测变量，参与态度和知觉行为控制的影响力则依次位列其后[168]；根据影响因子排序，从小到大分别为知觉行为控制变量、主观规范和态度[169]。居民社区自治群决策过程一般需综合考量这三个因素，在不同行为情境下，这三个因素所起的作用不尽相同，其中起主导作用的因素并非一成不变[170]。本书提出，若居民对社区自治共识决策的动机较为积极，那么其做出与群体一致决策的意愿也会相应地提升。影响因素包括：（1）预期收益和成本的权衡（例如，个体认为与群体观点相同对自己有好处）；（2）求同压力（例如，家人或邻居好友等希望与群体观点相同或他们正在促成共识的达成）；（3）政治因素（例如，自身清楚社区自治群决策的渠道畅通）。

（二）决策理由与决策的全方位动机、决策意图之间的关系

行为推理理论认为，个体通常会在记忆里探寻具备最合理依据的行为选项[171]。当这些选项被明确后，便能够安心地作出决策了。所以行为的“合理性”作为个体的信念和价值观、动机（包括知觉行为控制、态度和主观规范）、行为意图以及行为之间的纽带，具有衔接的功能[172]~[174]。合理性有助于个体纠正和保护自己的行动，它促进了个人价值的提升和保持。合理性可分为“支持理由”与“反对理由”两大类，用以说明个人为什么会有特定的行为。并且，该理论认为合理性是情境化的。

1.“支持理由”与决策的动机、决策意图之间的关系

在实际情况中，居民在群决策中对社区事务的意见一致，主要缘于利益以及情感两个方面。利益是指个体与群体达成共识时能够获得实质性的好处；而情感因素较为复杂，比如居民之间的信任关系、上文提到的“从众效应”等[175]。其中，利益更多地从个人角度出发，而情感因素在某种程度上兼顾了集体的角度。虽然在中国社会中，个人主义的倾向正日渐凸显，但行为推理理论却是在西方个人主义思潮的影响下产生的[171][176]。在中国以集体为中心的传统文化背景下，人们还是很重视个体对于集体的义务与担当的，集体主义被视为衡量个人幸福感的关键指标。对于个人与社会的关系，儒家认为，个体价值可以划分为自我价值和社会价值两个方面，而个体价值的体现又与其对社会所承担的义务和所作出的贡献相关[175]。

因此，本书认为“支持理由”对于决策动机、行为意图的正向影响可以从两方面分析：一方面是个人角度的个人利益，反映了社区居民积极或消极的需求表达；另一方面从集体角度来看，社区社会资本反映了居民间彼此信任、互利、团结协作等特征。当个体和公众利益发生冲突时，积极

的社区社会资本可以起到很好的化解作用，帮助实现社区成员的整体利益，甚至是实现社区成员的共同行动[177]。

2. “反对理由”与决策的动机、决策意图之间的关系

在以往针对消费者行为领域的研究中，就“反对理由”而言，主要涵盖了以个人视角为切入点的五类行为阻碍因素，即使用、价值、风险、印象以及传统[178]。

本书从社区决策运作机制方面存在的问题及不足进行分析。张平与李静对居民参与社区治理的情况展开调查后发现，人们的反对理由大多是“自治制度存在缺陷”“强势群体对弱势群体的压迫”“存在谋私利现象”等[179]。

例如，居民在决策中各自地位出现不平等，不能充分地表达自己的观点，而是以个人或子群体为主发表意见、进行决策的情况。

因此，本书认为“反对理由”对于决策动机、行为意图的负向影响可以从三方面分析：一是决策机制。不健全不科学的决策机制会对决策者的决策动机和行为意图带来消极影响，进而阻碍决策的进程；二是地位歧视，这里的地位泛指声望、专业权威、行政地位、教育程度等。虽然地位较低的参与者坚信自己的意见才是对的，但他们还是被那些地位更高的人排挤而随波逐流。三是派系与集团。群体通常会演变成三五成群，彼此没有共同利益，甚至各有各的利害关系，非常容易产生分歧，对决策的质量造成影响。

（三）社区价值观与决策的动机、决策理由之间的关系

合理性（支持理由和反对理由）依存于人们的信念和价值观。个体影响和维持行为的合理性取决于他的信仰与价值观。也就是说，个体对预期结果的信念和该结果的价值均会直接影响其预期行为的合理性解释。同时，价值观并非必须通过合理性来阐释，能够直接作用于动机。也就是说，在部分情形下，合理性可能并未被“触发”，此情况与诸多心理学模型是一致的。巢小丽借助“态度—行为”理论，证实了居民参与社区活动的行为与其对社区的归属感之间存在正相关关系，居民对社区的归属感越强，他们就越愿意参与社区活动，也更频繁地参与社区事务。此外，研究表明，

如果居民能更多地投身于社区事务当中，将有助于培养他们的主人翁意识，同时，也有助于构建和谐的社区环境，从而产生积极的闭环反馈[180]。杨超等通过问卷调查发现具有较强烈的社会责任感的人，在决策过程中，通常会优先考虑社区的整体利益。在此基础上，他们对社区责任感的影响展开了深入探究，结果表明：与社区责任感较弱的居民相比，社区责任感较强的居民更倾向于采取内隐性利他行为，并且更愿意支持这类行为[181][182]。比如为一些固执的居民感到忧心忡忡、为社区积极奉献、对自己是本社区的一员感到骄傲等，那么该居民在参与决策时，便会怀揣着更为强烈的主观意愿，力求推动各方达成共识。但是，如果居民秉持着负面的社区价值理念，比如在决策时，只考虑个人利益，觉得社区团体对个人生活毫无益处等，那么该居民在参与决策时，就会阻碍各方达成共识。

本书认为，居民持有积极的社区价值观对于决策的动机、“支持理由”、决策意图具有显著的正相关性。居民的社区价值观主要体现在社区归属感和责任心两个方面。其中社区归属感的影响因素主要来自社区居委会及自治组织的营造，包括群体的内聚力、居民的自治效能感、团队精神等；责任心更多体现在居民个体因素，比如年龄、性别、居住时间、文化程度、婚恋情况、职业、人格特点、邻居关系、物业费缴纳情况和经济状况等[183][184]。

二、群决策视角下社区自治的影响因素确定

上文围绕六个范畴对社区居民自治决策过程作了深入剖析，本书总结出社区自治决策的影响因素集中于政府、社会资本、居民个体三个方面。对于政府因素，需要政府从政策制定、机制设计等宏观层面改善。比如对社区自治进行适当引导干预，持续拓宽居民自治决策的领域，疏通反馈渠道，激发居民对自治决策事务的实际控制感，居民的自治效能感和自治意识不断提升，居民参与社区治理的能力和热情得到充分发挥，就更容易产生达成一致意见的决策行为意图，并最终促进达成一致意见的决策行为。而社区居委会作为政府有关部门指导下的基层群众性自治组织，需从社区

基础设施和公共空间建设、公共文化活动组织、经济资源开发与配置、公共议题创设及组织主体转换等方面进行改善。社会资本和居民因素则因个体差异呈现出各式各样的特征，从而不同程度、从不同层面影响决策进程。对此，本书基于群决策理论视角进一步研究社会资本和居民个体因素在社区居民自治决策中发挥的作用。群决策理论在遵循群决策流程基础上，重点研究不同决策情境下决策各环节的影响因素，并进行有针对性的优化，目的是促进决策者更快达成共识，实现更高效的决策。

由第二章第三节可知，群决策的过程包括：决策者利用各种形式给出备选方案的决策信息、对决策者以及决策信息设置权重、群决策一致性检验、决策者相互沟通及协商、决策信息集结，最终得出决策结果。其中，社会资本和居民个体因素在群决策各环节的影响体现在以下几个方面，具体如表 3 – 1 所示。

表 3 – 1　　　　群决策环节中的社会资本和居民个体影响因素

群决策环节	影响因素	解释
给出决策信息	居民个体（教育程度、年龄、专业经验、心理状态等）	在对备选方案给出决策信息时，决策者可以选择多种表达形式。居民的受教育程度、年龄、专业经验、心理状态等个体因素对决策语言偏好有重要影响
权重设置	社会资本（信任关系、社会地位等）； 居民个体（自我效能感、意志力等）	理论上成员在决策中处于同等的地位，但在实际决策中，很难实现这一状态，具有较高社会地位或者较广泛社会关系的决策者更容易得到认同，对自决策更为坚定的成员则不易受他人干扰，因此在权重设置时会考虑这些因素的影响
意见反馈及调整	社会资本（联系关系、社会地位等）；居民个体（社交性、党派认同等）	同权重设置一样，在进行意见反馈协商和意见调整时，决策者的社会资本和个人特征也会起到一定作用，在设计群决策模型时，考虑这些因素的影响，有利于更高效达成共识

由表 3 – 1 可知，居民的人口统计学变量和心理因素、居民的社会关系等社会资本会分别通过决策形式、决策偏好表达、权重设置、意见协商反馈等各个群决策环节影响到决策共识的达成。

第三节　本章小结

本章围绕社区居民自治决策展开深入探讨，首先明确了其核心概念及社区自治决策的特点，接着剖析影响社区居民自治决策的因素。影响因素主要从内部心理层面入手，探讨动机、决策理由、社区价值观与决策意图之间的紧密联系，支持理由和反对理由分别对决策的正向、负向作用，以及积极社区价值观的促进意义。最后从群决策视角确定社区自治决策的相关影响因素，为后续章节设计群决策模型提供研究思路。

第四章　组织隐形场域下社区居民可视化交互群体共识决策模型

通常来讲，经典的群体决策模型假设参与者之间互不影响，各自独立作出选择。然而，在实际情况中，个体决策者的选择往往是在错综复杂的人际交往中塑造的，并且很可能被其他参与者的偏好所左右。因此，对决策者之间的社交关系及其网络结构特征的研究变得至关重要。目前，社会网络对群体决策作用的研究主要集中在信任传递、偏好缺失值估算、偏好集结方法以及共识协调过程等方面。在这些研究中，决策者间信任关系是核心关注点和突破点。众多研究揭示了信任在决策过程中的关键作用。一些研究者通过分析信任关系对决策群体进行聚类并分配权重，以整合不同意见，还有研究基于信任关系来填补决策者偏好估算中的空白，以获得更综合的决策信息。在信任关系不那么明显的情境下，有学者专注于信任传递过程的研究，以识别决策群体间的间接影响过程。显然，信任关系是群体决策中普遍且关键的社会联系。另外，名气、感召力等其他社会关系在决策过程中也受到了高度重视。

在探讨共识达成策略时，无论是采用经典方法还是结合社会网络分析的共识协调方法，通常终极任务都是通过修改个体偏好、分配权重或排除那些偏差度较大的决策者来实现集体一致，进而达成共识。例如，Dong 等构建了一个双反馈机制的共识模型，该模型通过改变决策者的观点和权重来实现共识。此外，社会关系在共识形成中的影响原理已获广泛探讨，然而，其在协调过程中通常扮演静态推动角色，例如，借助决策者间的信任关系促进偏好转变，以实现共识。

尽管当前社会网络群决策的研究已十分丰富，但是在实际社会关系中，客观上仍有一些未被充分探讨的方面。例如，社区内的组织关系，包括业主委员会、各类兴趣小组以及工作单位中的层级结构等。这些组织关系虽然在群决策过程中不直接发挥作用，但居民经过沉淀而形成的组织意识，以及由此产生的职位权力和人际关系，仍然会以一种隐形的方式影响他们的决策过程。

本书以单位分配住房的单位社区为背景，将大规模群决策应用于社区决策过程当中，以推动社区自治。自新中国成立后，经过政府机构如事业单位和国企等直接划分的社区差不多遍布各地。尽管改革开放后，随着经济体制变革，城市居住的主要形态渐渐变为城市社区，导致单位社区人口有所流动，但这些社区并未被废除，多数员工仍居住其中。与此同时，这也使得单位社区迎来一些人口流动，但单位社区并没有被直接淘汰，单位中一半以上的员工生活场地仍然是在单位社区之内。和目前的城市社区相比还是有所不同，此类住宅不仅具有组织的属性，而且还具有社区属性，尽管社会进步导致组织这一说法在社区中慢慢淡化，但是组织中所拥有的一些要素仍然隐形存在着，形成了潜在社会关系网络，对社会产生着显著的影响。目前，大多数老旧小区仍处于这种状态，并在我国社区总量中仍然占有相当大的比例。因此，在社区治理过程中，研究此类社区自治的群决策问题便显得尤为重要。本章的内容框架如图 4 – 1 所示。

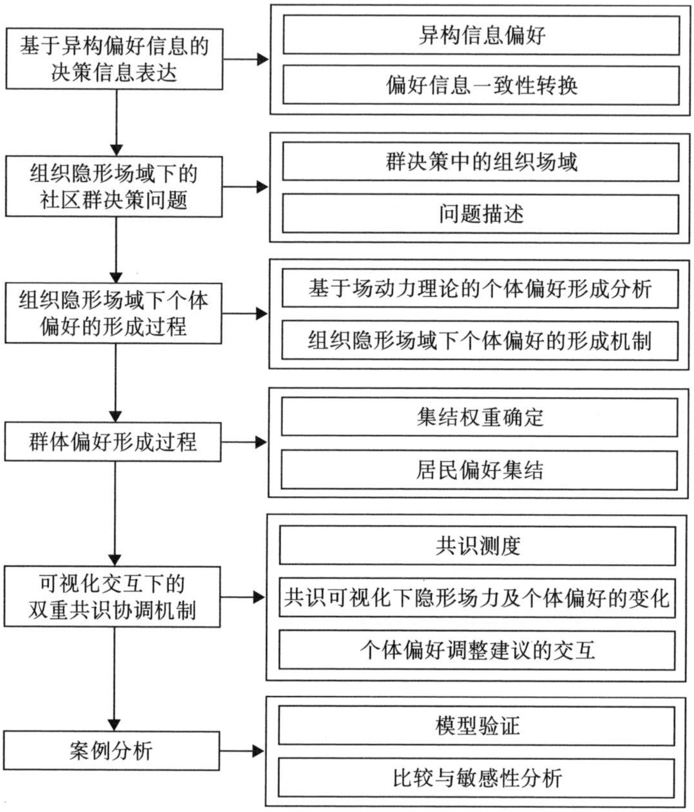

图4－1　第四章内容框架

第一节　基于异构偏好信息的决策信息表达

在群体决策过程中，尤其是在大规模下，偏好表达是其起始阶段。面对多样化的应用背景、各种各样的决策参与者和目标决策效果，所选用的偏好表达方法也各具特色。长期以来，许多研究者对表达偏好的方式展开了详尽的探讨，常见的偏好表达方式包括效用值、偏好排序、乘性偏好关系、模糊偏好关系、多粒度语言等。然而，在具体实施时，因为存在着决策集体成员的异质性，他们各自偏好方式存在差异，因此，这导致了异构偏好信息受到了大多数研究者的关注。从而，F Chiclana 等[185]率先构造了包含具有异质偏好结构（效用值、偏好排序、乘法偏好关系、模糊偏好关系）的群决策模型。随后，众多研究者们对这个模型展开了程度各异的应用和探讨，例如包括语言判断矩阵和数值判断矩阵两种偏好信息的集结方法[186]，以及在多粒度语言信息基础之上的异构偏好的聚合过程等。鉴于社区居民的知识体系、判断能力和个人偏好，以及决策对象固有的模糊性和不确定性，每个个体可能适用不同的表达方式。

因此，本书选择异质性偏好（效用值、偏好排序、乘法偏好关系、模糊偏好关系）作为居民的初始决策信息。

一、异构偏好信息

（一）异构偏好信息概念

在多属性群决策中，异构偏好信息的定义是决策者给出的偏好信息包含至少两种以上不同的数据形式，这是对不同数据形式偏好信息总的称呼。精确数、区间数、模糊数或直觉模糊数等这些是常见的偏好信息类型。当前的学术探讨涵盖了多种数据形式结合的异构多属性群决策方法。精确数通常指的是非负实数类型的数据信息，在决策过程中一般具有这一要求。鉴于群决策模型需要拥有易于掌握、普遍适用、实践性强以及可模块化编程等特点，本书选取了效用值、偏好序、乘法偏好关系、模糊偏好关系这四种广泛应用的数据类型，以进行异构交互环境下的群决策方法研究。具体解释如表 4-1 所示。

表 4-1　常用偏好表达及解释

偏好信息	表达形式	解释
效用值	$U^k=\{u_i^k, i=1,2,\cdots,n\}$，$u_i^k\in[0,1]$	u_i^k 是一个实数型数值，其值越大，表明方案 x_i 越优
偏好序	$O^k=\{o_1^k,o_2^k,\cdots,o_n^k\}$	o_i^k 取 $1\sim n$ 中的一个整数，表示方案 x_i 在方案集 X 中的位置次序，其值越小，表示方案越优

续表

偏好信息	表达形式	解释
乘法偏好关系	$O^k=(s_{ij}^k)_{n\times n}, s_{ij}^k\geqslant 0, s_{ij}^k s_{ji}^k=1$ 且 $s_{ii}^k=1$	s_{ij}^k是一个比率值，根据1~9标度法[187]给出，当$s_{ij}^k=1$时，表示方案x_i和x_j之间无差异，当$s_{ij}^k=9$时，表示方案x_i绝对优于x_j
模糊偏好关系	$A^k=(a_{ij}^k)_{n\times n}, a_{ij}^k\in[0,1]$, $a_{ij}^k+a_{ji}^k=1$ 且 $a_{ii}^k=0.5$	a_{ij}^k表示方案x_i相对于x_j的优越程度，当$a_{ij}^k>\frac{1}{2}$时，表示方案x_i优于x_j

（二）社区居民的异构偏好表达

设定备选方案集 $X=\{x_1,x_2,\cdots,x_m\}$ 为有限集合，决策者集 $V=\{v_1,v_2,\cdots,v_n\}$ 亦为有限集合。决策信息经过异质性偏好表达如下：

（1）效用值。当决策者在选取某一特定选项时，其所体验到的满足或利益的数值化描述。定义如下：

定义 4.1[188]：居民 v_z 对集合 X 提供了一个效用值向量$U_z=\{u_i^z\}(i=1,2,\cdots,m;z=1,2,\cdots,n)$，其中$u_i^z$ 是一个实数值，此时，较高的值说明了备选方案 x_i 拥有较强的优越性。

（2）偏好序。表示一种不涉及确切数值的排序决策选项的方法，展示的是相对优先级。其定义如下：

定义 4.2[188]：居民 v_z 对集合 X 提供了一个偏好序向量$O_z=\{o_i^z\}(i=1,2,\cdots,m;z=1,2,\cdots,n)$，其中 o_i^z 范围为 1 到 m 的整数，表示备选方案集合 X 中备选方案 x_i 的位次顺序。该值越低表明备选方案越好。

（3）乘法偏好关系。用多个选择中各选择属性的效用值的乘积表达个体的偏好。其定义如下：

定义 4.3[187]：居民 v_z 提供一个矩阵的乘法偏好关系集合 X，两两之间进行比较选择：$S_z=(s_{ij}^z)_{m\times m}(i,j=1,2,\cdots,m;z=1,2,\cdots,n)$，其中 s_{ij}^z为比值。乘法偏好关系选择特殊的尺度比较不同选项之间偏好的相对重要性或强度。考虑到 1~9 分制可以简洁直观地表达出微小的偏好差异，可以较好地进行定量比较，可以对之后的计算过程进行简化，本书采用 1~9 分制法推导比值 s_{ij}^z。满足条件：$s_{ij}^z\geqslant 0$，$s_{ij}^z s_{ji}^z=1$，$s_{ii}^z=1$。当 $s_{ij}^z=1$ 时，表示选择项

中 x_i 和 x_j 之间没有差异。相反，当 $s_{ij}^z=9$，这表明 x_i 绝对优于 x_j。

（4）模糊偏好关系，亦称作加性偏好关系，通过隶属度函数来说明决策者对东西的偏好强弱，为在模糊思维背景下的偏好判断提供了一种新的模式。其定义如下：

定义 4.4[188]：居民 v_z 提供模糊偏好关系矩阵，通过比较选择设置 X，$A_z=(a_{ij}^z)_{m\times m}(i,j=1,2,\cdots,m;z=1,2,\cdots,n)$，$a_{ij}^z\in[0,1]$，$a_{ij}^z+a_{ji}^z=1$，$a_{ii}^z=0.5$，其中，$a_{ij}^z$表示 x_i 相对于 x_j 的优势程度。

模糊偏好关系有相应的尺度表示偏好程度，如表 4-2 所示。

表 4-2　尺度及其对应的偏好等级

0～1 等级	优先级	0～1 等级	优先级
0.1	极不喜欢	0.6	略喜欢
0.2	非常不喜欢	0.7	一般喜欢
0.3	一般不喜欢	0.8	非常喜欢
0.4	稍不喜欢	0.9	极喜欢
0.5	同样优先级	其他价值	表示两个相邻刻度之间的中点

二、偏好信息一致性转换

偏好信息的多样化形式无法直接进行整合，因此，它们需要转化为类型相同的偏好信息，便于之后决策过程的处理。在将各种形式的偏好信息转换为偏好序时，决策重要信息可能丧失。然而，若将全部信息转为效用值，那么计算过程将变得烦琐；另外，若将全部数据转为乘法偏好关系，那么分析时计算量将大幅增加。为了使得在计算过程简洁的同时能够有效地体现出居民的偏好，本书将模糊偏好关系作为最后的一致元素，转换方法如下：

（1）效用值转换为模糊偏好关系：

设定备选方案集合 X，u_i^z、u_j^z 分别是居民 v_z 对备选方案 x_i 和 x_j 给出的效用值评分。$\sum_{r=1}^{m}u_r^z$ 表示居民 v_z 对所有备选方案的效用值评分。$A_z=$

$(a_{ij}^z)_{m\times m}$转换后的模糊偏好关系矩阵。可以看出，$u_i^z-u_j^z$越大，a_{ij}^z越大，也就是说居民v_z认为方案x_i优于x_j的程度越高。因此，将效用值转化为模糊偏好关系的转换函数为[189]：

$$a_{ij}^z = \frac{1}{2} + \alpha(u_i^z - u_j^z), \alpha = \frac{1}{2} \text{or} \frac{1}{2\sum_{r=1}^{m} u_r^z} \quad \text{式（4-1）}$$

为了使数据标准化，本书令$\alpha = \frac{1}{2\sum_{r=1}^{m} u_r^z}$，则转换函数为：

$$a_{ij}^z = \frac{1}{2}\left(1 + (u_i^z - u_j^z) / \sum_{r=1}^{m} u_r^z\right) \quad \text{式（4-2）}$$

（2）将偏好序转换为模糊偏好关系：

假设居民v_z对备选方案x_i、x_j的偏好序表述为o_i^z、o_j^z，$A_z=(a_{ij}^z)_{m\times m}$为变换后的模糊偏好关系矩阵，$m$为备选项个数。将偏好序转换为模糊偏好关系的转换函数为：

$$a_{ij}^z = \frac{1}{2}[1 + \varphi(o_i^z, o_j^z) - \varphi(o_i^z, o_j^z)] \quad \text{式（4-3）}$$

其中，φ是修正函数，第一个参数中，它遵循着非下降的顺序，而在第二个参数中，它是非上升的：

$$\varphi(x,y) = (y-x)/2(m-1) \quad \text{式（4-4）}$$

（3）将乘法偏好关系转化为模糊偏好关系：

$$a_{ij}^z = \frac{1}{2}[1 + (o_j^z - o_i^z)/(m-1)] \quad \text{式（4-5）}$$

假设居民v_z给出的备选方案x_i相对于备选方案x_j的优势度为s_{ij}^z，$A_z=(a_{ij}^z)_{m\times m}$是模糊偏好关系矩阵转变后形成的。明显可以看出，$s_{ij}^z$越大，$a_{ij}^z$越大，即$a_{ij}^z=h(s_{ij}^z)$，其中$h$是一个单调递增的关于$sz_{ij}$的函数。将乘法偏好关系转化为模糊偏好关系的变换函数为[189]：

$$a_{ij}^z = (1 + \log_9 s_{ij}^z)/2 \quad \text{式（4-6）}$$

根据式（4-2）、式（4-5）、式（4-6），将所有偏好信息转变成模糊偏好关系，从而最后形成一个模糊互补判断矩阵$A_z=(a_{ij}^z)_{m\times m}$，同时其满足

$$a_{ij}^{z}+a_{ij}^{z}=1,a_{ij}^{z}=0.5 \quad 式(4-7)$$

为了增强文章的清晰度，我们在附录 A 中提供了符号表。

第二节 组织隐形场域下的社区群决策问题

Lewin K 等提出，个人行为的方向和向量受到环境刺激和个人内在动力的共同作用[190]。因此，个体决策这一行为，同样地，不仅受到决策者个人内在偏好的影响，还会受到决策环境的影响。例如，单位制小区这样的社区具有显著的组织属性特征，尽管组织的观点在社区居民的决策中不会直接发挥作用，但居民长期形成的组织观念，以及由此产生的职位权力和人际关系等，仍然会以一种隐形方式作用于居民的决策。本书旨在从社会资本的视角分析这种由组织隐形关系影响所塑造的特殊决策环境，并构建一个群决策中的组织隐形场域，以研究在组织隐形场域作用下社区居民的群决策过程以及共识的形成。

一、群决策中的组织隐形场域

（一）社会资本及场域理论

自 20 世纪 70 年代以来，社会资本（social capital）这一理念开始受到经济学、社会学和政治科学等众多领域的关注。通常所说的社会资本是所谓社会资本，通常涉及个人在组织网络中利用特定位置实现自身利益的能力。主要涉及个体与亲戚、朋友及同学等社会关系，如果个体由于这些关系得利愈盛，那么他的社会资本愈高。

自 20 世纪 90 年代起，社会资本理论日益受到学术界的重视。众多领域如社会学、政治学等，均从各自学科视角探讨社会资本，旨在阐释经济成长和社会进步。西方决策者认为社会资本可成为应对社会冲突的新策略，即“第三条路径”。我国相关领域的专家深入探讨了社会资本理论，尽管它解释力强，却也存在局限与难题[191]。

社会资本理论吸引了众多学者的关注和探讨。作为该理论的奠基人，社会学家皮埃尔·布迪厄首先在社会学层面开创性地探讨了社会资本。基于其关系主义方法论，他提出了“场域”与“资本”两个概念。将“场域”定义为“一个由各种社会关系构成的、形态多样的社会场合或领域，它是一个在不同位置之间维系特定关系的网络或构型”。

场域由多种多样的社会元素构成，各社会元素占据不同位置，从而在领域内存在并产生影响。场域可被比喻为一张社会网，位置相当于网上的扭结。位置是人们构建社会关系的基础。“社会成员和团体因占据不同的位置而获得不同的社会资源和权利。”布迪厄视场域为一个由不同要素构成的关系网，这个过程是动态的，其变化的动力为社会资本[191]。他将资本分为经济资本、文化资本和社会资本三类，并探讨了资本之间的不同以及相互影响。他还指出，社会资本实质上是“一系列实际或潜在资源的总和，这些资源与对某些稳定的网络的占有紧密相连。这些网络是众所周知、被大家支持的，并且是制度化的，它们与特定团体的成员资格相关联，从集体性拥有资本的角度为每个会员给予援助，以及赋予他们提高声誉的证明。”社会资本的存在形式是关系网络。

（二）基于社会资本的群决策组织隐形场域

社会资本体现了社会结构和社会关系的特质，对人们的行为及其成效产生作用。在单位制社区内，源自组织的社会资本大致可划分为三种形态：权力分层体系所衍生的潜在“权力资本”、共同组织经历累积的“文化资本”历史沉淀，以及熟人社会构建的“关系资本”内在延续[192]。从场域角度分析员工小区群决策过程中来自组织的社会资本，与一般的构成复杂的社会资本不同，由于组织作用具有较强的覆盖性，因此更容易将其社会资本从其他关系中剥离。在员工小区的社区生活中，组织内居民和组织外居民共同生活在同一社区，相互之间进行信息沟通交换、交往互动，并形成新的社会网络关系，组织的制度体系和控制系统在员工社区中并不直接发挥作用。但是组织内员工在组织内形成的行动逻辑和行为规律仍会以隐形的方式产生影响，主要体现在两方面：（1）权力资本—领导权威的延续。因为生产与劳动的场所包含一定的合一性，使得工作期间产生的权力层次在日常生活中也得以显现。(2) 关系资本—关系交往圈成员的相互影响。单位社区中组织内居民间的互动极为频繁，且这一关系交往圈与工作关系紧密相关。成员间的互动交流和信任关系会对居民决策产生较大影响。因此，组织内居民在社区决策过程中拥有一个相对独立的社会网络关系，他们通过组织提供的社会资本相互作用，构建一个隐形场域，本书将其称为群决策中的组织隐形场域，并用 O 表示。其中，“权力资本”与“关系资本”是组织内居民在职业活动中所积累的社会资本，它们构成了组织隐形场域中隐形社会关系的核心因素，也是决定居民间影响程度大小的源泉，而“文化资本”则源于组织内居民共同的社会经历与意识沉淀所形成的对原组织的认同感和归属感，是组织隐形场域形成的基础。

二、问题描述

本书研究考虑组织隐形场域影响下的群决策问题。社区内决策居民集合为 $V=\{v_1,v_2,\cdots,v_n\}$，属于原组织的决策居民为 $V'=\{v_1,v_2,\cdots,v_h\}\in V$，居民的个体偏好为模糊偏好关系 $A_z=(a_{ij}^z)_{m\times m}(i,j=1,2,\cdots,m;z=1,2,\cdots,h)$，表示居民 v_z 提供的关于备选方案 x_i 和 x_j 的关系判断。采用有向赋权图 $G(V',D)$ 来刻画组织隐形场域中的隐形关系，其中，$V'=\{v_1,v_2,\cdots,v_h\}\in V$ 为组织内居民对应的节点，$D=\{d_{lz}\}(l,z=1,2,\cdots,h;l\neq z)$ 为该网络中节点 v_z 和 v_l 间有向弧的集合，表示在组织隐形关系中，居民 v_z 与居民 v_l 的链接关系。

第三节　组织隐形场域下个体偏好的形成过程

一、基于场动力理论的个体偏好形成分析

库尔特·勒温的场动力理论[190]，从心理领域和动力学的视角，阐述

了影响个人行为的关键因素，意在为分析个人行为动机提供强有力的理论支持。该理论主张“个体的动机行为受其‘心理生活空间’所决定”，这个“心理生活空间”是在特定时刻影响行为的所有因素的集合，它既涵盖了个人的信念、情感和目标等内在“心理场”，也包括了被感知到的外部环境外在的“环境场”[193]。在居民的决策行为中，个人的内在“心理场”是个人的内在偏好，而单位组织的隐形场域形成了外在的“环境场”。

勒温提出，个体的行为是内在“心理场”与外在“环境场”彼此影响的产物，并用函数关系描述：$B=f(P\times E)$，这里，B 代表个体最终的行为，f 表示函数关系，P 是个体因素，E 是环境因素；其中，P 是触发行为 B 的内部动力，而 E 则是行为 B 的外部动力[190]。

根据勒温的场动力论，“场”具有动力性和交互性，并不是始终处于恒定状态。人体动力源于内部心理紧张系统的释放，而环境在此过程中扮演着触发者的角色。在居民的决策进程中，个体偏好同样不会是恒定的，居民的内在偏好是决策的源动力，但会持续被组织内其他居民偏好所影响。

二、组织隐形场域下个体偏好的形成机制

（一）组织隐形场域下个体偏好定义

为分析组织隐形场域对决策过程的影响，本书基于场动力论，提出在组织隐形场域影响下组织内居民个体偏好定义。

定义 4.5　个体偏好 A_z 是由个体内在偏好 A_z^I 与组织隐形场域 O 交互作用形成，如式（4-8）所示：

$$A_z=f(A_z^I * O)=\lambda_{zz}A_z^I+\sum_{l,z=1,2,\cdots,h,l\neq z}\lambda_{lz}A_l^I \qquad \text{式（4-8）}$$

其中，A_l^I 为社会网络中的其他组织居民的个体内在偏好；λ_{zz} 为自信权重，表示居民 v_z 对自身想法的自信程度；λ_{lz} 为场域权重，表示组织隐形场域中居民 v_l 对居民 v_z 的影响程度；$\lambda_{zz},\lambda_{lz}\in[0,1]$；$\lambda_{zz}+\sum_{l,z=1,2,\cdots,h,l\neq z}\lambda_{lz}=1$。

由本节第一部分分析可知，群决策中的组织隐形场域 O 的影响程度主要取决于组织内居民所拥有的“权力资本”和“关系资本”等无形社会资

本的大小。本书针对“权力资本”及“关系资本”分别构建社会网络，一个刻画“权力资本”的影响关系，为 $G(V',D^p)$，一个刻画“关系资本”的影响关系，为 $G(V',D^r)$，令其有向弧上的数值 $f_{lz}^p \in [0,1](l,z=1,2,\cdots,h;l\neq z)$ 和 $f_{lz}^r \in [0,1](l,z=1,2,\cdots,h;l\neq z)$ 分别表示居民 v_l 相对于居民 v_z 所拥有的“权力资本”和“关系资本”。其中，“权力资本”源自居民在原组织所处的职位高低，职位越高，对相关人员的影响越大；“关系资本” f_{lz}^r 由居民在原组织工作的时间长短及居民间的信任关系决定，如式（4-9）所示

$$f_{lz}^r = \theta f_{lz}^{rc} + (1-\theta) f_{lz}^{rt} \quad \text{式（4-9）}$$

其中，f_{lz}^{rc} 为接触关系资本，由居民在原组织工作的时间长短表示，时间越长，对相关人员的影响则越大；f^{rt} 表示信任关系资本，它取决于决策者之间建立的信任程度，具体来说，更高的信任水平对应更大的价值。$f_{lz}^{rt} \in [0,1]$，$f_{lz}^{rt}=0$ 表示居民 v_l 完全不信任 v_z，$f_{lz}^{rt}=1$ 表示居民 v_l 完全信任 v_z。参数 θ 是调整系数，$\theta \in [0,1]$。

根据居民在原组织工作时所处的职位以及工作时长，将“权力资本”和“接触关系资本”进行量化，可以得到相应的量化值 f^p 和 f^c，具体如表 4-3 所示。

表 4-3　“权力资本”及“接触关系资本”量化表

职位等级	f^p	工作时长	f^{rc}
职员	0	<1 年	0
一级主管	0.1	1~2 年	0.1
二级主管	0.2	2~3 年	0.2
三级主管	0.3	3~4 年	0.3
四级主管	0.4	4~5 年	0.4
五级主管	0.5	5~6 年	0.5
六级主管	0.6	6~7 年	0.6
七级主管	0.7	7~8 年	0.7
八级主管	0.8	8~9 年	0.8
九级主管	0.9	>9 年	0.9

鉴于个体在组织中的职位层级与工作年限存在差异，其相互间的影响程度呈现出相对性而非绝对性特征。例如，居民 A 是在组织工作过 4 年多的六级主管，居民 B 是在组织工作过 7 年多的四级主管，居民 C 是在组织工作过不到 2 年的一级主管，那么他们之间的影响程度是不能一概而论的，本书设定，在这种情况下，居民 A 对于居民 B 所拥有的“权力资本”是二级主管对应量化值，对于居民 C 所拥有的“权力资本”是五级主管对应量化值，居民 B 对居民 C 所拥有的权力资本为三级主管对应量化值，而居民 B 对于居民 A 所拥有的“接触关系资本”则是工作时间 3 ~4 年对应量化值，对居民 C 所拥有的“接触关系资本”是工作 6 ~7 年对应量化值，居民 A 对居民 C 所拥有的“接触关系资本”是工作时间 3 ~4 年对应量化值。此外，组织内部架构的设置导致同一部门成员间更易建立联系并产生影响，而不同部门成员之间，若无直接接触，则难以产生影响。

（二）基于隐形场力的权重确定

基于“权力资本”及“关系资本”的量化结果，通过定义隐形场力来衡量组织隐形场域 O 对个体偏好产生的影响程度。

定义 2 隐形场力：不同组织的成员对于权力和关系的感知程度不同，因此引入权力感知度 α 和关系感知度 β 来调整“权力资本”和“关系资本”的影响程度，且满足 $\alpha,\beta\in[0,1];\alpha+\beta=1$。将两者进行整合，可以得到一个综合影响值 $f_{lz}\in[0,1](l,z=1,2,\cdots,h;l\neq z)$，即隐形场力，如式（4 -10）所示：

$$f_{lz}=\alpha f_{lz}^{p}+\beta f_{lz}^{r}(l,z=1,2,\cdots,h;l\neq z) \qquad 式（4-10）$$

例 4 -1 令 $h=5$，$\alpha=0.7,\beta=0.3,\theta=0.5$，每个居民在原组织的职位与工作时长如表 4 -4 所示。

表 4 -4 每个居民在原组织的职位与工作时长

组织内居民	职位	工作时长
v_1	五级主管	7 ~8 年
v_2	二级主管	4 ~5 年
v_3	职员	1 ~2 年
v_4	八级主管	>9 年
v_5	三级主管	3 ~4 年

信任关系矩阵如下：

$$W^{rt}=\begin{pmatrix}0.0 & 0.3 & 0.8 & 0.0 & 0.8\\ 0.0 & 0.0 & 0.5 & 0.0 & 0.1\\ 0.0 & 0.0 & 0.0 & 0.0 & 0.0\\ 0.2 & 0.5 & 1.0 & 0.0 & 0.6\\ 0.0 & 0.0 & 0.4 & 0.0 & 0.0\end{pmatrix}$$

根据量化表，将每个居民量化得到的f^{p}和f^{rc}，可以得到两个相应的邻接$W^{p}=(w_{lz}^{p})_{h\times h}(l,z=1,2,\cdots,h;w_{zz}^{p}=0)$和$W^{rc}=(w_{lz}^{rc})_{h\times h}(l,z=1,2,\cdots,h;w_{zz}^{rc}=0)$。其中，矩阵横列表示居民对他人的影响程度，纵列表示居民受到他人的影响程度。

$$W^{p}=\begin{pmatrix}0.0 & 0.3 & 0.5 & 0.0 & 0.2\\ 0.0 & 0.0 & 0.2 & 0.0 & 0.0\\ 0.0 & 0.0 & 0.0 & 0.0 & 0.0\\ 0.3 & 0.6 & 0.8 & 0.0 & 0.5\\ 0.0 & 0.1 & 0.3 & 0.0 & 0.0\end{pmatrix}$$

$$W^{rc}=\begin{pmatrix}0.0 & 0.3 & 0.4 & 0.0 & 0.4\\ 0.0 & 0.0 & 0.1 & 0.0 & 0.1\\ 0.0 & 0.0 & 0.0 & 0.0 & 0.0\\ 0.2 & 0.5 & 0.6 & 0.0 & 0.6\\ 0.0 & 0.0 & 0.0 & 0.0 & 0.0\end{pmatrix}$$

$$W^{r}=\begin{pmatrix}0.0 & 0.3 & 0.6 & 0.0 & 0.4\\ 0.0 & 0.0 & 0.3 & 0.0 & 0.1\\ 0.0 & 0.0 & 0.0 & 0.0 & 0.0\\ 0.2 & 0.5 & 0.8 & 0.0 & 0.6\\ 0.0 & 0.0 & 0.2 & 0.0 & 0.0\end{pmatrix}$$

则$G(V',D^{p})$和$G(V',D^{r})$分别表示为：

$G(V',D^p)$

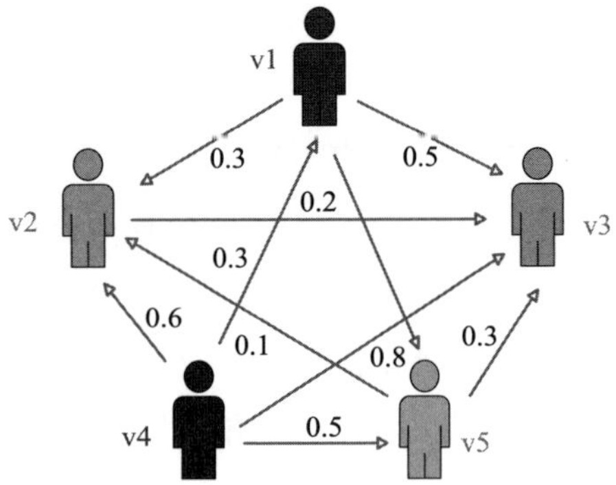

$G(V',D^r)$

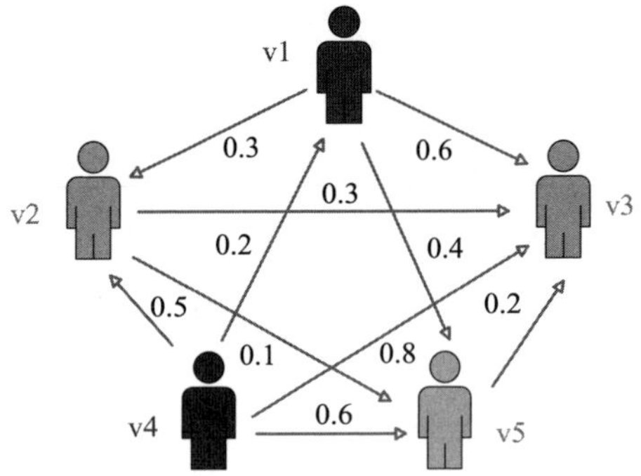

根据式（4－10），可得到隐形场力的邻接矩阵$W=(w_{lz})_{h\times h}(l,z=1,2,\cdots,h;w_{zz}=0)$为：

$$W=\begin{pmatrix}0.00 & 0.30 & 0.53 & 0.00 & 0.26\\ 0.00 & 0.00 & 0.23 & 0.00 & 0.03\\ 0.00 & 0.00 & 0.00 & 0.00 & 0.00\\ 0.27 & 0.57 & 0.80 & 0.00 & 0.53\\ 0.00 & 0.07 & 0.27 & 0.00 & 0.00\end{pmatrix}$$

那么隐形场力的社会网络$G(V',D)$表示为：

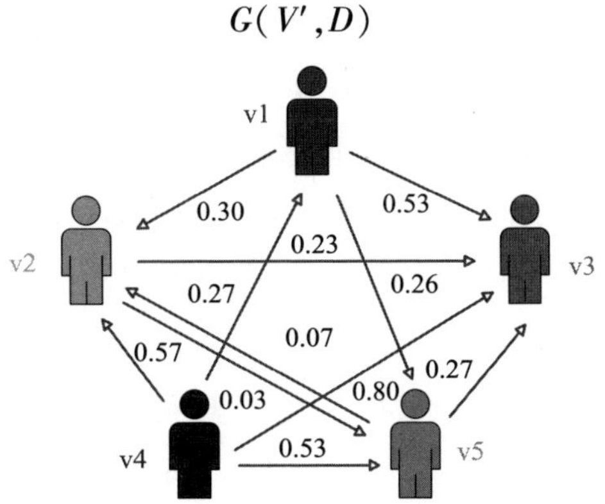

根据其自信程度，给出一个自信度f_{kk}，借鉴[194]的表达形式，单位内居民v_k的个体偏好A_y^k表示为：

$$A_y^k = \lambda_{kk}A^k + \sum \lambda_{lk}A^l \qquad \text{式 (4-11)}$$

其中，A^k表示单位内居民v_k的内在偏好，A^l表示对其产生影响的单位内居民v_l的内在偏好。

令f_{zz}表示为居民在组织隐形场域中的自信度，则自信权重λ_{zz}和场域权重λ_{lz}可由f_{zz}和隐形场力f_{lz}表示为：

$$\lambda_{lz} = \frac{f_{lz}}{\sum f_{lz} + f_{zz}}(l,z = 1,2,\cdots,h;l \neq z) \qquad \text{式 (4-12)}$$

$$\lambda_{zz} = \frac{f_{zz}}{\sum f_{lz} + f_{zz}}(l,z = 1,2,\cdots,h;l \neq z) \qquad \text{式 (4-13)}$$

其中，$\lambda_{zz},\lambda_{lz} \in [0,1];\lambda_{zz} + \sum_{l,z=1,2,\cdots,h,l\neq z} \lambda_{lz} = 1$。

第四节 群体偏好形成过程

一、集结权重确定

随着社会主义市场经济的不断发展，单位社区的组织特性日渐模糊，居住开始迁徙，社区中既包括单位内的居民，也涵盖了单位外的居民。社区作为一个固定的生活空间，社交关系是其所固有的。与隐形社会关系相比，此类社会关系更为明显，能够直接对居民在决策过程中的重要性产生影响。所以，本书就此来确定所有社区居民的集结权重。

这里，我们选择更为通用的中心性来确定权重大小。社区内的社会关系用无向无权图 $G(V,B)$ 来表示，其中，$V=\{v_1,v_2,\cdots,v_n\}$ 表示为社区内全体居民，$B=\{b_{tz}\}(t,z=1,2,\cdots,n;t\neq z)$ 为社区的社交网络中节点间边的集合。

居民v_z的度中心性$C_d(v_z)$表示如下[195]：

$$C_d(v_z)=\sum_{t}L_{tz}(t,z=1,2,\cdots,n) \quad \text{式（4－14）}$$

其中，n 为整个网络总节点数，L 为社会网络图邻接矩阵。

居民v_z的特征向量中心性$C_e(v_z)$表示如下[195]：

$$C_e(v_z)=x_z=c\sum_{t=1}^{n}l_{tz}x_t(t,z=1,2,\cdots,n) \quad \text{式（4－15）}$$

其中，x_z为居民v_z的重要性度量值，c 为一个比例常数，l_{tz}为邻接矩阵L_{tz}中相对应的值。

以保证居民权重的确定精准贴合为目的，本书采用直接与间接两个角度，综合考量度和特征向量中心性进行居民权重的计算。

首先，依据式（4－14）和式（4－15）计算居民v_z的综合中心性，详细公式如下[195]：

$$C_I(v_z)=\theta\frac{C_d(v_z)}{\sum_{z=1}^{n}C_d(v_z)}+(1-\theta)\frac{C_e(v_z)}{\sum_{z=1}^{n}C_e(v_z)} \quad \text{式（4－16）}$$

其中，θ 为居民度中心性和特征向量中心性的调节系数，$\theta\in[0,1]$。

那么，居民v_z在社区中所占权重ω_z的计算公式就可以表示为[195]：

$$\omega_z=\frac{C_I(v_z)}{\sum_{z=1}^{n}C_I(v_z)} \quad \text{式（4－17）}$$

二、居民偏好集结

本书选择直觉模糊加权算术平均算子（IFWAA）来集成个体偏好。

组织内居民个体偏好在组织隐形场域影响下形成，组织外居民则将初始决策偏好直接输出，最终得到一组决策偏好矩阵$\{A_z=(a_{ij}^z)_{m\times m}(i,j=1,2,\cdots,m;z=1,2,\cdots,n)\}$，其相应的权重向量为$\omega=(\omega_1,\omega_2,\cdots,\omega_n)^T$，且满足$\omega_k\in[0,1],\sum_{z=1}^{n}\omega_z=1$，则偏好集结公式为[196]：

$$IFWAA_\omega(A_1,A_2,\cdots,A_n)=\sum_{z=1}^{n}\omega_z A_z \qquad 式（4-18）$$

居民偏好集结后得到群体偏好矩阵为$A^G=(a_{ij}^G)_{n\times n}$，将其转化后，可以得到决策方案的排序向量$P_i$为[197]：

$$P_i=\frac{1}{n(n-1)}\left(\sum_{j=1}^{n}a_{ij}+\frac{n}{2}-1\right) \qquad 式（4-19）$$

第五节　可视化交互下的双重共识协调机制

当全部决策者达成一致观点时，群体就实现了严格共识[198]。然而，这种情况更多是理想化的，在实际中，当进行决策的人较多时，一般达成的可能性就很小。所以，在真正实际的决策中，往往使得群体达成软共识[199]。这意味着，只要群体共识不低于预设的共识阈值，就会对决策结果满意。相反情况下，就必须与那些远离群体共识的个体进行反馈沟通。

鉴于共生效应，人们往往更乐意靠近有利于决策成功的方向。因此，为了加速共识的形成，本书将共识结果进行可视化处理，使得组织内居民能够知道社区内其他居民的共识结果。考虑到共识可视化之后，组织内部居民间的隐形关系可能会发生变化，进而影响居民的个体偏好。基于这一认识，提出了一个双重共识协调机制，该机制涉及可视化交互，将需要协调的群体划分为组织内部居民和组织外部居民。通过分析可视化的共识结果，首先对单位内部居民的个人偏好进行初步调整，然后对所有尚未达成共识要求的居民进行统一的偏好调整。

一、共识测度

在决定居民的个人偏好是否需要调节之前，首要任务是进行共识度量。我们通过比较个体偏好与群体偏好之间的相似性[200]来决定参与决策的居民的偏离程度。

居民v_z的共识测度表示为：

$$CM^Z = 1 - \frac{\sum_{j=1,j\neq i}^{m}\sum_{i=1}^{m}|a_{ij}^z - a_{ij}^G|}{m\times(m-1)} \quad \text{式 (4-20)}$$

群体共识测度表示为：

$$CM^G = \frac{1}{n}\sum_{z=1}^{n} CM^Z = \frac{1}{n}\sum_{z=1}^{n}\left(1 - \frac{\sum_{j=1,j\neq i}^{m}\sum_{i=1}^{m}|a_{ij}^z - a_{ij}^G|}{m\times(m-1)}\right) \quad \text{式 (4-21)}$$

在作出决策前，首先设定一个共识阈值ε，范围在0到1之间。一旦共识度$CM\geqslant\varepsilon$也就是CM达到或超过ε时，表明群体共识达成，此时只需继续对排序向量进行计算然后去确定方案的优先顺序，得出最优解即可。反之，如果共识度$CM<\varepsilon$即CM低于ε时，意味着群体共识有待形成，此刻应实施必要调整，以助于群体形成共识。

以达成群体共识为目的，必须对那些与群体偏离较大的居民进行偏好调整。我们将这一部分群体称之为需协调群体，表示为：

$$V_{CG} = \{v_z | CM_z < \varepsilon\} \quad \text{式 (4-22)}$$

二、共识可视化下隐形场力及个体偏好的变化

先前的研究表明，组织内居民的个体偏好A_z是由个体内在偏好A_Z^I与组

织的隐形场域 O 相互作用的结果。组织的隐形场域通过隐形场力来展现其影响程度。然而，隐形场力作为一种潜在的作用力，并非恒定不变，共识结果作为个体与群体之间合群程度的象征，具有显著的干扰作用。这一点体现在将共识结果可视化后，当居民的共识值较高时，其影响力会增强，隐形场力也随之增强；反之，当居民的共识值较低时，其影响力便会减弱，隐形场力也会相应减弱。而随着隐形场力的变动，居民的个人偏好自然会作出相应的调整。基于上述分析，此处提出了一个共识度引导的隐形场力变化模型，以描绘这一变化过程。该模型的特点在于，它依据共识度构建隐形场力变化系数以反映隐形场力的变动，并在此基础上，重新塑造组织内居民的个人偏好。

基于共识结果的可视化，提出隐形场力变化参数 $\gamma \in [-\infty, +\infty]$ 来体现组织内居民与组织隐形场域中对其有影响作用的居民之间隐形场力的变化程度，表示为：

$$\gamma_{lz}^{(y+1)} = [CM_l^{(y)} - CM_z^{(y)}]/CM_z^{(y)} \quad (l,\ z=1,\ 2,\ \cdots,\ h;\ l \neq z)$$

式（4－23）

其中，$CM_z^{(y)}$ 为组织内居民 v_z 第 y 轮自身的共识值，$CM_l^{(y)}$ 为组织隐形场域中对居民 v_z 有影响关系的居民 v_l 第 y 轮的共识值，$\gamma_{lz}^{(y+1)}$ 为第 $y+1$ 轮相应的隐形场力变化参数。

基于隐形场力变化参数 $\gamma \in [-\infty, +\infty]$，进而提出隐形场力变化模型，表示为：

$$f_{lz}^{(y+1)} = e^{\gamma_{lz}^{(y+1)}} f_{lz}^{(y)} \quad (l, z = 1, 2, \cdots, h; l \neq z)$$

式（4－24）

其中，$e^{\gamma_{lz}^{(y+1)}}$ 为第 $y+1$ 轮的隐形场力调整系数，$f_{lz}^{(y)}$ 为第 y 轮居民 v_l 对居民 v_z 所拥有的隐形场力，$f_{lz}^{(y+1)}$ 则为第 $y+1$ 轮居民 v_l 对居民 v_z 所拥有的隐形场力。

隐形场力变化后，再根据式（4－12）和式（4－13），可以得到新一轮的自信权重 $\lambda_{zz}^{(y+1)}$ 和场域权重 $\lambda_{lz}^{(y+1)}$，则组织内居民的个体偏好就会变为：

$$A_{z^{(y+1)}} = \lambda_{zz}^{(y+1)} A_z^{(y)} + \sum \lambda_{lz}^{(y+1)} A_l^{(y)} \quad (l, z = 1, 2, \cdots, h; l \neq z)$$

式（4－25）

其中，$A_z^{(y)}$ 为居民 v_z 第 y 轮的个体偏好，$A_l^{(y)}$ 为组织隐形场域中对居民 v_z

有影响关系的居民v_l在第 y 轮的个体偏好，$A_{z^{(y+1)}}$则为第 $y+1$ 轮隐形场力变化后居民v_z初步调整后的个体偏好。

针对初步调整后的$A_{z^{(y+1)}}$，根据式（4－20），得到第 $y+1$ 轮的个体共识 $CM_{z^{(y+1)}}$，如果达到 ε，则脱离需协调群体，否则，进行下一步调整。

三、个体偏好调整建议的交互

达到满意共识一种关键途径包含推荐机制的群体交互模型[201]。随着共识可视化，居民会比较想要朝着群体核心地带靠拢。从而，当出现个体偏好与群体偏好有偏差的情况下，可以借助直接和那些需要进行调整的群体进行交互调整意见，来提升共识度达成共识。

调整偏好的主要目的是使个人偏好趋同于群体偏好，所以主要依靠群体偏好来进行调整，即它是关键的影响因子。一旦被认定为是需要进行调整的成员，就会获得旨在增进共识水平的定制化建议。

组织外居民收到的偏好调整建议为：

$$A_z^{(y+1)}=(1-\mu)A_z^{(y)}+\mu A_G^{(y)} \qquad 式（4－26）$$

组织内居民在经过隐形场力变化后收到的偏好调整建议为：

$$A_k^{(y+1)}=(1-\mu)A_{k^{(y+1)}}+\mu A_G^{(y)} \qquad 式（4－27）$$

其中，$A_z^{(y)}$为第 y 轮组织外居民的初始个体偏好，$A_{z^{(y+1)}}$则为第 $y+1$ 轮组织内居民再次调整后的个体偏好，$A_G^{(y)}$为第 y 轮的群体偏好，μ（$0<\mu<1$）为偏好调整参数。

观点：一方面，面对改变参数 μ 设定为 1 时，群体偏好将完全替代初始偏好；另一方面，改变 μ 的大小设定为 0 时，则初始偏好维持原样。若 μ 值在 0 到 1 之间进行变动，随着 μ 值的提升，初始偏好将逐渐朝着群体偏好靠拢，进而共识度也会相应提高。

证明 假设只有居民v_k对其偏好进行了调整，且该位居民为组织外居民，则其共识测度变为：

$$CM_z^{y+1}=1-\frac{\sum_{j=1,j\neq i}^{m}\sum_{i=1}^{m}\left|\left[(1-\mu)\,a_{ij,z}^{y}+\mu\,a_{ij,G}^{y}\right]-\left\{\sum_{q=1,q\neq z}^{n}\omega_q\,a_{ij,q}+\omega_z(1-\mu)\,a_{ij,z}^{y}+\mu\,a_{ij,G}^{y}\right]\right\}\right|}{m\times(m-1)}$$

式（4-28）

整理得：

$$CM_z^{y+1}=1-\left[1-(1-\omega_z)\mu\right]\frac{\sum_{j=1,j\neq i}^{m}\sum_{i=1}^{m}\left|a_{ij,z}^{y}-a_{ij,G}^{y}\right|}{m\times(m-1)}$$ 式（4-29）

已知，$\omega_z\in[0,1],\mu\in[0,1]$，因此，$[1-(1-\omega_z)\mu]\in[0,1]$，则 $CM_z^{y+1}\geqslant CM_z^{y}$，因此，当居民接受调整建议，其共识度必然会增加。

组织隐形场域影响下的群体共识决策模型：

步骤1：设定预期共识阈值 ε；收集社区居民的偏好信息，并根据式（4-2）、式（4-5）、式（4-6）、式（4-7）进行异构偏好转化；

步骤2：设定 α 以及 β，并收集原组织内居民的工作情况，将组织隐形场域 O 中的"权力资本"和"关系资本"进行量化，根据式（4-10），得到隐形场力，再根据式（4-11）至式（4-13）确定场域权重和自信权重并输出原组织居民的个体偏好；

步骤3：设定 θ，基于社区内的社会网络，根据式（4-14）至式（4-17）确定居民的集结权重，并根据式（4-18）计算社区群体偏好；

步骤4：根据式（4-20）至式（4-21），计算共识测度CM_G，当达到给定共识阈值 ε，直接输出群体偏好，然后根据式（4-19）计算出决策方案的排序向量，得出最佳方案，决策结束；若未达到共识阈值 ε，便继续下一步；

步骤5：根据式（4-20）、式（4-22），识别需协调群体；首先根据式（4-23）至式（4-25），分析需协调群体中单组织内居民的隐形场力的变化，输出新的个体偏好并进行共识测度，满足条件的将脱离需协调群体，否则进入下一步；

步骤6：设定 μ，根据式（4-25）、式（4-26）、式（4-28）、式（4-29）向需协调群体推荐修改建议，并输出最新的个体偏好，转入步骤3。

基于以上内容，组织隐形场域影响下的社区居民共识决策模型如图4－2所示：

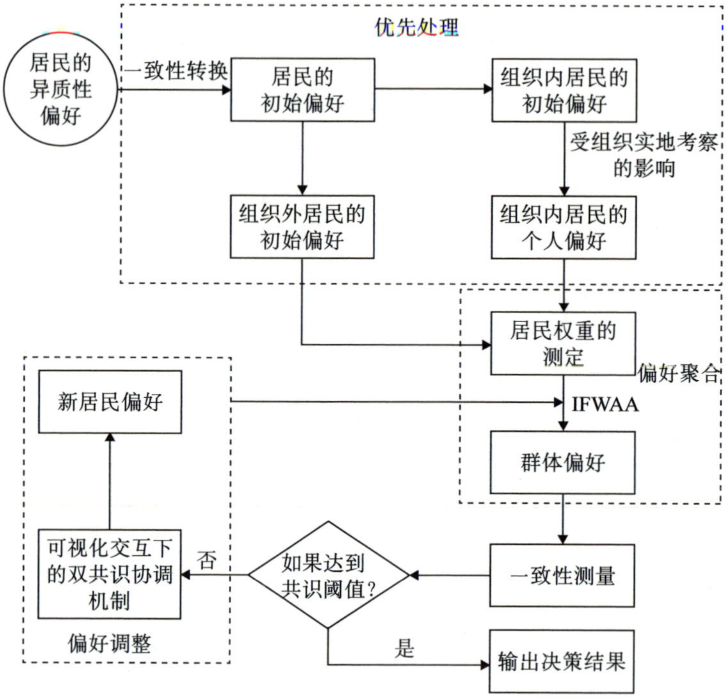

图4－2　组织隐形场域影响下的群体决策模型

第六节　案例分析

一、模型验证

老旧住宅区的管网是城市管道系统的基础。内部管网的翻新以及这些地区的源头控制和污染拦截是改善城市水环境的全面战略的重要组成部分之一。此外，确保用水的安全性和便利性对于改善居民的生活条件和提高他们的整体舒适度至关重要。为了减轻城市污染，改善社区福祉，L 社区的给排水系统目前正在进行翻新，最终的实施计划将由社区居民独立决策确定。

这个社区体现了一个“典型的单位制”，其主要居民是与采矿设备维修厂有关的工人及其家庭。工厂解散后，社区成员开始更加自由地搬迁。目前，该组织共有 51 户居民仍居住在该社区。现有专家提出三种改造方案 $X=\{X_1,X_2,\cdots,X_3\}$，社区居委会将三种改造方案发布公告告知全体居民，具体为：X_1 即第一种方案为重建性改造，需要重新对小区的排水系统进行规划设计和重建，花费最多；X_2 即第二种方案为补充性改造，需要通过补充雨水排水系统建设，促进河流管道充当污水管道，对原来的混接雨水口进行拆除重建，花费次之；X_3 即第三种方案为提升性改造，需要对小区的排水管网进行提升性改造，促进小区的雨水调蓄能力不断提升，花费最少。社区居民委员会按照民主透明的原则，将三个改造方案向所有居民公布后，进行了投票表决。表决提供了几种表达偏好的方法（效用值、偏好顺序、乘法偏好关系、模糊偏好关系），并通过投票问卷收集信息，以提高决策的有效性和决策者的满意度。投票问卷见附录 B。邻里委员会随后利用社交媒体平台进行在线解释，以澄清任何疑虑，确保每位房主了解调查的目的。完成问卷后，对数据进行处理，以选择大多数居民认可的策略。通过问卷调查，采用投票问卷法，共收集了 120 名居民对 3 种改造方案的初始偏好，包括 49 种效用值、37 种排序、16 种乘法偏好关系和 18 种模糊偏好关系。决策过程如下：

步骤 1：设定共识阈值，居民初始偏好异构转化。

社区决策共识程度要求较高，因此设定共识阈值 $\varepsilon=0.9$。调查结果如表 4-5 至表 4-8 所示。

表 4-5　49 个效用值

V_z	U_z	V_z	U_z
v_7	$U_7=(0.4, 0.8, 0.5)$	v_{67}	$U_{67}=(0.5, 0.6, 0.4)$
v_{11}	$U_{11}=(0.5, 0.7, 0.4)$	v_{77}	$U_{77}=(0.7, 0.5, 0.4)$
v_{12}	$U_{12}=(0.4, 0.7, 0.3)$	v_{79}	$U_{79}=(0.9, 0.8, 0.2)$

续表

V_z	U_z	V_z	U_z
v_{17}	$U_{17}=(0.6,0.4,0.3)$	v_{83}	$U_{83}=(0.5,0.3,0.8)$
v_{19}	$U_{19}=(0.6,0.5,0.2)$	v_{84}	$U_{84}=(0.4,0.8,0.6)$
v_{22}	$U_{22}=(0.3,0.8,0.5)$	v_{87}	$U_{87}=(0.3,0.7,0.5)$
v_{23}	$U_{23}=(0.7,0.5,0.3)$	v_{89}	$U_{89}=(0.5,0.4,0.3)$
v_{25}	$U_{25}=(0.4,0.7,0.3)$	v_{90}	$U_{90}=(0.6,0.5,0.7)$
v_{29}	$U_{29}=(0.5,0.4,0.2)$	v_{92}	$U_{92}=(0.8,0.5,0.3)$
v_{30}	$U_{30}=(0.3,0.6,0.5)$	v_{94}	$U_{94}=(0.4,0.5,0.6)$
v_{31}	$U_{31}=(0.2,0.6,0.4)$	v_{95}	$U_{95}=(0.7,0.5,0.3)$
v_{33}	$U_{33}=(0.4,0.7,0.3)$	v_{96}	$U_{96}=(0.2,0.7,0.5)$
v_{34}	$U_{34}=(0.7,0.9,0.5)$	v_{99}	$U_{99}=(0.3,0.4,0.6)$
v_{35}	$U_{35}=(0.5,0.6,0.2)$	v_{101}	$U_{101}=(0.4,0.7,0.5)$
v_{40}	$U_{40}=(0.4,0.6,0.7)$	v_{103}	$U_{103}=(0.5,0.8,0.4)$
v_{46}	$U_{46}=(0.3,0.5,0.6)$	v_{104}	$U_{104}=(0.6,0.5,0.2)$
v_{47}	$U_{47}=(0.5,0.8,0.4)$	v_{105}	$U_{105}=(0.7,0.5,0.2)$
v_{48}	$U_{48}=(0.3,0.7,0.5)$	v_{107}	$U_{107}=(0.3,0.5,0.6)$
v_{49}	$U_{49}=(0.8,0.8,0.2)$	v_{108}	$U_{108}=(0.2,0.9,0.5)$
v_{50}	$U_{50}=(0.7,0.6,0.4)$	v_{111}	$U_{111}=(0.3,0.8,0.5)$
v_{52}	$U_{52}=(0.7,0.6,0.4)$	v_{113}	$U_{113}=(0.4,0.6,0.7)$
v_{53}	$U_{53}=(0.8,0.6,0.3)$	v_{114}	$U_{114}=(0.2,0.5,0.3)$
v_{60}	$U_{60}=(0.3,0.7,0.6)$	v_{116}	$U_{116}=(0.7,0.4,0.5)$
v_{61}	$U_{61}=(0.3,0.7,0.6)$	v_{119}	$U_{119}=(0.5,0.9,0.6)$
v_{62}	$U_{62}=(0.4,0.8,0.6)$	—	—

表 4-6　　37 种排序

V_z	O_z	V_z	O_z
v_4	$O_4=(2,1,3)$	v_{69}	$O_{69}=(2,3,1)$
v_8	$O_8=(1,2,3)$	v_{73}	$O_{73}=(2,1,3)$
v_{16}	$O_{16}=(3,1,2)$	v_{74}	$O_{74}=(2,3,1)$
v_{26}	$O_{26}=(2,1,3)$	v_{75}	$O_{75}=(2,1,3)$
v_{32}	$O_{32}=(2,1,3)$	v_{80}	$O_{80}=(3,1,2)$
v_{37}	$O_{37}=(2,1,3)$	v_{81}	$O_{81}=(2,1,3)$
v_{41}	$O_{41}=(3,2,1)$	v_{86}	$O_{86}=(3,1,2)$

续表

V_z	O_z	V_z	O_z
v_{43}	$O_{43}=(3,2,1)$	v_{88}	$O_{88}=(3,2,1)$
v_{44}	$O_{44}=(1,2,3)$	v_{91}	$O_{91}=(1,3,2)$
v_{51}	$O_{51}=(3,1,2)$	v_{97}	$O_{97}=(2,1,3)$
v_{54}	$O_{54}=(3,1,2)$	v_{100}	$O_{100}=(1,2,3)$
v_{55}	$O_{55}=(2,1,3)$	v_{102}	$O_{102}=(3,1,2)$
v_{56}	$O_{56}=(1,2,3)$	v_{106}	$O_{106}=(3,1,2)$
v_{57}	$O_{57}=(2,1,3)$	v_{110}	$O_{110}=(2,1,3)$
v_{59}	$O_{59}=(1,2,3)$	v_{112}	$O_{112}=(2,1,3)$
v_{63}	$O_{63}=(2,1,3)$	v_{115}	$O_{115}=(3,2,1)$
v_{65}	$O_{65}=(2,1,3)$	v_{118}	$O_{118}=(2,1,3)$
v_{66}	$O_{66}=(2,3,1)$	v_{120}	$O_{120}=(3,1,2)$
v_{68}	$O_{68}=(1,2,3)$		

表 4－7　　　　16 种乘法偏好关系

V_z	S_z	V_z	S_z
v_1	$S_1=\begin{pmatrix}1&3&5\\1/3&1&4\\1/5&1/4&1\end{pmatrix}$	v_{36}	$S_{36}=\begin{pmatrix}1&4&1/3\\1/4&1&1/5\\3&5&1\end{pmatrix}$
v_3	$S_3=\begin{pmatrix}1&3&5\\1/3&1&4\\1/5&1/4&1\end{pmatrix}$	v_{38}	$S_{38}=\begin{pmatrix}1&6&8\\1/6&1&5\\1/8&1/5&1\end{pmatrix}$
v_{15}	$S_{15}=\begin{pmatrix}1&5&7\\1/5&1&4\\1/7&1/4&1\end{pmatrix}$	v_{45}	$S_{45}=\begin{pmatrix}1&1/4&1/2\\4&1&3\\2&1/3&1\end{pmatrix}$
v_{18}	$S_{18}=\begin{pmatrix}1&1/4&1/7\\4&1&1/5\\7&5&1\end{pmatrix}$	v_{58}	$S_{58}=\begin{pmatrix}1&2&4\\1/2&1&3\\1/4&1/3&1\end{pmatrix}$
v_{20}	$S_{20}=\begin{pmatrix}1&1/5&1/4\\5&1&3\\4&1/3&1\end{pmatrix}$	v_{70}	$S_{70}=\begin{pmatrix}1&1/5&1/7\\5&1&8\\7&1/8&1\end{pmatrix}$

续表

V_z	S_z	V_z	S_z
v_{21}	$S_{21}=\begin{pmatrix}1 & 1/3 & 4\\ 3 & 1 & 6\\ 1/4 & 1/6 & 1\end{pmatrix}$	v_{71}	$S_{71}=\begin{pmatrix}1 & 1/4 & 6\\ 4 & 1 & 8\\ 1/6 & 1/8 & 1\end{pmatrix}$
v_{24}	$S_{24}=\begin{pmatrix}1 & 1/4 & 1/7\\ 4 & 1 & 5\\ 7 & 1/5 & 1\end{pmatrix}$	v_{82}	$S_{82}=\begin{pmatrix}1 & 3 & 5\\ 1/3 & 1 & 3\\ 1/5 & 1/3 & 1\end{pmatrix}$
v_{27}	$S_{27}=\begin{pmatrix}1 & 1/5 & 2\\ 5 & 1 & 7\\ 1/2 & 1/7 & 1\end{pmatrix}$	v_{98}	$S_{98}=\begin{pmatrix}1 & 1/2 & 3\\ 2 & 1 & 4\\ 1/3 & 1/4 & 1\end{pmatrix}$

表 4-8　　18 种模糊偏好关系

V_z	A_z	V_z	A_z
v_2	$A_2=\begin{pmatrix}0.5 & 0.3 & 0.6\\ 0.7 & 0.5 & 0.8\\ 0.4 & 0.2 & 0.5\end{pmatrix}$	v_{42}	$A_{42}=\begin{pmatrix}0.5 & 0.6 & 0.8\\ 0.4 & 0.5 & 0.7\\ 0.2 & 0.3 & 0.5\end{pmatrix}$
v_5	$A_5=\begin{pmatrix}0.5 & 0.4 & 0.7\\ 0.6 & 0.5 & 0.8\\ 0.3 & 0.2 & 0.5\end{pmatrix}$	v_{64}	$A_{64}=\begin{pmatrix}0.5 & 0.2 & 0.4\\ 0.8 & 0.5 & 0.7\\ 0.6 & 0.3 & 0.5\end{pmatrix}$
v_6	$A_6=\begin{pmatrix}0.5 & 0.2 & 0.4\\ 0.8 & 0.5 & 0.7\\ 0.6 & 0.3 & 0.5\end{pmatrix}$	v_{72}	$A_{72}=\begin{pmatrix}0.5 & 0.7 & 0.9\\ 0.3 & 0.5 & 0.6\\ 0.1 & 0.4 & 0.5\end{pmatrix}$
v_9	$A_9=\begin{pmatrix}0.5 & 0.4 & 0.3\\ 0.6 & 0.5 & 0.4\\ 0.7 & 0.6 & 0.5\end{pmatrix}$	v_{76}	$A_{76}=\begin{pmatrix}0.5 & 0.3 & 0.4\\ 0.7 & 0.5 & 0.6\\ 0.6 & 0.4 & 0.5\end{pmatrix}$
v_{10}	$A_{10}=\begin{pmatrix}0.5 & 0.2 & 0.3\\ 0.8 & 0.5 & 0.6\\ 0.7 & 0.4 & 0.5\end{pmatrix}$	v_{78}	$A_{78}=\begin{pmatrix}0.5 & 0.3 & 0.6\\ 0.7 & 0.5 & 0.8\\ 0.4 & 0.2 & 0.5\end{pmatrix}$
v_{13}	$A_{13}=\begin{pmatrix}0.5 & 0.6 & 0.7\\ 0.4 & 0.5 & 0.6\\ 0.3 & 0.4 & 0.5\end{pmatrix}$	v_{85}	$A_{85}=\begin{pmatrix}0.5 & 0.4 & 0.3\\ 0.6 & 0.5 & 0.4\\ 0.7 & 0.6 & 0.5\end{pmatrix}$

续表

V_z	A_z	V_z	A_z
v_{14}	$A_{14}=\begin{pmatrix}0.5&0.3&0.7\\0.7&0.5&0.8\\0.3&0.2&0.5\end{pmatrix}$	v_{93}	$A_{93}=\begin{pmatrix}0.5&0.7&0.9\\0.3&0.5&0.6\\0.1&0.4&0.5\end{pmatrix}$
v_{28}	$A_{28}=\begin{pmatrix}0.5&0.2&0.6\\0.8&0.5&0.7\\0.4&0.3&0.5\end{pmatrix}$	v_{109}	$A_{109}=\begin{pmatrix}0.5&0.3&0.4\\0.7&0.5&0.6\\0.6&0.4&0.5\end{pmatrix}$
v_{39}	$A_{39}=\begin{pmatrix}0.5&0.4&0.6\\0.6&0.5&0.7\\0.4&0.3&0.5\end{pmatrix}$	v_{117}	$A_{117}=\begin{pmatrix}0.5&0.1&0.6\\0.9&0.5&0.7\\0.4&0.3&0.5\end{pmatrix}$

根据式（4－2）、式（4－6），居民的偏好信息被一致地转换为模糊的偏好关系。转换后的信息如表4－9至表4－11所示。

表4－9　　效用值转化为模糊互补判断矩阵

V_z	A_z
v_7	$A_7=\begin{pmatrix}0.500&0.382&0.471\\0.618&0.500&0.588\\0.529&0.412&0.500\end{pmatrix}$
v_{11}	$A_{11}=\begin{pmatrix}0.500&0.250&0.382\\0.750&0.500&0.632\\0.618&0.368&0.500\end{pmatrix}$
…	$A_z=\begin{pmatrix}\cdots&\cdots&\cdots\\\cdots&\cdots&\cdots\\\cdots&\cdots&\cdots\end{pmatrix}$
v_{119}	$A_{119}=\begin{pmatrix}0.500&0.400&0.475\\0.600&0.500&0.575\\0.525&0.425&0.500\end{pmatrix}$

表 4-10　　序关系值转化为模糊互补判断矩阵

V_z	A_z
v_4	$A_4=\begin{pmatrix}0.500 & 0.250 & 0.750\\ 0.750 & 0.500 & 1.000\\ 0.250 & 0.000 & 0.500\end{pmatrix}$
v_8	$A_8=\begin{pmatrix}0.500 & 0.750 & 1.000\\ 0.250 & 0.500 & 0.750\\ 1.000 & 0.250 & 0.500\end{pmatrix}$
…	$A_z=\begin{pmatrix}\cdots & \cdots & \cdots\\ \cdots & \cdots & \cdots\\ \cdots & \cdots & \cdots\end{pmatrix}$
v_{120}	$A_{120}=\begin{pmatrix}0.500 & 0.000 & 0.250\\ 1.000 & 0.500 & 0.750\\ 0.750 & 0.250 & 0.500\end{pmatrix}$

表 4-11　　互反判断矩阵转化为模糊互补判断矩阵

V_z	A_z
v_1	$A_1=\begin{pmatrix}0.500 & 0.750 & 0.866\\ 0.250 & 0.500 & 0.815\\ 0.134 & 0.185 & 0.500\end{pmatrix}$
v_3	$A_3=\begin{pmatrix}0.500 & 0.750 & 0.866\\ 0.250 & 0.500 & 0.815\\ 0.134 & 0.185 & 0.500\end{pmatrix}$
…	$A_z=\begin{pmatrix}\cdots & \cdots & \cdots\\ \cdots & \cdots & \cdots\\ \cdots & \cdots & \cdots\end{pmatrix}$
v_{98}	$A_{98}=\begin{pmatrix}0.500 & 0.342 & 0.750\\ 0.658 & 0.500 & 0.815\\ 0.250 & 0.185 & 0.500\end{pmatrix}$

步骤 2：组织内居民偏好的形成。

在这个社区中，共有 47 位居民参与了问卷调查。按照问卷编号，原单位内居民群体为 $V'=\{v_2,v_3,v_5,\cdots,v_{107}\}$。将原组织内居民所拥有的“权力资本”和“关系资本”进行量化，同时设定 $\alpha=0.7,\beta=0.3$。根据式（4-6），可得到隐形场力的社会网络图，部分展示如图4-3所示。

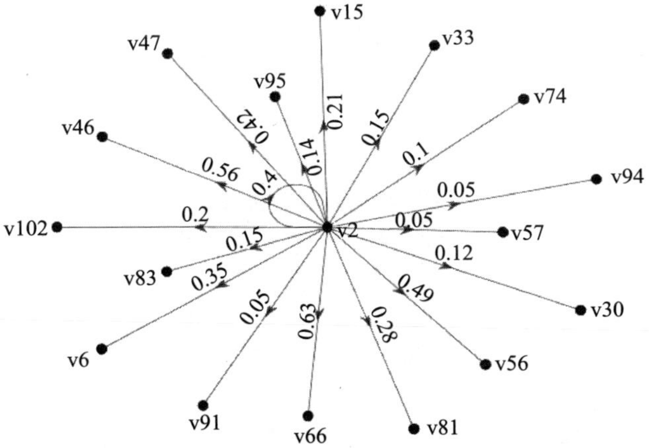

图4-3 组织内居民的隐形场力

根据式（4-11）至式（4-13），可得到在组织隐形场域影响下个体偏好并输出，部分如表4-12所示。

表4-12 组织隐形场域影响下组织内居民的个体偏好

V_k	A_k
v_2	$A_2=\begin{pmatrix}0.500 & 0.495 & 0.545\\ 0.505 & 0.500 & 0.562\\ 0.455 & 0.438 & 0.500\end{pmatrix}$
v_3	$A_3=\begin{pmatrix}0.500 & 0.537 & 0.623\\ 0.463 & 0.500 & 0.629\\ 0.377 & 0.371 & 0.500\end{pmatrix}$
…	$A_k=\begin{pmatrix}\cdots & \cdots & \cdots\\ \cdots & \cdots & \cdots\\ \cdots & \cdots & \cdots\end{pmatrix}$
v_{107}	$A_{107}=\begin{pmatrix}0.500 & 0.481 & 0.472\\ 0.519 & 0.500 & 0.475\\ 0.528 & 0.525 & 0.500\end{pmatrix}$

步骤3：确定居民权重、计算群体偏好。

根据社区内居民的社交关系，构建社区内的社交网络，部分关系如图4－4所示。

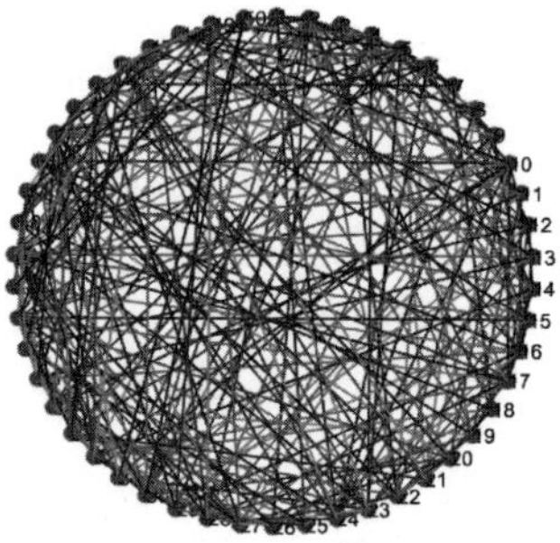

图4－4 部分关系

设定 $\theta=0.4$，根据式（4－14）~式（4－17）计算，得到居民权重 $\omega=(0.0085,0.0123,\cdots,0.0074)^T$。

基于获取的居民偏好信息和加权聚合值，使用IFWAA操作符计算了群体偏好向量 A_G：

$$A_G^{(1)}=\begin{pmatrix}0.500 & 0.446 & 0.534\\ 0.554 & 0.500 & 0.590\\ 0.466 & 0.417 & 0.500\end{pmatrix}$$

根据式（4－22），计算决策方案的排序向量 P：

$$P^{(1)}=\begin{pmatrix}\dfrac{0.5+0.446+0.534+\dfrac{3}{2}-1}{3\times(3-1)}\\ \dfrac{0.554+0.5+0.59+\dfrac{3}{2}-1}{3\times(3-1)}\\ \dfrac{0.466+0.417+0.5+\dfrac{3}{2}-1}{3\times(3-1)}\end{pmatrix}=(0.330,0.357,0.313)^T$$

可以清楚地推断出，三种装修方案按群体偏好排序 $X_2>X_1>X_3$；也就是说，在第一轮咨询之后，社区居民认为第二种选择是最好的。然而，这个结果可能没有达到 ε。因此，共识测量和相关的偏好调整仍然是必要的。

步骤4：共识测量。

采用基于相似性的共识测量方法来确定居民参与决策的偏差程度。根据式（4－24），得到各居民的共识测度，部分如表4－13所示。

表4－13　　第一轮部分共识测度值

V_z	v_1	v_2	v_3	…	v_{120}
$CM_z^{(1)}$	0.716	0.967	0.930	…	0.708

由式（4－23）可知，第一轮群体共识值为：$CM_G^{(1)} = 0.8553$。当 $0.8553 < 0.9$ 时，该社区居民尚未达成共识，仍有必要对低共识居民的决策进行调整。

步骤5：确定待协调群体，分析隐形场力的变化，输出组织内居民的新偏好和共识。

基于上一步的共识测量，将共识测量值在 ε 以下的居民作为待协调群体。最后，确定了55个需要调整的居民。结果如表4－14所示。

表4－14　　部分需调整决策者的共识测度值

居民	隐形场力变化后的共识测度值
1	0.716
4	0.735
8	0.694
…	…
120	0.708

在识别需协调群体的基础上，确定了待协调群体中的9个组织内居民。基于无形场力变化模型，输出组织内居民的新偏好，并进行新一轮的共识测度。结果如表4－15所示。

表4－15　　组织内居民隐形场力变化后偏好及共识测度值

V_k	$A_{k(2)}$	$CM_{k(2)}$
v_{15}	$A_{15(2)} = \begin{pmatrix} 0.500 & 0.621 & 0.539 \\ 0.379 & 0.500 & 0.442 \\ 0.461 & 0.558 & 0.500 \end{pmatrix}$	0.888

续表

V_k	$A_{k(2)}$	$CM_{k(2)}$
v_{43}	$A_{43(2)}=\begin{pmatrix}0.500 & 0.545 & 0.447\\0.455 & 0.500 & 0.401\\0.553 & 0.599 & 0.500\end{pmatrix}$	0.869
v_{46}	$A_{46(2)}=\begin{pmatrix}0.500 & 0.529 & 0.426\\0.471 & 0.500 & 0.396\\0.574 & 0.604 & 0.500\end{pmatrix}$	0.866
v_{56}	$A_{56(2)}=\begin{pmatrix}0.500 & 0.720 & 0.742\\0.280 & 0.500 & 0.522\\0.258 & 0.478 & 0.500\end{pmatrix}$	0.813
v_{63}	$A_{65(2)}=\begin{pmatrix}0.500 & 0.472 & 0.561\\0.527 & 0.500 & 0.588\\0.439 & 0.412 & 0.500\end{pmatrix}$	0.978
v_{66}	$A_{66(2)}=\begin{pmatrix}0.500 & 0.750 & 0.250\\0.250 & 0.500 & 0.000\\0.750 & 1.000 & 0.500\end{pmatrix}$	0.601
v_{69}	$A_{69(2)}=\begin{pmatrix}0.500 & 0.554 & 0.482\\0.446 & 0.500 & 0.423\\0.518 & 0.577 & 0.500\end{pmatrix}$	0.885
v_{74}	$A_{74(2)}=\begin{pmatrix}0.500 & 0.537 & 0.495\\0.463 & 0.500 & 0.452\\0.5505 & 0.548 & 0.500\end{pmatrix}$	0.905
v_{83}	$A_{83(2)}=\begin{pmatrix}0.500 & 0.584 & 0.491\\0.416 & 0.500 & 0.409\\0.509 & 0.591 & 0.500\end{pmatrix}$	0.873

结果表明，居民v_{63}和v_{74}满足 ε 条件，被排除在待协调组之外，其余居民输出新的偏好，进入下一步。

步骤 6：提供偏好调整建议并输出最终决策结果。

设 $\mu = 0.4$，对社区内未达到共识要求的所有居民提供偏好调整建议。输出新的偏好，进入步骤 3 以获得新的群体偏好和群体共识。经过第二轮协商，得到了理想的共识阈值：$CM_G^{(2)} = 0.9004$。输出群体偏好，其中，

$$GA_G^{(2)} = \begin{pmatrix} 0.500 & 0.446 & 0.534 \\ 0.554 & 0.500 & 0.590 \\ 0.466 & 0.410 & 0.500 \end{pmatrix}$$，与决策方案再排序，

$$P^{(2)} = \begin{pmatrix} \dfrac{0.5 + 0.446 + 0.534 + \dfrac{3}{2} - 1}{3 \times (3-1)} \\ \dfrac{0.554 + 0.5 + 0.59 + \dfrac{3}{2} - 1}{3 \times (3-1)} \\ \dfrac{0.466 + 0.41 + 0.5 + \dfrac{3}{2} - 1}{3 \times (3-1)} \end{pmatrix} = (0.330, 0.357, 0.313)^T。$$

由此得出三个备选方案的群体偏好排序为：$X_2 > X_1 > X_3$。因此，最终选择了第二种方案进行排水网络改造。

二、比较与敏感性分析

本书提出了组织隐形场域影响下的群体共识决策模型。因此，本书首先将所提出的模型与传统的共识决策模型进行比较。然后，分别对组织不可见场中的权力感知度 α 和关系感知度 β 以及偏好调节参数的敏感度进行了分析，以说明所得结果的稳健性。

（一）比较分析

传统共识决策模型倾向于直接输出个体偏好，代表决策者自身，没有考虑偏好形成的过程，而本书模型考虑了无形的社会关系对决策者的影响，演化了个体偏好形成的过程。此外，传统的共识决策模型倾向于通过调整决策者的权重、偏好或直接剔除偏离程度高的成员来提高共识。本书除了对个体偏好进行调整的方法外，还考虑了在共识可视化的情况下，隐形社会关系的变化所带来的决策者偏好的变化。这里选择（Wu 和 Liao，2021）

进行比较。与本书一致的是，（Wu 和 Liao，2021）也是选择了异构偏好作为初始决策信息，并通过向决策者提供偏好修改建议以达到共识收敛，但该模型与传统共识决策模型一样，并没有考虑到隐形社会关系的存在。

这里选择参考[190]进行比较。与本书一致，文献[190]也选择异质性偏好作为初始决策信息，并通过向决策者提供偏好调整建议实现共识收敛。然而，该模型与传统的共识决策模型一样，没有考虑到无形社会关系的存在。以上述案例数据为基础，仍设 $\alpha = 0.7, \beta = 0.3, \mu = 0.4$，比较两种模型的共识结果，如表 4-16 所示。

表 4-16　是否考虑组织隐形场域的共识对比

	$CM_G^{(1)}$	$CM_G^{(2)}$	$CM_G^{(3)}$	方案排序
未考虑组织隐形场域[190]	0.8180	0.8825	0.9228	$X_2 > X_1 > X_3$
考虑组织隐形场域（$\alpha = 0.7, \beta = 0.3$）	0.8553	0.9003		$X_2 > X_1 > X_3$

在上述比较中，很明显可以看出，如果不考虑组织隐形场域因素，而仅考虑组织隐形场域因素时，所获得的备选方案的最终排名为 $X_2 > X_1 > X_3$。前者经过三轮决策谈判后达成共识，而后者仅经过两轮。此外，后者的初始共识水平远高于前者。这证明，当群体中有隐形社会关系时，会加速群体共识的形成过程。

本模型的研究对象是一个由隐形关系构成的决策群体，以一个典型的基于单位的社区为例，该社区具有绝对的隐形关系。除了基于单位的社区外，其他社区类型中也可能存在较小的组织，如业主委员会和爱好俱乐部，这些组织往往拥有相对较弱的权力资本和关系资本。为了阐明模型在不同社区类型中的适用性，并进一步验证隐形关系对决策共识的影响，我们将四个商业住宅纳入我们的分析。假设该商业住宅区内的组织为业余俱乐部，其规模和数量如表 4-17 所示。我们根据居民的管理水平、会籍期限和俱乐部内部的信任关系等因素量化了“权力资本”和“关系资本”。利用无形场力变化模型，我们考察了组织无形场的影响，并将这些结果与传统模型的结果进行了比较。比较结果如图 4-5 所示。

表 4－17　　商业住宅区组织的规模和数量

	总人数	组织数目	非组织居民数量
原始社区	120	1	47
商业住宅 1	120	1	30
商业住宅 2	120	1	15
商业住宅 3	120	2	15/15
商业住宅 4	120	3	10/10/10

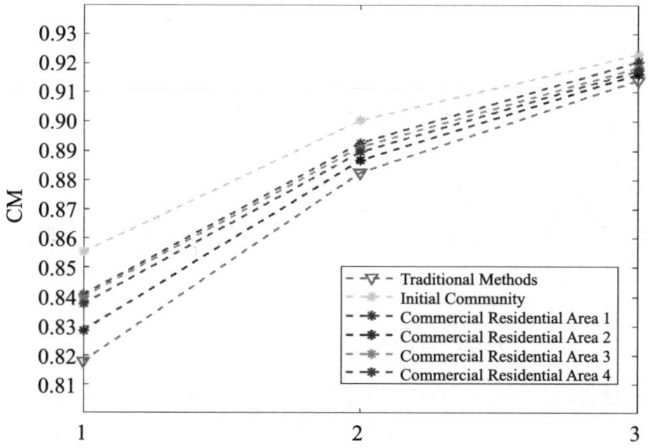

图 4－5　对比结果

本书提出的模型并不局限于基于单元的社区，它同样适用于其他类型的社区。比较结果进一步表明，组织无形关系的存在可以促进共识的达成。此外，当组织数量保持不变时，达成共识的速度与组织规模呈正相关。相反，当一个组织的成员总数一定时，达成共识的速度与组织的数量负相关，不包括重叠的成员。

（二）α 和 β 的灵敏度分析

本节分析了权力感知度 α 和关系感知度 β 两个参数对不同值下初始共识的影响。在其他条件不变的情况下，α 和 β 参数设为：$\alpha = \{0, 0.1, 0.2, 0.3, 0.4, 0.5, 0.6, 0.7, 0.8, 0.9\}$，$\beta = \{0, 0.1, 0.2, 0.3, 0.4, 0.5, 0.6, 0.7, 0.8, 0.9\}$；然后，对 α 和 β 取不同的值，初步共识如图 4－6 所示。

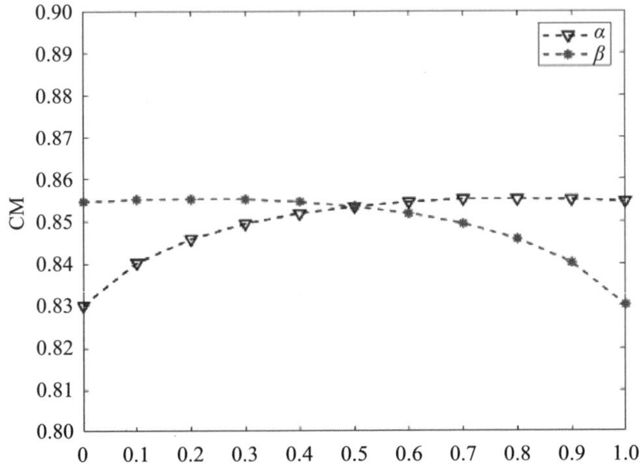

图 4 -6　初步共识

由图 4 - 6 可知：（1）与不考虑组织隐形场域模型的初始共识值（0. 818）相比，无论 α 和 β 值如何，考虑组织不可见场模型的初始共识水平都明显更高。这表明组织无形场的存在对共识决策有绝对的积极作用。（2）α 和 β 与初始共识的关系不是单调地增加或减少，而是先增加后减少。这表明在组织无形领域中，并不是权力或关系的感知程度越高越好，而是存在一个中间最优值。在该模型中，当 $\alpha = 0.7, \beta = 0.3$ 时，最大初始共识值为 $CM_G^{(1)} = 0.8553$，且在 α 较大、β 较小的取值区间变化时，初始共识变化更大。

（三）μ 的灵敏度分析

调整参数 μ 的取值直接影响调整后的共识程度，进而影响决策结果。假设一步一步地从 0. 1 增加到 1，步长为 0. 1，则随着 μ 的增加，群体共识也将随之增加，如图 4 - 7 所示。

如图 4 - 7 所示，μ 越大表示群体的一致程度越高。然而，这也意味着调整后的偏好将与居民最初的偏好有更大的差异。社区自治的本质是最大限度地发挥居民的作用。虽然达成群体共识是目标，但最大限度地提高居民的独立性和自主性同样重要。因此，协调者在调整居民偏好时，需要考虑居民的接受程度，不能为了追求高共识而强迫居民进行调整。在这种情况下，设置 $\mu = 0.4$ 更容易被居民接受，是一种更理想的状态，正好满足

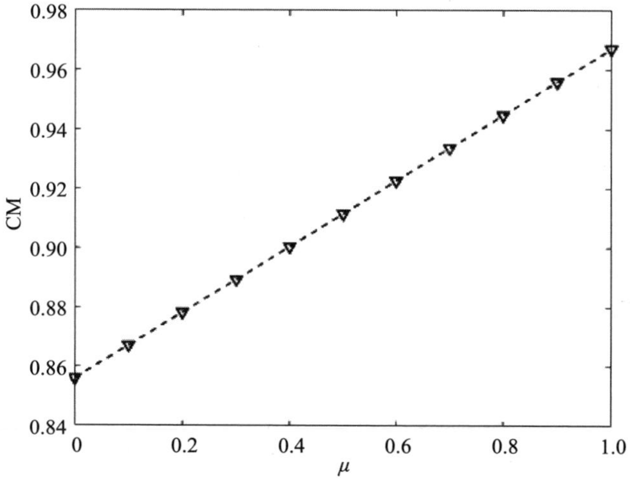

图 4-7　μ 对共识的影响

了共识要求，不需要进行新一轮的决策，同时也不过分要求居民改变原有的想法。

第七节　本章小结

随着自治程度的提高，居民参与社区决策的程度也越来越高，但由于社区居民数量庞大，很难达成普遍认可的决策结果。本书将 LSGDM 应用于社区治理过程，为社区决策提供了有效的理论支持。首先，我们考虑了由社区中存在的无形社会关系形成的组织无形场，通过构建无形场力来影响组织外居民偏好的形成过程。其次，我们设计了一种双反馈共识协调机制，将需要协调的群体分为组织内和组织外两部分。对于组织内居民，设计了一种基于共识的无形场力变化模型，以调整他们的初始个体偏好。再次，对于所有未达到共识要求的居民，进行统一的偏好调整。又次，进行了案例研究，以验证该方法的实用性和有效性。最后，通过对比分析和敏感性分析验证了组织无形场对决策过程中达成共识的积极影响，结果表明无形的社会关系加快了群体共识的形成。

不同的群体可能有不同的隐形社会关系，比如企业中潜在的校友关系。就像组织的无形关系一样，任何无形的社会关系都可以形成一个相对独立的无形领域，从而对相关人员产生潜移默化的影响。因此，该模型也适用于其他关系不可见的决策群体。本书所设计的决策模型思路简单清晰，符合居民决策时的实际心理活动为高度自治的社区决策提供了应用思路，然而在很多的社区决策中，参与主体除了居民这个群体外，还有政府部门、设计单位、实施机构等参与方，因此在未来的研究中，有必要将多方主体参与的社区共识群决策作为研究重点。

此外，组织内的无形资本往往不仅取决于个人的职位、任期和与组织内其他人的信任关系，还取决于其他因素，如沟通频率、参与程度等。因此，在未来的研究中，有必要关注涉及多个利益相关者的社区共识群体决策，考虑更多的影响因素，以提高模型的鲁棒性。

第五章　线上线下混合协商的群决策模型

随着经济、社会以及社交媒体的快速发展，公共领域中的群体决策环境正在经历显著的变化，其复杂性也在不断增加。在这一过程中，参与决策的主体变得越来越多样化，并且这些主体之间并非完全独立，而是在特定的社会关系或组织结构中，即社会网络中，发挥着作用。因此，基于社会网络分析的群体决策研究受到了广泛关注。社会网络将不同的个体和群体连接起来，通过信息的传播和互动，有效地促进了共识的形成和加速了这一过程。

目前，大量研究显示，在社会网络群体决策过程中，决策者之间固有的社会关系和信任网络对共识的形成发挥着至关重要的作用[202]~[204]。这些群体决策方法主要关注从社会网络的联系角度分析决策者如何受到他人影响。但是，这些关系特性往往是静态的，并且仅限于定性分析。在真实的群体决策场景里，关系网络所产生的作用，还涵盖了决策群体在互动期间的动态效应。在决策时，人们会分享自己的目标，并通过言语表达或态度展现来互相影响彼此的理解，并丰富自己的信息库。

在互联网时代，决策流程常常与线上空间深度关联。在敲定最终抉择前，决策者一般会借助网络社交平台（如微信群聊、网络社区论坛等）开展信息交流与观点切磋。在线上研讨环节，个体所具备的影响力是驱动群体决策的关键要素。个人凭借坚决的立场以及自信的阐述，影响其他团队成员，助力合作达成与共识凝聚。与此同时，一旦决策者经社交媒体察觉到自身影响力，往往会思路愈发明晰、行动愈发果敢，从而进一步促使决策流程加快推进。

网络个人影响力能够借助社交平台构建的数据生态进行属性分析。网络数据挖掘技术借助体系化、智能化方式，对海量信息进行处理与剖析，为我们提供了强大的帮助，以收集在实际决策过程中决策者之间相互影响的数据。本章的内容框架如图 5－1 所示。

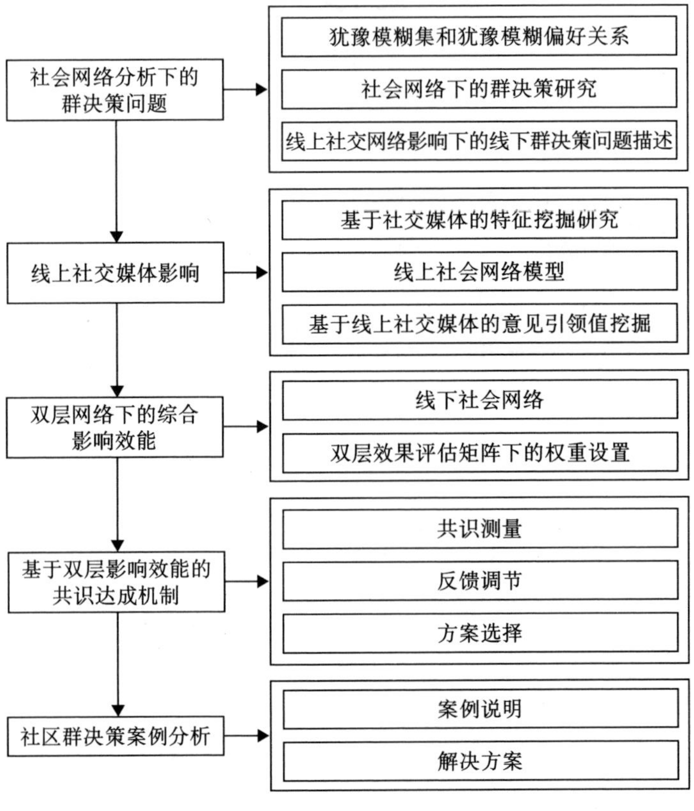

图 5－1　第五章内容框架

第一节　社会网络分析下的群决策问题

本书探讨了在结合线上和线下互动的协商环境中，网络讨论和面对面社交网络如何作用于集体决策过程。创建了网络社交环境下的集体决策框架。首先，引入“观点引导指数”以衡量网络中影响力在决策过程中的积极作用。利用数据挖掘方法，构建了一个以参与者、话题、观点为核心的网络模型，用以描绘决策者在网络讨论中的观点引导能力。接着，考虑到网络中个人影响力对决策者决策权重和反馈过程中的意见交流的影响，设计了一个双层网络影响矩阵，构建双层架构中的群体决策共识形成过程。

一、犹豫模糊集和犹豫模糊偏好关系

（一）犹豫模糊集

定义 5.1[205]　设 T 为一个给定的非空集合，T 上的犹豫模糊集 H 定义为从 T 到区间[0,1]上的一个子集的函数。

进一步，Xia 和 Xu[206]给出了犹豫模糊集的数学表达形式。

定义 5.2[206]　设 X 是给定的论域，称 $H=\{\langle x,h_H(x)\rangle\}$ 为 X 上的犹豫模糊集，其中$h_H(x)$是由区间[0,1]上不同的多个数构成的集合，表示 x 属于集合 H 的可能隶属度；$h=h_H(x)=\{\gamma\mid\gamma\in h_H(x)\}=H\{\gamma^1,\gamma^2,\cdots,\gamma^l\}$ 为一个犹豫模糊数，$\gamma^\lambda\in[0,1],\lambda=1,2,\cdots,l$；犹豫模糊数 h 的补为$h^c=H\{1-\gamma^1,1-\gamma^2,\cdots,1-\gamma^l\}$，$l$ 表示犹豫模糊数 h 中元素的个数。

定义 5.3[205][206]　对任意的 3 个犹豫模糊元 h、h_1和 h_2，它们的基本运算法则如下（其 $\theta>0$ 中为一个常数）：

（1）$h_1\cap h_2=H\{\min(\gamma_1,\gamma_2)\mid\gamma_1\in h_1,\gamma_2\in h_2\}$；

（2）$h_1\cup h_2=H\{\max(\gamma_1,\gamma_2)\mid\gamma_1\in h_1,\gamma_2\in h_2\}$；

（3）$\theta\cdot h=H\{(1-(1-\gamma)^\theta)\mid\gamma\in h\}$；

（4）$h^\theta=H\{\gamma^\theta\mid\gamma\in h\}$；

（5）$h^c=H\{(1-\gamma)\mid\gamma\in h\}$；

（6）$h_1\oplus h_2=H\{(\gamma_1+\gamma_2-\gamma_1\gamma_2)\mid\gamma_1\in h_1,\gamma_2\in h_2\}$；

（7）$h_1\otimes h_2=H\{\gamma_1\gamma_2\mid\gamma_1\in h_1,\gamma_2\in h_2\}$。

（二）犹豫偏好关系

本章探讨了以犹豫偏好关系为基础的群体决策技术，特别关注了最普遍的犹豫模糊偏好关系。这种关系着重于表达决策者在评估事物时的不确定性。通过使用多个可能的隶属度值，它能够详细地反映决策者在对事物进行成对比较时的评价。该方法在应对复杂决策情境时显示出其独特优势，因为它能够有效地捕捉到决策者模糊的判断思维。

定义 5.4[207]　某方案集 X 的一个模糊偏好关系由一个矩阵表示，$P=(p_{ij})_{n\times n}\subset X\times X$，$p_{ij}\in[0,1]$，且矩阵中的元素满足互补性，即$p_{ij}+p_{ji}=1,\forall i,j\in N$。其中，$p_{ji}$表示方法$A_i$对$A_j$的偏好程度，$p_{ij}\in[0,1]$。$p_{ij}=0.5$ 表示A_i与A_j之间无差别；$p_{ij}=1$ 表示A_i绝对占优A_j；$p_{ij}>0.5$ 表示A_i占优于A_j。

定义 5.5[208]　给定的方法集 $X=\{x_1,x_1,\cdots,x_n\}$，对方法集 X 的犹豫模糊偏好关系表示为 $H=(h_{ij})_{n\times n}\subset X\times X$，其中$h_{ij}=\{r_{ij}^{\sigma(l)}\mid l=1,2,\cdots,\#h_{ij}\}$（$\#h_{ij}$表示$h_{ij}$中元素的个数）表示犹豫模糊元素，表示方法$x_i$对$x_j$的偏好程度。此外，$h_{ij}$还满足下列条件：

$$r_{ij}^{\sigma(l)}\cdot r_{ji}^{\sigma(\#h_{ij}-l+1)}=1,r_{ii}=\{1\},\#h_{ij}=\#h_{ji},i,j=1,2,\cdots,n \quad \text{式（5-1）}$$

其中，$r_{ij}^{\sigma(l)}$表示h_{ij}中的第 l 个元素，$r_{ij}^{\sigma(l)}\in[0,1]$。

二、社会网络下的群决策研究

最近几年，群体决策在社会网络背景下的问题已经吸引了众多学者的关注。以往的群体决策研究强调，在社会网络中，固有的人际关系（例如联系和信任）是推动群体决策过程的重要因素。

对于联系关系：Chu 等[209]设想在社交网络中，专家们彼此互联，依据该网络内的节点中心性指数来判定他们的社会属性。Wu 等[210]在群体决策的选择过程中，将决策者之间的互动关系融入，形成了一个区间Ⅱ型模糊 TOPSIS 大规模群决策模型。Chu 等[211]在评估决策者的重要性时，可以借助社会网络分析中的中心性度量来赋予其相应的权重。Qin 等[212]认识到在大规模集体决策中人际联系的重要性，从结构洞的视角分析了关系网络在形成共识时的推动效应；关于信赖度基础：Wu 等[213]利用专家间信赖度来判定群体内各专家的重要性权重，进而掌握群体的倾向性数据。Zhang 等[214]提出在人际网络中，随着时间的推移，个体间的信任水平会发生改变的观点，深入研究了一个基于信任演变的共识达成模型。Du 等[215]基于社会网络中的信任关系，研究提出了一种利用信任相似性分析的聚类技术。Li 等[216]确信信赖的建立有助于行家间资讯的互换，提出了依托于信赖联系的多准则群决策技术。Wu 等[217]构建了一种依赖于信赖的社会网络共识机制，用于应对不完整语言数据。Li 等[218]在动态社会网络环境下，针对大规模群体决策的挑战，我们设计了一个综合性的信任网络模型，用以描绘决策参与者之间的社会联系。

三、线上社交网络影响下的线下群决策问题描述

网络社交平台深度融合了网络空间的互动与人们日常生活的实际体验，针对这种交集下的群决策问题，考虑线上社交网络的互动交流对线下决策过程的影响，构建线上线下双重社会网络中的群决策模型。

线下决策指的是在面对面的环境中，通过决策者之间的互动和实际的活动来解决问题和利用机会的过程。然而，当今线下决策过程并不会完全脱离线上环境而存在。为了提升决策的效率和参与度，线下决策会借助许多线上的工具，如微信、微博、社区论坛等，这些工具使得我们能够更有效地进行信息交流和意见讨论。基于这样的情形，我们搭建起线上线下交融的双层社会关系网络，目的是让决策流程与现实状况更为契合。

令决策者集合为 $D=\{d_1,d_2,\cdots,d_m\}$，备选方案集合为 $X=\{x_1,x_2,\cdots,x_n\}$ $(n\geqslant 2)$。为有效应对决策者对方案偏好的不确定性，本书选择犹豫模糊偏好关系矩阵H_s表达决策者偏好。$H_s=(h_{ij,h})_{n\times n},h=1,2,\cdots,m$。其中，$h_{ij}=\{h_{ij}^l\,|\,l=1,2,\cdots,\#h_{ij}\}$是一个犹豫模糊元素，其代表着方案$x_i$相对方案$x_j$由所有潜在偏好数值所组成的集合，$\#h_{ij}$表示$h_{ij}$中的元素的数量，$h_{ij}^l+h_{ji}^l=1$，$h_{ii}=0.5,\#h_{ij}=\#h_{ji},i,j=1,2,\cdots,n$。为了运算的便利性，本书设定$\#h_{ij}=3$。

决策者的权重集合为 $w = \{w_1, w_2, \cdots, w_m\}$，且 $\sum_{h=1}^{m} w_h = 1$ 。

在本书中，我们搭建线上社会网络，用于衡量社交媒体讨论里个体影响力给线下决策流程带来的影响；同时，构建线下社会网络，以此呈现并评估决策者原本就存在的社会网络关联。从意见引领水平与网络结构效率这两个维度出发，前者分析线上讨论中个体影响力如何左右线下决策，后者探究线下固有的网络关系里，决策者在决策进程、共识反馈环节对自身及他人产生的作用 。

第二节 线上社交媒体影响

一、基于社交媒体的特征挖掘研究

利用数据挖掘技术，通过分析用户行为、内容属性以及社交网络的架构，能够揭示用户的活跃性、信誉度、影响力等特征，逐渐成为分析用户特征的重要工具。

借助社交网络的数据探测，我们能够量化用户在这些网络社区的互动和参与水平。田生芃[219]建立网络论坛互动水平评估系统，评估系统能够计算出论坛用户的活跃度指数，并剖析用户互动行为的特性。王梓宁等[220]依据用户互动的种类及发生次数，可确定用户互动活跃度与投入度。柴雯等[221]以微博平台为研究对象，依据老年用户在平台上的互动模式、社交网络特点以及他们对应用的长期使用习惯，进行细分群体的分类研究，并分析他们的活跃度；通过网络社交平台的数据分析技术，实现对用户诚信度的评估。Wanda 等[222]从用户过往的博客文章中，分析其发布模式、语言特点，以判断其可靠性。Abu - Salih 等[223]主张在广泛的领域内散布博文的写手缺乏可信性，利用写手的文章主题种类、每个主题的文字数量等要素来衡量其可信性。杨艳萍[224]采用部分最小路径查找技术，评估以特定用户为中心的社交网络中，该用户与其他成员间的信任度分布，以此来确定成员的可信性；通过网络社交平台的数据分析，能够辨识出在特定议题上拥有显著影响力的用户。陈波等[225]采用 MALLET 主题分组工具和社交网络分析软件，对微博上的关键意见领袖进行了辨识。朱卫未等[226]结合社会网络分析和偏好排序技术，利用微博平台的数据，对“云南鲁甸在阿里平台上发起的募捐活动”中的关键影响者进行了辨识。Jain L[227]构建了一种依托声望的网络关键人物发现算法，旨在找出社交媒体平台上的影响力人物。Yanyan Li 等[228]通过分享、评论、发布内容以及浏览活动等标志性行为，建议采用专业度、创新力、影响力以及参与度的综合评分来识别关键意见领袖。张倩[229]依据所发推文量、转发次数、评论数等关键数据，构建用户影响力评估模型，以识别出真正的意见引导者。

二、线上社会网络模型

随着信息技术的迅猛进步，大数据的普遍使用正在改变决策过程中的讨论和沟通方式，使之越来越多地转移到网络平台。无论在何种决策环境中，网络交流都变得至关重要。互联网平台为决策者开辟了一个自由的空间，在这个空间里，他们能够利用社交工具进行互动讨论，并随时分享自己的看法。因此，一个相互连接的线上社交网络得以形成。这个网络专注于元网络，能够同时处理多源数据，不仅限于人际交往，相较于传统网络，它展现出明显的优越性。如图 5－2 所示，线上社会网络包含节点 D、节点 T、节点 A 以及连接节点的边 E。这里的节点 D 指代决策者个体，f 个此类节点可表示为 $D=\{d_1, d_2, \cdots, d_f\}$。节点 T 表示决策者观点所围绕的主题，g 个节点 T 表示为 $T=\{t_1, t_2, \cdots, t_g\}$。节点 A 指代决策者观点所体现的态度，z 个节点 A 表示为 $A=\{a_1, a_2, \cdots, a_z\}$。边用于展现节点之间的关联，在网络图里以箭头相互连接，$d_h \to d_k$ 代表节点 d_h 与节点 d_k 存在联系，记为 $e(d_h, d_k)$，其他节点间边的表示方式与之相同。

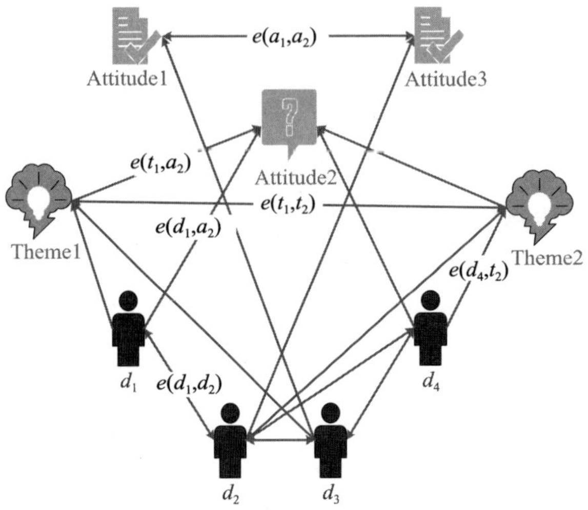

图 5－2　线上社会网络

三、基于线上社交媒体的意见引领值挖掘

（一）线上社交媒体信息分析

在线上社区，居民们通过网络平台共同讨论，产生的内容如评论、帖子和分享等，蕴含了大量信息。例如，点赞和转发行为不仅揭示了用户对某些内容的赞同，也展示了他们在社交网络上的活跃度和与他人的互动程度。进一步地，利用数据分析，我们能够评估用户内容的主题和情感态度，这有助于我们辨识用户的核心看法和个性特质，如积极、消极、冲动或理智等。这些看法所涵盖的议题与立场之间，同样存在一种深层的逻辑关联。社交平台和网络空间为决策者提供简易的交流途径，同时也为衡量用户特性提供了丰富可靠的数据支撑[230]。

因此，线上个体影响力可以通过社交媒体生成的数据生态系统进行特征挖掘。互联网数据挖掘技术能够通过系统化和自动化的方式处理和分析海量数据，为我们在处理实际决策时收集决策者间的影响关系提供了有力支持。

在利用线上社会网络节点间关联的基础上，本书从互动参与度（C1）、主题引导力（C2）、思想导向性（C3）这些特性入手，对决策者d_k的意见引领值CE_k_k 加以刻画。互动参与度，着重体现决策者于交流期间的积极程度，包括发言频次以及与他人的互动紧密程度；主题引导力，侧重于决策者在讨论时对主题的掌控本领，包含促使讨论聚焦，引领其他成员围绕关键问题展开深度探讨的能力；思想导向性，则主要用于衡量决策者在发言中传递思想、态度及价值观的水平，还有对其他参与者舆论走向的引导功效。

（二）组织风险分析器 ORA

风险评估软件 ORA，由卡内基梅隆大学和 Netanomics 共同打造，提供网络分析与视觉化功能，使用户能够整合、分析、展示和预测网络数据。利用 ORA，用户能够从单个节点、群体或整个网络层面进行网络推理。该软件具备广泛的功能，支持多种分析类型。例如，用户可以运用标准的社交网络分析指标来分析社交网络，审视时空网络，识别关键行动者、主题和活动焦点，发现社区、子群体和感兴趣模式，以及确定哪些节点在变化中起关键作用，观察群体成员的变动等。ORA 旨在支持分析不同规模（从小型网络到大型网络）、不同种类（社交、通信、语义、任务等）以及高维度（即元网络）的动态网络，这些网络可能包含地理信息。

ORA 与其他社交网络工具包存在若干显著差异。首先，它主动支持高维度的网络数据，通常称为元网络数据，涵盖这些数据随时间及空间的演变。因此，ORA 不仅提供单模态指标，还提供双模态和多模态网络指标。它同样具备展示社会网络、双模态网络、动态网络的可视化功能，并能在地图上展示网络。许多度量和算法是 ORA 独有的，如认知需求度量、冗余和模糊分组算法——FOG。其次，ORA 能够处理庞大的网络数据集。它提供图形用户界面版本和批处理模式版本——后者已应用于包含 106 个节点的网络。再次，ORA 能够与其他众多工具无缝协作。例如，它可以直接导入 CSV、TSV、UCINET、Twitter JSON 等多种格式的数据。此外，ORA 支持导出至谷歌地球或 KML 文件，实现与 GIS 工具的无缝对接。最后，ORA 设计旨在通过自动化通用工作流程来降低用户培训所需的时间和精力。例如，输出结果是按主题分类的，用户可以选定一个主题，系统将自动计算并展示所有相关的主要指标到网页上。这表示用户无需记忆需要运行哪些指标。另一个例子是，用户完成的常规操作序列是自动化的，仅需一键即可完成。最后，ORA 内置了一个综合的在线帮助系统，包括工具提示、快速入门指南（Carley，2013）、用户手册（Carley 等，2017），以及相关的 Google Groups 以提供支持。两本教科书为网络分析提供了指导，并在 ORA 中展示了这些分析（Everton，2012；McCulloh 等，2013）。旨在成为综合分析与视觉化平台的 ORA，致力于网络分析与预测，突破了传统学科的限制。它不仅支持标准的社会网络、链接、地理网络以及动态网络分析，还融合了来自众多领域的算法（Carley 和 Pfeffer，2012）。此外，ORA 能够处理多种工具的输入输出，支持社交、通信、活动、人口移动、IP 网络流量数据和语义网络等多种网络类型的分析。针对特定网络数据类型，ORA 提供了众多专门指标，如地理时间网络分析。该平台的组织基于用户提出的问题，而非指标，确保了通用工作流的自动化，将与问题相关的所有度量自动整合到报告中，为网络相关问题提供解答。ORA 的可视化分析功能是核心，利用图形、统计和视觉化技术帮助用户评估、展示和预测社交或高维网络的行为，这些网络可能是动态的或具有空间定位。ORA 支持二维和三维网络视觉化，地理空间网络的二维和三维地图视觉化、网络动力学、热图、织机或轨迹视觉化，以及模型和图表视觉化功能。最终，ORA 通过集成基础矩阵代数、逻辑运算、合成网络生成算法、搜索与选择程序，以及用于评估潜在变化影响的简单模拟引擎和比较静力学，来支持网络推理和相关分析。ORA 的基本界面和部分报告如图 5－3 所示。

通过使用操作关系分析（ORA）工具，分析师能够借助单一、双重或多重指标来辨识核心要素。ORA 将这些要素进一步划分为代理、组织、知识、资源、任务、事件、信念和位置等类别。利用 ORA，分析师能够对网络进行描述、对比、可视化，进行假设检验，运用社群发现算法和特定模式来识别群体，评估节点、群体和网络的演变，进行可视化和统计分析以追踪趋势，识别网络中的规律，并通过地理空间映射功能来审视节点、群体和网络的位置，以及执行其他众多任务。无论是自我网络还是全网络，均能进行分析。时间序列数据亦可被分析和可视化为动态网络或轨迹。数

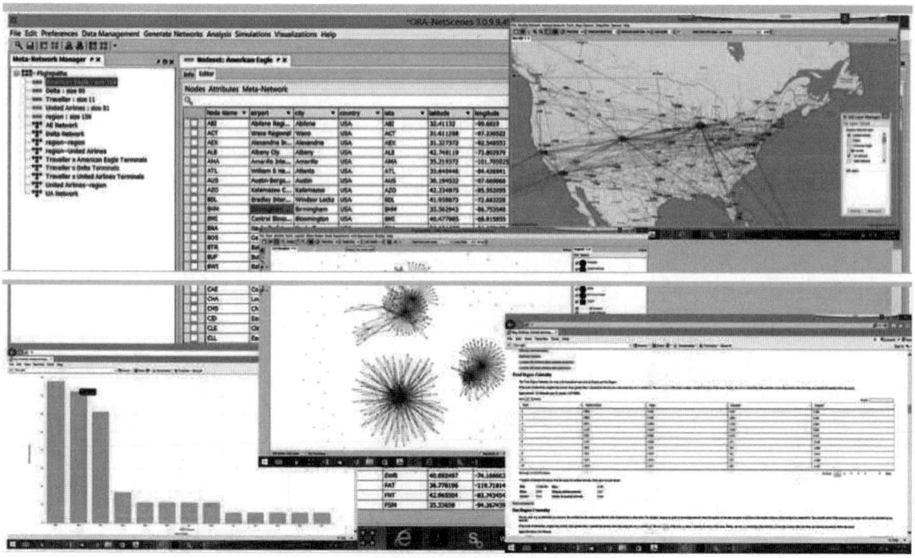

图 5－3　ORA 的基础界面和部分报告

据排序、清洗、整合和子集提取也是 ORA 所提供的功能。ORA 内置了多种向导，用于执行多步骤分析，如数据导入、清洗、可视化和运行公共指标等。这些向导在数据分析和报告生成过程中，引导用户做出一系列决策。该系统根据用户可能对数据提出的问题进行组织，并内置了多种通用工作流程以缩短标准分析所需时间。例如，一个常见的网络分析问题是：哪些是关键节点？Key Entity 报告会自动执行各种中心性度量和双模式网络分析来识别关键节点。所运行的指标取决于实体的类型——即节点是什么、在哪里、为什么或如何。图 5－3 展示了 Key Entity 报告的部分内容。ORA 的功能不仅限于节点分析。它还包含了广泛的分组、聚类、模式和社群检测算法，这些功能可以在 Locate Group 报告中找到。此外，在可视化工具中，用户可以根据节点所属的组别为节点着色。ORA 还支持在节点和图级别上进行网络度量的变化检测和谱分析。这些技术可以用来评估动态数据，并描述网络度量和节点随时间的变化规律。

（三）意见引领值的度量

在本次研究中，我们运用了组织风险分析器 ORA[231]（Organizational Risk Analysis）来实现线上社会网络的可视化呈现。依托 ORA 软件内的计算关键实体功能，我们从互动参与度（C1）、主题引导力（C2）、思想导向性（C3）这三个维度，针对线上平台的讨论进程展开剖析，对决策者的意见引领值CE_k予以计算，具体操作步骤如下：

（1）选定待研究的决策事项，采集与之关联的决策资料，例如聊天记录、用户昵称等。

（2）借助 NVivo11 软件对所采集的决策信息加以处理，涵盖主题甄别、态度判断等，为后续剖析决策者观点奠定基础。

（3）信息处理结束后，构建目标事件的元矩阵，详情如表 5－1 所示。此元矩阵由三个节点与六个矩阵构成。

表 5－1　元矩阵

	主体（d_h）	主题（t_α）	态度（a_ε）
主体（d_k）	谁参与了互动	谁说了什么	谁表达了什么态度
主题（t_β）		主题之间的联系	主题中表达了什么态度
态度（a_μ）			态度类型之间的联系

（4）以目标事件的元矩阵为基础，于 ORA 软件内构建线上社会总网络及六个子网络，具体形式如表 5－2 所示。通过这些网络，我们能够更清晰地洞察决策者之间的关联，以及他们所传达信息的内在联系。

表 5－2　子网络

网络名称	节点	关联
社交网络	主体（D）	主体之间的互动程度
主题网	主题（T）	主题之间的关系
态度网	态度关键词（A）	关键词是否表达相同的态度
主体—主题网	主体、主题（D、T）	主体发布主题之间的联系
主题—态度网	主题、态度关键词（T、A）	主题所传达态度之间的联系
主体—态度网	主体、态度关键词（D、A）	主体所表现出态度之间的关系

（5）借助 ORA 软件内的关键实体排名测算功能，从互动参与度（C_1）、主题引导力（C_2）、思想导向性（C_3）这三个层面，分别对决策者d_k的互动参与值（C_{1k}）、主题引导值（C_{2k}）和思想导向值（C_{3k}）进行

运算。

（6）对决策者d_k的意见引领值CE_k进行计算公式如下：

$$CE_k=\frac{\frac{C_{1k}}{\sum_{q=1}^{m}C_{1q}}+\frac{C_{2k}}{\sum_{q=1}^{m}C_{2q}}+\frac{C_{3k}}{\sum_{q=1}^{m}C_{3q}}}{3}\qquad 式（5-2）$$

在此，m代表决策者的数目，C_{1k}、C_{2k}、C_{3k}依次指代决策者d_k的互动参与值、主题引导值和思想导向值，其中C_{1k}、C_{2k}、$C_{3k}\in(0,1)$，$CE_k\in(0,1)$。

第三节　双层网络下的综合影响效能

一、线下社会网络

尽管数字技术和互联网平台日益普及，实体决策过程中，面对面的社交联系依旧发挥着关键作用。面对面的社交联系是一种广泛存在且直观的互动方式，由此构建的网络结构被称为实体社会网络。线下社会网络是由节点D和节点间的边R组成的，如图5-4所示。其中，节点D为决策者，f个节点D表示为$D=\{d_1,d_2,\cdots,d_f\}$。节点d_h与节点d_k之间的边记为$r(d_h,d_k)$，这表明决策者d_h与决策者d_k之间存在线下社交关系。

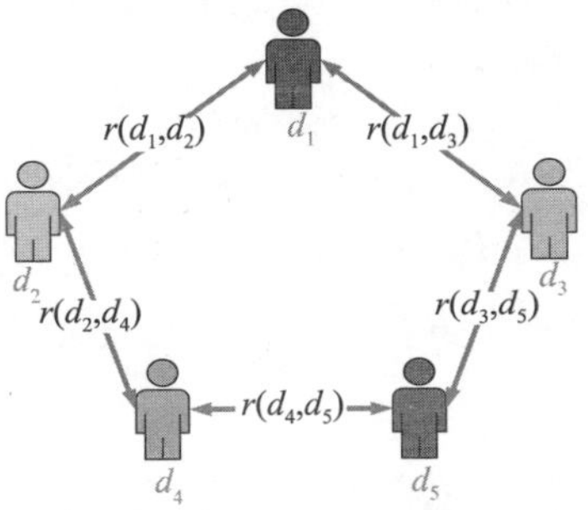

图5-4　线下社交网络

实体间联系的网络布局不仅反映了个体间互动的直接映射，而且在很大程度上塑造了决策的流程。在决策的环节中，决策者对其他成员的控制力可以通过中心节点的影响力和网络中节点间结构的相似度这两个维度来评估。

核心地位体现了决策者在社会网络中的位置。具有高核心地位的节点，表明它与网络内众多节点有着直接或间接的联系，能够获取更广泛的信息。这种广泛的信息获取能力使得这些节点不仅能够以更权威、可信的方式传播与决策相关的信息，还能在网络中施加更大的影响。

本书采用中心性特征值C_k来表示决策者的核心地位，并借助度中心性、介数中心性、紧密中心性、特征向量中心性来对C_k进行计算。其定义如下：

定义 5.6 记$D_{in}(d_k)$、$D_{out}(d_k)$、$C(d_k)$、$g(d_k)$、x_k分别为决策者d_k的标准化入度、标准化出度、紧密中心性、介数中心性、特征向量中心性。则决策者 d_k 的中心性特征值C_k 定义为：

$$C_k = a \cdot \frac{D_{in}(d_k) + D_{out}(d_k)}{\sum_{h=1}^{m} D_{in}(d_h) + D_{out}(d_h)} + b \cdot \frac{C(d_k)}{\sum_{h=1}^{m} C(d_h)} + c \cdot \frac{g(d_k)}{\sum_{h=1}^{m} g(d_h)} + d \cdot \frac{x_k}{\sum_{h=1}^{m} x_h}$$

式（5-3）

a，b，c，d 是中心性特征值的调节系数。群体决策过程中，利益关系的考察被认为是非常重要的。考虑到这一点，我们令 $a = 0.375, b = 0.25, c = 0.25, d = 0.125$。

除了核心因素，共同熟人的存在同样显著地作用于人们之间的相互作用。在日常生活中，两个人如果共享的朋友或家庭成员较多，他们所属的社交圈重叠程度就更高，彼此间的影响也更易发生。举个例子，社区里的两个成员如果有很多共同的邻居，他们一起参与社区聚会、公益活动等的概率会显著上升，互动的次数也会随之增多。因此，我们采用线下网络结构的相似度（SS）来衡量个体间因共享朋友和社交圈重叠而产生的互动模式的相似程度。

计算公式如下：

$$SS_{kh} = \frac{n_{kh}}{D_{out}(d_k) + D_{out}(d_h) - n_{kh}}$$

式（5-4）

$SS_{kh} \in (0, 1)$，$D_{out}(d_k)$与$D_{out}(d_h)$分别是决策者d_k与决策者d_h的标准化出度，n_{kh}表示决策者之间在线下社会网络中共同邻居数目。这种相似性越高，表明他们之间的联系越紧密，因此在共同作出决策或受到社会影响时，他们能够产生更强大的协同作用。

在上述分析基础上可知，决策者对他人产生的影响力，并非仅由自身的中心性特点决定，还与他们之间网络结构的相似程度有关。我们采用网络结构效能（Network Structure Efficiency，NSE），来表示一位决策者对另一位决策者的影响水平。决策者d_k对决策者d_h的影响能力定义为：

$$NSE_{kh} = (C_k SS_{kh})^{1/2} \qquad 式（5-5）$$

其中，C_k指代决策者d_k的中心性特征值，SS_{kh}为决策者d_k与决策者d_h在线下网络结构方面的相似程度。

二、双层效果评估矩阵下的权重设置

权重配置这一指标，旨在衡量不同个体于最终决策里所占据的相对关键程度。在开展线上讨论时，意见引领作用的有效发挥，能够极大地促进决策流程的推进。这一作用彰显了决策者对自身判断秉持的笃定程度，通常与其知识储备、过往经验紧密相连。决策者的重要程度，除受自身特性影响外，还和他们在社交圈子里所处的位置以及彼此间的关系紧密相连。

鉴于此，我们搭建线上线下双层效能影响矩阵，将意见引领数值与线下网络结构融合起来进行权重设定。这样一来，既兼顾了决策者主观层面的自信程度，又考量了他们客观的影响力，能够合理体现出每个个体在决策过程中的贡献。这对于提升决策的精准度、降低风险以及保障决策过程的公正性，都具有积极意义。

基于双层效能影响矩阵，决策者d_h的权重w_h为：

$$w_h = \frac{C_k + CE_k}{2} \qquad 式（5-6）$$

第四节　基于双层影响效能的共识达成机制

一、共识测量

在决策过程中，衡量共识的水平是确保团队意见统一的关键步骤。该系统通过分析和权衡团队成员的观点与反馈，协助团队发现共识，进而作出更加和谐且高效的决策。这不仅提升了决策的品质和可行性，还强化了团队的向心力和合作技巧。

定义 5.7　总体的犹豫模糊偏好关系$H^c=(h_{ij}^c)_{n\times n}$定义为

$$h_{ij}^{l,c}=\sum_{h=1}^{m} w_h\, h_{ij,h}^{l} \qquad 式（5-7）$$

定义 5.8　记$H_h=(h_{ij,h})_{n\times n}$和$H^c=(h_{ij}^c)_{n\times n}$分别为决策者$d_h$和总体的犹豫模糊偏好关系，那么决策者$d_h$的共识水平$ICI(d_h)$定义为

$$ICI(d_h)=1-\frac{2}{n(n-1)}\sum_{i=1}^{n-1}\sum_{j=i+1}^{n}\left(\frac{1}{\#h_{ij}}\sum_{l=1}^{\#h_{ij}}\left|h_{ij,h}^{l}-h_{ij}^{l,c}\right|\right) \qquad 式（5-8）$$

定义 5.9　总体的共识水平 GCI 定义为

$$GCI=\sum_{h=1}^{m} w_h\times ICI(d_h) \qquad 式（5-9）$$

GCI 数值越趋近于 1，表明群体共识程度越高。通常情况下，在实际的大规模群体决策中，群体很难完全统一意见。由此，软共识的理念应运而生。软共识是在认可个体差异的前提下，通过交流、谈判、探讨等手段达成的共识，它有助于提升决策的民主化和科学化水平。软共识不强求所有成员对某一决策或看法完全一致，而是力求在主要议题上形成共识，同时允许在非关键问题上保留不同意见。设 $\varepsilon\in[0,1]$是预先定义的共识阈值。若 $GCI\geqslant\varepsilon$，则达到软共识。否则，将执行共同调整。

二、反馈调节

为了确保达成更广泛的一致性意见，必须针对共识度最弱的决策者实施反馈调整。这一环节是确保决策质量提升以及共识度增强的关键环节。在进行偏好调节的过程中，以群体的偏好作为主要参考，目的是使得个体偏好与群体偏好更加接近。一旦某个决策者被识别为需要在群体内协调的成员，他将获得旨在增进共识水平的个性化建议。

经过反馈调节后，与群体共识度最低的决策者d_k的初始偏好H^k变为$H^{k'}$：

$$H^{k'} = \delta H^k + (1-\delta) H^c \quad \text{式 (5-10)}$$

其中，H^c为群体偏好，参数δ为决策者d_k的意见保留指数，参数δ仍考虑信心效能来进行设置。

$$\delta = \frac{CE_k}{CE_k + CE_t} \quad \text{式 (5-11)}$$

随着决策者犹豫模糊偏好的不断更新，整体共识也会不断提高。一旦共识指数达到了阈值，就会进入到方案选择阶段。

三、方案选择

共识达成后，将最终的大群体决策矩阵记为$H^c = (h_{ij}^c)_{n \times n}$，$\# h_{ij}$表示$h_{ij}$中的元素个数。最后每个方案$x_i$的总得分$s(x_i)$计算如下：

$$s(x_i) = \frac{1}{\# h_{ij}} \sum_{j=1}^{n} \sum_{l=1}^{\# h_{ij}} h_{ij}^{l,c} \quad \text{式 (5-12)}$$

第五节　社区群决策案例分析

一、案例说明

近些年来，随着社会经济的持续增长，城市中高层建筑的数目不断增加，电梯作为高层建筑的必要交通工具，其应用范围越发广泛。然而，与此同时，电梯事故的数量也有所上升，安全隐患逐渐浮出水面。为了强化社区住宅电梯的安全管理，及时排除老旧住宅电梯所存在的安全隐患，预防并减少电梯事故的发生，确保人民群众的生命安全与财产安全，进一步增进居民的安全感受与满意度，我们目前正对某社区内隐患较严重但维修资金匮乏的老旧住宅电梯的更换工作进行调研。研究发现，此小区每栋楼均设有两部电梯。其中，45 号楼的一部电梯已出现故障，无法正常运行，另一部电梯也存在安全风险。为处理这一状况，社区给出了三个电梯更新计划 $X=\{x_1,x_2,x_3\}$，并打算以社区居民自主抉择的形式，来敲定最终实施的方案。备选方案如下：

x_1：集资购置新电梯。

x_2：申请维修专项资金，用于更换全新电梯。

x_3：针对已损坏的电梯，由居民集资更换；对于存在安全隐患的电梯，则申请维修基金进行更换。

在这一流程里，总计 26 位社区居民 $D=\{d_1,d_2,\cdots,d_{26}\}$ 参与了决策。参与决策的居民加入同一个微信群，借助线上渠道展开沟通与探讨。待讨论完毕，社区居民对上述三个方案进行对比，并以犹豫模糊偏好的形式呈现出各自的决策信息，具体内容如表 5－3 所示。除线上交流外，居民们彼此间还存在一些线下社交关系或利益纽带。经调查后，绘制出的线下社会网络结构如图 5－5 所示。

表 5-3　　居民的犹豫模糊偏好关系

决策者	犹豫模糊偏好关系
d_1	$H_1=\begin{pmatrix}\{0.5\} & \{0.7,0.8,0.9\} & \{0.5,0.4,0.6\}\\ \{0.3,0.2,0.1\} & \{0.5\} & \{0.1,0.3,0.2\}\\ \{0.5,0.6,0.4\} & \{0.9,0.7,0.8\} & \{0.5\}\end{pmatrix}$
d_2	$H_2=\begin{pmatrix}\{0.5\} & \{0.1,0.2,0.3\} & \{0.2,0.3,0.4\}\\ \{0.9,0.8,0.7\} & \{0.5\} & \{0.6,0.7,0.8\}\\ \{0.8,0.7,0.6\} & \{0.4,0.3,0.2\} & \{0.5\}\end{pmatrix}$
d_3	$H_3=\begin{pmatrix}\{0.5\} & \{0.6,0.7,0.8\} & \{0.2,0.3,0.4\}\\ \{0.4,0.3,0.2\} & \{0.5\} & \{0.1,0.2,0.3\}\\ \{0.8,0.7,0.6\} & \{0.9,0.8,0.7\} & \{0.5\}\end{pmatrix}$
…	…
d_{26}	$H_{26}=\begin{pmatrix}\{0.5\} & \{0.3,0.2,0.1\} & \{0.3,0.4,0.1\}\\ \{0.7,0.8,0.9\} & \{0.5\} & \{0.2,0.3,0.1\}\\ \{0.7,0.6,0.9\} & \{0.8,0.7,0.9\} & \{0.5\}\end{pmatrix}$

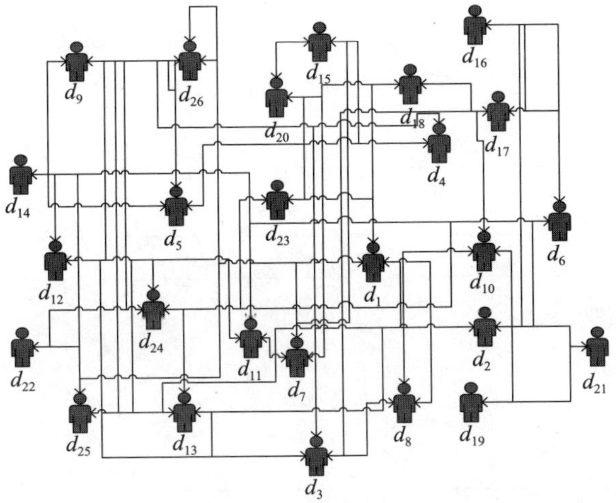

图 5-5　26 位社区居民间的线下社会网络结构

二、解决方案

在这一真实的群体决策场景中，我们运用本书所提办法，来解决社区老旧电梯更换方案的挑选难题，具体决策流程如下：

步骤一：采集线上微信群里社区居民针对电梯更换事宜的讨论内容，使用 NVivo11 软件对获取到的信息进行处理，并构建目标事件的元矩阵，如表 5－4 所示。

表 5－4　目标事件元矩阵

（a）主体

	d_1	d_2	d_3	…	d_{26}
d_1	0	2	2	…	0
d_2	3	0	0	…	0
d_3	2	2	0	…	2
…	…	…	…	…	0
d_{26}	0	0	0	…	0

（b）主题

	电梯的重要性	安全性与风险预防	便利性与生活质量	…	住户
电梯的重要性	0	1	1	…	0
安全性与风险预防	1	0	0	…	0
便利性与生活质量	1	0	0	…	0
…	…	…	…	…	…
住户	0	0	0	…	0

（c）态度

	中立	都可以	不知道	…	承担责任
中立	0	1	1	…	0
不可以	1	0	0	…	0
不知道	1	0	0	…	0
…	…	…	…	…	…
承担责任	0	0	0	…	0

（d）主体—主题

	电梯的重要性	安全性与风险预防	便利性与生活质量	…	住户
d_1	10	1	3	…	6
d_2	4	1	0	…	2
d_3	8	3	1	…	7
…	…	…	…	…	…
d_{26}	3	4	1	…	1

续表

（e）主体—态度

	中立	都可以	不知道	…	承担责任
d_1	15	1	17	…	9
d_2	0	1	1	…	0
d_3	3	0	5	…	1
…	…	…	…	…	…
d_{26}	0	1	0	…	1

（f）主题—态度

	中立	都可以	不知道	…	承担责任
电梯的重要性	9	5	10	…	2
安全性与风险预防	1	4	3	…	0
便利性与生活质量	3	0	2	…	4
…	…	…	…	…	…
住户	4	2	1	…	2

步骤二：利用 ORA 软件对元矩阵进行可视化操作，效果呈现如图 5－6 所示，同时，导出决策者在线上讨论中的特征数值，具体数据如表 5－5 所示。

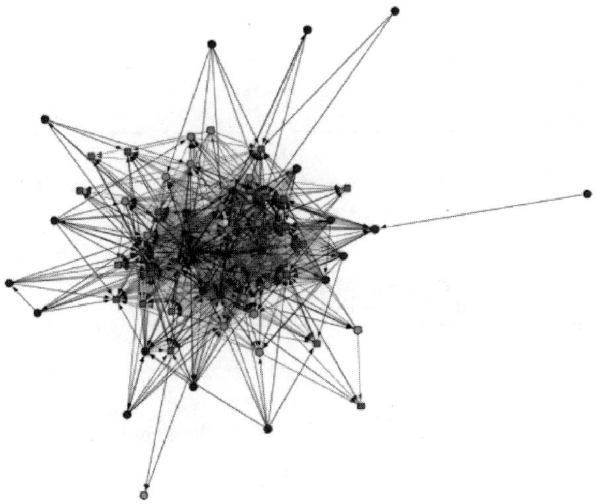

图 5－6　总网络

表 5-5　　线上讨论特征值

(a) 互动参与度

序号	决策者	取值	反刻度化
1	d_1	0.244	61
2	d_{15}	0.104	26
3	d_3	0.088	22
…	…	…	…
24	d_{14}	0.008	2

(b) 主题引导力

序号	决策者	取值	反刻度化	引导主题
1	d_1	0.029	0.545	维修成本
2	d_{13}	0.020	0.020	维修成本
3	d_3	0.008	0.008	不确定
…	…	…	…	…
22	d_{12}	0	1.753e-0	集资

(c) 思想导向性

序号	决策者	取值	反刻度化	引导思想
1	d_1	0.125	2.500	困难
2	d_2	0.053	1.067	不知道
3	d_{15}	0.025	0.499	承担责任
…	…	…	…	…
24	d_5	0	6.450e-0	提出解决方案

步骤三：基于决策者线上讨论特征值，根据式（5-2）对他们的信心效能进行表征，如表 5-6 所示。

表 5-6　　决策者信心效能

居民	信心效能
d_1	0.3846
d_2	0.1259
d_3	0.0746
…	…
d_{26}	0.0098

步骤四：依据线下社会网络关联，推导出居民在度中心性、介数中心性、紧密中心性以及特征向量中心性方面的数值，如表5－7所示。根据式(5－3)，所得决策者的中心性特征数值如表5－8所示。

表5－7　四类中心性

(a) 度中心性

序号	决策者	取值	反刻度化
1	d_2	0.400	20
2	d_9	0.340	17
3	d_1	0.320	16
…	…	…	…
26	d_{22}	0.080	4

(b) 介数中心性

序号	决策者	取值	反刻度化
1	d_2	0.248	148.667
2	d_7	0.147	88.084
3	d_1	0.121	72.656
…	…	…	…
25	d_{22}	0.002	1

(c) 紧密中心性

序号	决策者	取值	反刻度化
1	d_2	0.595	0.024
2	d_1	0.581	0.023
3	d_7	0.568	0.022
…	…	…	…
26	d_{22}	0.397	0.016

(d) 特征向量中心性

序号	决策者	取值	反刻度化
1	d_3	0.448	0.317
2	d_9	0.444	0.314
3	d_2	0.436	0.309
…	…	…	…
26	d_{20}	0.087	0.061

表 5-8　中心性特征值

居民	中心性特征值
d_1	0.0668
d_2	0.1003
d_3	0.0602
…	…
d_{26}	0.0332

步骤五：根据式（5-5），决策者之间网络结构的相似状况，以及网络结构效能的相关数据，分别如表 5-9 和表 5-10 所示。

表 5-9　网络结构相似性

	d_1	d_2	d_3	…	d_{26}
d_1	0	0.125	0.143	…	0
d_2	0.125	0	0.200	…	0.250
d_3	0.143	0.200	0	…	0.182
…	…	…	…	…	…
d_{26}	0	0.25	0.182	…	0

表 5-10　网络结构效能

	d_1	d_2	d_3	…	d_{26}
d_1	0	0.0836	0.0894	…	0
d_2	0.0906	0	0.1146	…	0.1282
d_3	0.0888	0.1050	0	…	0.1001
…	…	…	…	…	…
d_{26}	0	0.0944	0.0805	…	0

步骤六：根据式（5-6），参与此次决策的社区居民的聚合权重数值如表 5-11 所示。同时，根据式（5-7），能够得出群体犹豫模糊偏好关系为：

$$A_c = \begin{pmatrix} \{0.5000\} & \{0.3999, 0.4568, 0.5294\} & \{0.3439, 0.3725, 0.4918\} \\ \{0.6001, 0.5432, 0.4706\} & \{0.5000\} & \{0.3414, 0.4314, 0.4757\} \\ \{0.6561, 0.6275, 0.5082\} & \{0.6586, 0.5686, 0.5243\} & \{0.5000\} \end{pmatrix}$$

表 5-11　居民的聚合权重

居民	权重
d_1	0.2203
d_2	0.0958
d_3	0.0649
…	…
d_{26}	0.0227

步骤七：根据式（5-9），总体的共识水平 GCI=0.9983，由于 GCI< 阈值 $\varepsilon=0.999$，当前，群体决策尚未达到预设的共识标准，故而开启共识调节机制。

步骤八：针对群体共识度处于最低水平的决策者d_{13}，根据式（5-10）、式（5-11），反馈调节成效如下。

$$H^{13'}=\begin{pmatrix}\{0.5000\} & \{0.4812,0.3564,0.4625\} & \{0.2865,0.4672,0.5162\}\\ \{0.5138,0.6436,0.5375\} & \{0.5000\} & \{0.2516,0.4918,0.4757\}\\ \{0.7135,0.5328,0.4838\} & \{0.7484,0.5082,0.5243\} & \{0.5000\}\end{pmatrix}$$

步骤九：历经多轮调整，群体共识水平 GCI>ε。待群体达成共识，便进入方案抉择环节，根据式（5-12），方案三在本次社区决策里被判定为最佳方案。

第六节　本章小结

鉴于线上环境对线下决策存在影响，本书依托线上媒体讨论情况以及线下社交关联，构建起双重社会网络，创新性地提出基于网络影响力、由意见分享链推动的共识达成机制。首先，鉴于线上个体影响力在决策流程里举足轻重，我们运用 ORA 软件内的关键实体排名功能，对决策者们于线上社交软件讨论期间展现出的部分特征加以量化分析，进而用以衡量决策者的意见引领程度。其次，把线上意见引领程度与线下网络结构效能相互融合，搭建双层网络影响矩阵，以此来计算决策者的权重。随后，构建分享意愿网络以及意见分享链，借此推动决策者之间的意见沟通，助力共识的达成。最后，通过实际案例剖析，证实了该方法在决策信息管理、增强决策结果可信度等方面切实有效。

展望后续研究方向，可从以下几点着力：（1）鉴于社交媒体平台日益多元，研究范畴可拓展至跨平台分析领域；（2）深入剖析社会关系网络结构的动态演变过程；（3）开展更多实证研究、丰富案例分析，以此验证并完善理论模型。

第六章　基于区间三角模糊软集的决策者心理期望动态决策研究

长期以来，决策问题始终备受学术界的青睐。决策过程是不断变化的，鉴于客观事物固有的复杂性与不确定性，因此难以通过精确的数学工具对获取的决策数据进行准确的衡量。尽管模糊分析理论、概率论和粗糙集理论等的发展逐渐成熟，为处理相关问题提供了理论依据，但它们在参数化工具方面仍显不足。针对这一问题，Molodtso[232]提出了软集理论，该理论使参数化工具得到了充分运用，因而在实际应用中，得到了众多研究者的广泛采纳。

目前，关于软集理论的研究大多是针对集成算法及其在静态决策环境中的初步运用，缺乏对动态风险型决策环境中复杂决策过程的研究。同时，决策信息具有随时间动态变化的特点，这一特点会在某种程度上影响决策者的心理。与区间数相比，区间三角模糊数在信息收集方面更具有优势，并且软集在参数设置方面不受限制，考虑到以上特性，本章提出了一种结合区间三角模糊数和软集的方法来表示决策信息。另外，在对动态决策过程具有的时变特征予以综合考量的基础上，界定了一种时间序列区间三角模糊软集，并依据新信息优先的准则，运用指数衰减模型来明确时间权重系数。在实际决策中，决策者通常会表现出参照依赖等心理行为特点，本书结合软集理论，从决策情景发生时间概率与决策者心理效用价值两个不同维度，提出了一个动态决策方法，该方法考虑了决策者心理期望价值的演化，并引入了阈值—参照点集合，旨在实现决策结果的合理性与有效性，为各类复杂决策场景提供更具科学性与可靠性的决策方法。本章内容框架如图 6－1 所示。

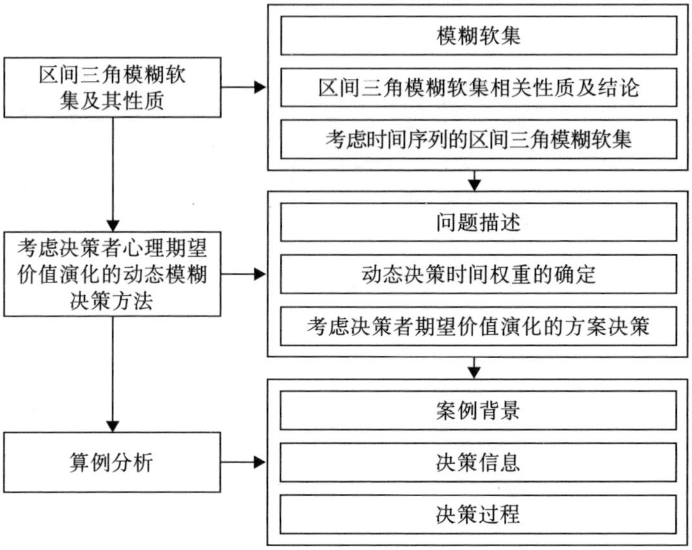

图 6－1　本章内容框架

第一节　区间三角模糊软集及其性质

一、模糊软集

（一）软集的定义

定义 6.1[232]　设 U 为非空有限的对象集合，E 为属性集合，$A \subseteq E$，P（U）为 U 的幂集，那么我们定义（F, A）是 U 上的一个软集，其中 F：$A \to P(U)$ 为一个映射，即有对 $\forall e \in E$

$$F(e)=\{\langle x,\mu F(e)(x)\rangle : x \in U\} \in P(U) \qquad 式（6－1）$$

表示元素 $x \in U$ 属于集合 F（e）的特征函数，$\mu F(e)(x) \in \{0,1\}$ 是元素 x 属于模糊集 F（e）的隶属度，也就是，表示元素 x 在属性 e 下属于

$F(e)$的满足程度。即全集上的软集是全集中某一子集的参数族。对于$\forall e \in A$，$F(e)$为软集(F, A)的e-近似元集合 。

因此，软集实际上是一个二元组，该二元组由集合映射组成。可以将软集视为一种针对参数化子集所进行的全面性归纳，也可以将其视为由特定的参数化子集形成的整体。接下来通过例 6-1 来解释软集的概念。

例 6-1 随着我国经济的蓬勃发展以及通信网络技术的日渐发达，智能手机的普及不仅使人们的通信更加便捷，还带来了丰富的娱乐和学习资源，提高了人们的生活品质，人们对于智能手机的购买量正在上升。假定目前有 6 种不同型号手机以供选择，这 6 种不同型号的手机构成的集合为全集 $U=\{h_1, h_2, h_3, h_4, h_5, h_6\}$，$E=\{e_1, e_2, e_3, e_4, e_5, e_6, e_7\}$代表这些不同型号手机的属性集合，用$e_i$来表示，其中$e_1$，$e_2$，$e_3$，$e_4$，$e_5$，$e_6$，$e_7$分别代表以下属性：触控屏幕、指纹解锁、白色、金属边框、续航时间长、网络信号接收能力强、国产品牌。F 代表从参数集到全集 U 上的所有子集的映射。软集（F，A）则描绘了顾客对不同型号手机的评价。$A=\{e_2, e_4, e_6, e_7\} \subseteq E$，$e_2$，$e_4$，$e_6$，$e_7$是该顾客比较重视的手机属性的参数集。软集（F，A）构成了 U 的一个子集参数集合$\{F(e_2), F(e_4), F(e_6), F(e_7)\}$。现将映射$F: A \to P(U)$定义为：$F(e_2)=\{h_2, h_4\}$，$F(e_4)=\{h_3, h_4, h_5\}$，$F(e_6)=\{h_1, h_3\}$，$F(e_7)=\{h_2, h_3, h_6\}$。软集（$F$，$A$）可以通过下列算式表达：

（F，A）$=\{$指纹解锁$=\{h_2, h_4\}$，金属边框 $=\{h_3, h_4, h_5\}$，网络信号接收能力强$=\{h_1, h_3\}$，国产品牌$=\{h_2, h_3, h_6\}\}$

（二）软集的运算

定义 6.2[233] 设（F，A）与（G，B）为全集 U 上的两个软集 ，如果$A \subseteq B$，并且对$\forall e \in A$，都有$F(e) \subseteq G(e)$，那么称（F，A）为（G，B）的软子集，记为$F(A) \subseteq G(B)$。若（F，A）为（G，B）的软子集同时（G，B）也是（F，A）的软子集，则称（G，B）与（F，A）软相等 。记为$F(A)=G(B)$。

定义 6.3[233] 设（F，A）为全集 U 上的软集 ，如果对$\forall a \in A$都有$F(a)=U$，那么我们将（F，A）称为全软集 。

定义 6.4[233] 设（F，A）为全集 U 上的软集，如果对$\forall a \in A$都有

$F(a) \neq \emptyset$，那么我们将（F, A）称为空软集 。

定义 6.5[233]　设（F, A）与（G, B）为全集 U 上的两个软集，则（F, A）与（G, B）的扩展交为软集（H, C）=（F, A）∩（G, B），其中 $C = A \cup B$，$\forall a \in C$，那么有：

（1）若 $a \in A - B$，$(H,a) = (F,a)$

（2）若 $a \in B - A$，$(H,a) = (G,a)$

（3）若 $a \in A \cap B$，$(H,a) = (F,a) \cap (G,a)$

定义 6.6[233]　设（F, A）与（G, B）为全集 U 上的两个软集，则（F, A）与（G, B）的约束交为软集$(H,C) = (F,A) \cap (G,B)$，其中 $C = A \cap B$，$\forall a \in C$，都有 $H(a) = F(a) \cap G(a)$

定义 6.7[233]　设（F, A）与（G, B）为全集 U 上的两个软集 ，则（F, A）与（G, B）的扩展并为软集$(H,C) = (F,A) \cup (G,B)$，其中 $C = A \cup B$，$\forall a \in C$，那么有：

（1）若 $a \in A - B$，$(H,a) = (F,a)$

（2）若 $a \in B - A$，$(H,a) = (G,a)$

（3）若 $a \in A \cap B$，$(H,a) = (F,a) \cup (G,a)$

定义 6.8[233]　设（F, A）与（G, B）为全集 U 上的两个软集，则（F, A）与（G, B）的约束并为软集$(H,C) = (F,A) \cup (G,B)$，其中 $C = A \cap B$，$\forall a \in C$，都有：

$H(a) = F(a) \cup G(a)$。

定义 6.9[233]　设（F, A）与（G, B）为全集 U 上的两个软集，则（F, A）与（G, B）的扩展差为软集$(H,C) = (F,A) - (G,B)$，其中 $C = A \cup B$，$\forall a \in C$，那么有：

（1）若 $a \in A - B$，$(H,a) = (F,a)$

（2）若 $a \in B - A$，$(H,a) = (G,a)$

（3）若 $a \in A \cap B$，$(H,a) = (F,a) - (G,a)$

定义 6.10[233]　设（F, A）与（G, B）是全集 U 上的两个软集，则（F, A）与（G, B）的约束差为软集$(H,C) = (F,A) - (G,B)$，其中 $C = A \cap B$，$\forall a \in C$，都有 $H(a) = F(a) - G(a)$。

定义 6.11[234] 设（F, A）与（G, B）为全集 U 上的两个软集，则（F, A）与（G, B）的与为软集$(H,A\times B)=(F,A)\wedge(G,B)$，其中对$\forall(a,b)\in A\times B$，都有 $H(a,b)=F(a)\cap G(b)$。

定义 6.12[233]~[235] 设（F, A）与（G, B）为全集 U 上的两个软集，则（F, A）与（G, B）的或为软集$(H,A\times B)=(F,A)\vee(G,B)$，其中对$\forall(a,b)\in A\times B$，都有 $H(a,b)=F(a)\cup G(b)$ 。

定义 6.13[233]~[237] 设（F, A）与（G, B）为全集 U 上的两个软集，则（F, A）与（G, B）的笛卡尔乘积为软集$(H,A\times B)=(F,A)\times(G,B)$，其中对$\forall(a,b)\in A\times B$，都有 $H(a,b)=F(a)\times G(b)$。

定义 6.14[235] 设（F, A）是全集 U 上的一个软集，集合 $SUPP(F,A)=\{e\in A\mid F(e)\neq\emptyset\}$ 称为（F, A）的支撑。若 $SUPP(F,A)\neq\emptyset$，则软集（F, A）非空 。

（三）软集的表示形式

设 $U=\{h_1,h_2,\cdots,h_m\}$ 是全集 ，$E=\{e_1,e_2,\cdots,e_n\}$ 是属性集合，$A\subseteq E$，P（U）为全集 U 上的幂集，$F:A\rightarrow P(U)$ 是一个映射，那么软集（F, A）可以通过以下几种形式来表现[243]：

（1）表格表示法：通过表格来表示，需先将全部参数属性依次排列于表格的首行位置，随后，把全集中涵盖的各个对象逐一置于表格的首列。若对象h_i属于近似函数 $F(e_j)$，其在表中的相应数值就是 1；若不属于，则该位置的值是 0。在例 6－1 中，全集 $U=\{h_1,h_2,h_3,h_4,h_5,h_6\}$，属性集合 $E=\{e_1,e_2,e_3,e_4,e_5,e_6,e_7\}$，且 $A=E$，所以近似函数 $F(e_2)=\{h_2,h_4\}$，$F(e_4)=\{h_3,h_4,h_5\}$，$F(e_6)=\{h_1,h_3\}$，$F(e_7)=\{h_2,h_3,h_6\}$，软集（F, A）的信息表如表 6－1 所示。

表 6－1　软集（F，A）信息表

U	e_2	e_4	e_6	e_7
h_1	0	0	1	0
h_2	1	0	0	1
h_3	0	1	1	1
h_4	1	1	0	0

（2）近似集合表示法：按照 *Cagman* 和 *Enginoglu*[237] 所归纳的软集表现形式，软集（F，A）可以被表示为$(F,A)=\{(e_j,F(e_j))\mid e_j\in A\}$。因此例 6－1 的表现形式如下：

$(F,A)=\{(e_2,(h_2,h_4)),(e_4,(h_3,h_4,h_5)),(e_6,(h_1,h_3)),(e_7,(h_2,h_3,h_6))\}$

（3）矩阵表示法：布尔矩阵也可以表示软集，即$h_i\in U$，$e_j\in A$，当且仅当$h_i\in F(e_j)$时，$f(h_i,e_j)=1$，否则$f(h_i,e_j)=0$。*Cagman* 和 *Enginoglu*[237] 将这种矩阵形式命名为软矩阵，它同样被称作 0－1 矩阵，因此例 6－1 的软矩阵表现形式如下：

$$(F,A)=\begin{bmatrix}0&0&1&0\\1&0&0&1\\0&1&1&1\\1&1&0&0\\0&1&0&0\\0&0&0&1\end{bmatrix} \qquad \text{式（6－2）}$$

可以看到，若对$\forall h_i\in F(e_j)$，都有$f(h_i,e_j)=0$，那么我们将这样的软集对应的软矩阵叫作 0 矩阵；若对$\forall h_i\in F(e_j)$，都有$f(h_i,e_j)=1$，那么我们将这样的软集对应的软矩阵叫作 1 矩阵。

（四）模糊软集及运算

在实际应用中，某些集合之间的界限不明确，这些集合之间的边缘区域可能重叠或彼此交叉，对于这些区域中的元素，确定它们之间的从属关系相对复杂。仅依赖特征函数来判断，可能会导致结果存在较大误差，影响数据分析的准确性。而将模糊集与软集相结合的模糊软集，通过将特征函数的值域从二元｛0，1｝扩展到［0，1］的连续区间，能够更为准确地描述这种模糊特征。

定义 6.15[236]　设全集 U 为非空集合，E 为属性集合，$A\subseteq E$，则序对（F，A）为 U 上的一个模糊软集，其中 F：$A\to F$（U）为一个从参数集 A 到 $F(U)$的映射，即对

$$\forall e\in E,F(e)=\{<h,\mu_{F(e)}(h)>:h\in U\}\in F(U) \qquad \text{式（6－3）}$$

其中，$\mu_{F(e)}(h)\in[0,1]$为隶属度。

模糊软集的表示形式如表6-2所示。

表6-2　模糊软集（F，A）的表示形式

U	e_1	e_2	…	e_n
h_1	$\mu_{F(e_1)}(h_1)$	$\mu_{F(e_2)}(h_1)$	…	$\mu_{F(e_n)}(h_1)$
h_2	$\mu_{F(e_1)}(h_2)$	$\mu_{F(e_2)}(h_2)$	…	$\mu_{F(e_n)}(h_2)$
⋮	⋮	⋮	⋮	⋮
h_m	$\mu_{F(e_1)}(h_m)$	$\mu_{F(e_2)}(h_m)$	…	$\mu_{F(e_n)}(h_m)$

二、区间三角模糊软集相关性质及结论

（一）区间三角模糊软集概念

定义6.16[244]　设论域为U，参数集为E，$\Gamma(U)$为论域U上的区间三角模糊集。其中，$A\subseteq E$，若存在映射$F:A\to\Gamma(U)$，即对$\forall e\in A$，有：

$$F(e)=\{\langle x,s_{F(e)}(x)\rangle \mid x\in U\} \qquad 式（6-4）$$

那么我们称（F，A）为论域上的区间三角模糊软集，其中$s_{F(e)}(x)$表示集合$F(e)$中元素x对应的区间三角模糊数。

（二）区间三角模糊软集相关性质及结论

定义6.17[244]　设两个区间三角模糊软集分别为（F,A）和(G,B)，当$A\subseteq B$且对$\forall e\in A$，$F(e)$是$G(e)$的区间三角模糊子集时，即对$\forall x\in U$，$F(e)$和$G(e)$中元素x所对应的区间三角模糊数分别为$s_{F(e)}(x)$和$s_{G(e)}(x)$，它们满足$s_{F(e)}(x)\leqslant s_{G(e)}(x)$时，则称区间三角模糊软集($F,A$)为($G,B$)的软子集，记作$F(A)\tilde{\subseteq}G(B)$。

如果（G，B）和（F，A）满足$F(A)\tilde{\subseteq}G(B)$，那么将（$G$，$B$）称为（$F$，$A$）的区间三角模糊软父集。

设（F，A）和（G，B）为论域U上的两个任意区间三角模糊软集，当$F(A)\tilde{\subseteq}G(B)$且$G(B)\tilde{\subseteq}F(A)$时，则规定（$F$，$A$）和（$G$，$B$）相等，记作$F(A)\tilde{=}G(B)$。

设（F，A）为区间三角模糊软集，将$(F,A)^c=(F^c,A)$定义为（F，A）的补集，映射表示为$F^c:A\to\Gamma(U)$，即对$\forall e\in A$，有：

$$F_c(e)=(F(e))_c=\{\langle x,s_{F(e)}^c(x)\rangle \mid x\in U\} \qquad 式（6-5）$$

式中，$s_{F(e)}^c(x)$表示集合$F(e)$中元素x所对应的区间三角模糊数的补。

因此，$((F,A)_c)^c=(F,A)$成立。随后对区间三角模糊软集“AND”和“OR”进行进一步讨论并给出其运算定义。

设（F，A）和（G，B）是在论域U上任意两个给定的区间三角模糊软集，则我们将$(F,A)\wedge(G,B)$称为它们的“AND”运算，并且$(F,A)\wedge(G,B)=(H,A\times B)$，即对$\forall(\alpha,\beta)\in(A\times B)$，有：

$$H(\alpha,\beta)=F(\alpha)\cap G(\beta)=\{\langle x,s_{F(\alpha)}(x)\cap s_{G(\beta)}(x)\rangle \mid x\in U\}$$

式（6-6）

规定$(F,A)\vee(G,B)$为它们的“OR”运算，并且$(F,A)\vee(G,B)=(M,A\times B)$，即对$\forall(\alpha,\beta)\in(A\times B)$，有：

$$M(\alpha,\beta)=F(\alpha)\cup G(\beta)=\{\langle x,s_{F(\alpha)}(x)\cup s_{G(\beta)}(x)\rangle \mid x\in U\}$$

式（6-7）

其中，$s_{F(\alpha)}(x)$及$s_{G(\beta)}(x)$表示两个区间三角模糊数，分别为集合$F(\alpha)$和$G(\beta)$中元素x所对应的隶属度。

定理6.1 设论域为U，（F，A）和（G，B）为该论域上的任意两个区间三角模糊软集，则有

$$((F,A)\wedge(G,B))_c=(F,A)_c\vee(G,B)_c \qquad 式（6-8）$$

$$((F,A)\vee(G,B))_c=(F,A)_c\wedge(G,B)_c \qquad 式（6-9）$$

证明 因式（6-8）和式（6-9）的证明过程类似，现仅证式（6-8），式（6-9）的证明可以通过类似推理得到。

设$(F,A)\wedge(G,B)=(H,A\times B)$，则$((F,A)\wedge(G,B))_c=(H,A\times B)_c\vee(H^c,A\times B)$，且

$$(F,A)_c\vee(G,B)_c=(F^c,A)\vee(G^c,B)=(M,A\times B)$$

对$\forall(\alpha,\beta)\in(A\times B)$，根据补的定义可以得出：

$$\begin{aligned}H_c(\alpha,\beta)&=(H(\alpha,\beta))_c=(\{\langle x,s_{F(\alpha)}(x)\cap s_{G(\beta)}(x)\rangle \mid x\in U\})^c\\&=\{\langle x,s_{F(\alpha)}^c(x)\cup s_{G(\beta)}^c(x)\rangle \mid x\in U\}\end{aligned}$$

$= F^c(\alpha) \cup G^c(\beta) = M(\alpha,\beta)$

因此，$((F,A) \wedge (G,B))_c = (F,A)_c \vee (G,B)_c$成立。

定理 6.2[240]　设论域为 U，(F, A)，(G, B) 及 (L, C) 分别为 U 上的任意三个区间三角模糊软集，那么可以得到：

$$((F,A) \wedge (G,B) \wedge (L,C)) = (F,A) \wedge ((G,B) \wedge (L,C))$$

式（6－10）

$$((F,A) \vee (G,B) \vee (L,C)) = (F,A) \vee ((G,B) \vee (L,C))$$

式（6－11）

证明　因式（6－10）和式（6－11）的证明过程类似，现仅证式（6－10），式（6－11）的证明可以通过类似推理得到。

设$(F,A) \wedge (G,B) = (H,A \times B)$，$(H,A \times B) \wedge (L,C) = (M,(A \times B) \times C)$，并且

$(G,B) \wedge (L,C) = (T,B \times C)$，$(F,A) \wedge (T,B \times C) = (Q,A \times (B \times C))$。

对$\forall (\alpha,\beta) \in A \times B$，$\gamma \in C$，根据"AND"的运算性质可以得到：

$$H(\alpha,\beta) = \{\langle x, s_{F(\alpha)}(x) \cap s_{G(\beta)}(x) \rangle \mid x \in U\}$$ 式（6－12）

$$M((\alpha,\beta),\gamma) = \{\langle x, (s_{F(\alpha)}(x) \cap s_{G(\beta)}(x)) \cap s_{L(\gamma)}(x) \rangle \mid x \in U\}$$

式（6－13）

其中，$s_{F(\alpha)}(x)$，$s_{G(\beta)}(x)$及$s_{L(\gamma)}(x)$是元素 x 在集合 $F(\alpha)$，$G(\beta)$和$L(\gamma)$中分别对应的区间三角模糊数。

对$\forall (\beta,\gamma) \in B \times C$，$\forall \alpha \in A$，有：

$H(\beta,\gamma) = \{\langle x, s_{G(\beta)}(x) \cap s_{L(\gamma)}(x) \rangle \mid x \in U\}$，

$Q((\alpha,\beta),\gamma) = \{\langle x, s_{F(\alpha)}(x) \cap (s_{G(\beta)}(x) \cap s_{L(\gamma)}(x)) \rangle \mid x \in U\}$。

因此，$((F,A) \wedge (G,B)) \wedge (L,C) = (F,A) \wedge ((G,B) \wedge (L,C))$成立。

定理 6.3[240]　设论域为 U，(F, A)，(G, B) 及 (L, C) 是 U 上的任意三个区间三角模糊软集，那么可以得到：

$$H(\alpha,\beta) = \{\langle x, s_{F(\alpha)}(x) \cap s_{G(\beta)}(x) \rangle \mid x \in U\}$$ 式（6－14）

$$M((\alpha,\beta),\gamma) = \{\langle x, (s_{F(\alpha)}(x) \cap s_{G(\beta)}(x)) \cap s_{L(\gamma)}(x) \rangle \mid x \in U\}$$

式（6－15）

证明　因式（6－14）和式（6－15）的证明过程类似，现仅证式

(6－14)，式（6－15）的证明可以通过类似推理得到。

设$(F,A)\wedge(G,B)=(H,A\times B)$，$(H,A\times B)\vee(L,C)=(I,(A\times B)\times C)$

$(F,A)\vee(L,C)=(J,A\times C)$，$(G,B)\vee(L,C)=(K,B\times C)$，

$(J,A\times C)\wedge(K,B\times C)=(O,(A\times C)\times(B\times C))$。

对$\forall(\alpha,\beta)\in A\times B$，$\gamma\in C$，根据"AND"及"OR"运算性质可以得到：

$H(\alpha,\beta)=\{\langle x,s_{F(\alpha)}(x)\cap s_{G(\beta)}(x)\rangle|x\in U\}$，

$I((\alpha,\beta),\gamma)=\{\langle x,(s_{F(\alpha)}(x)\cap s_{G(\beta)}(x))\cup s_{L(\gamma)}(x)\rangle|x\in U\}$

$=\{\langle x,(s_{F(\alpha)}(x)\cup s_{L(\gamma)}(x))\cap(s_{G(\beta)}(x)\cup s_{L(\gamma)}(x))\rangle|x\in U\}$。

对$\forall(\alpha,\gamma)\in A\times C$，$\forall(\beta,\gamma)\in B\times C$，有：

$J(\alpha,\gamma)=\{\langle x,s_{F(\alpha)}(x)\cup s_{L(\gamma)}(x)\rangle|x\in U\}$，$K(\beta,\gamma)=\{\langle x,s_{G(\beta)}(x)\cup s_{L(\gamma)}(x)\rangle|x\in U\}$，

$O((\alpha,\gamma),(\beta,\gamma))=\{\langle x,(s_{F(\alpha)}(x)\cup s_{L(\gamma)}(x))\cap(s_{G(\beta)}(x)\cup s_{L(\gamma)}(x))\rangle|x\in U\}$。

因此，$((F,A)\wedge(G,B))\vee(L,C)=((F,A)\vee(L,C))\vee((G,B)\vee(L,C))$成立。

（三）区间三角模糊软集交并运算及结论

设（F，A）和（G，B）为论域U上的区间三角模糊软集，我们将$(F,A)\cap(G,B)$称为这两个集合的交集，且$(F,A)\cap(G,B)=(H,C)$，其中$C=A\cap B$。

对于$\forall\varepsilon\in C$，有：

$$H(\varepsilon)=F(\varepsilon)\cap G(\varepsilon)=\{\langle x,s_{F(\varepsilon)}(x)\cap s_{G(\varepsilon)}(x)\rangle|x\in U\}$$

式（6－16）

其中，$s_{F(\varepsilon)}(x)$及$s_{G(\varepsilon)}(x)$是区间三角模糊数，分别为集合$F(\varepsilon)$和$G(\varepsilon)$中元素x所对应的隶属度。

将$(F,A)\cup(G,B)$称作区间三角模糊软集合（F，A）和（G，B）这两个集合的并集，并且记$(F,A)\cup(G,B)=(M,D)$，其中$D=A\cup B$。

对于$\forall\varepsilon\in D$，有：

$$M(\varepsilon)=F(\varepsilon)\cup G(\varepsilon)=\{\langle x,s_{M(\varepsilon)}(x)\rangle|x\in U\}$$ 式（6－17）

其中，

$$s_{M(\varepsilon)}(x)=\begin{cases}s_{F(\varepsilon)}(x),\varepsilon\in A-B\\ s_{G(\varepsilon)}(x),\varepsilon\in B-A\\ s_{F(\varepsilon)}(x)\cup s_{G(\varepsilon)}(x),\varepsilon\in A\cap B\end{cases}$$ 式（6-18）

其中，$s_{F(\varepsilon)}(x)$和$s_{G(\varepsilon)}(x)$表示区间三角模糊数，分别为集合$F(\varepsilon)$和$G(\varepsilon)$中元素x所对应的隶属度。

定理6.4 设论域为U，(F,A)和(G,B)为U上的任意区间三角模糊软集，则有：

$$((F,A)\cup(G,B))_c=(F,A)_c\cap(G,B)_c$$ 式（6-19）

$$((F,A)\cap(G,B))_c=(F,A)_c\cup(G,B)_c$$ 式（6-20）

证明 因式（6-19）和式（6-20）的证明过程类似，现仅证式（6-19），式（6-20）的证明可以通过类似推理得到。

设$(F,A)\cup(G,B)=(M,D)$，$((F,A)\cup(G,B))_c=(M,D)_c=(M^c,D)$，而$(F,A)_c\cap(G,B)_c=(F^c,A)\cap(G^c,B)=(H,C)$。对于$\forall\varepsilon\in D$，有：

$$\begin{aligned}M^c(\varepsilon)&=(M(\varepsilon))^c\\&=(\{\langle x,s_{M(\varepsilon)}(x)\rangle|x\in U\})^c\\&=(\{\langle x,s^c_{M(\varepsilon)}(x)\rangle|x\in U\})\\&=\{\langle x,s^c_{F(\varepsilon)}(x)\cap s^c_{G(\varepsilon)}(x)\rangle|x\in U\}\\&=F^c(\varepsilon)\cap G^c(\varepsilon)\\&=H(\varepsilon)\end{aligned}$$

因此，$((F,A)\cup(G,B))_c=(F,A)_c\cap(G,B)_c$成立。

定理6.5 设论域为U，(F,A)，(G,B)和(L,C)是U上的任意三个区间三角模糊软集，则有：

$$((F,A)\cup(G,B))\cup(L,C)=(F,A)\cup((G,B)\cup(L,C))$$ 式（6-21）

$$((F,A)\cap(G,B))\cap(L,C)=(F,A)\cap((G,B)\cap(L,C))$$ 式（6-22）

证明 因式（6-21）和式（6-22）的证明过程类似，现仅证式（6-21），式（6-22）的证明可以通过类似推理得到。

设$(F,A)\cup(G,B)=(M_1,D_1)$，$(M_1,D_1)\cup(L,C)=(M_2,D_2)$，$(G,B)\cup(L,C)=(M_3,D_3)$，$(F,A)\cup(M_3,D_3)=(M_4,D_4)$。

此处，$D_2=D_4=A\cup B\cup C$。对于$\forall\varepsilon\in D_1$，有$M_1(\varepsilon)=\{\langle x,s_{M_1(\varepsilon)}(x)\rangle\mid x\in U\}$，其中，

$$s_{M_1(\varepsilon)}(x)=\begin{cases}s_{F(\varepsilon)}(x),\varepsilon\in A-B\\ s_{G(\varepsilon)}(x),\varepsilon\in B-A\\ s_{F(\varepsilon)}(x)\cup s_{G(\varepsilon)}(x),\varepsilon\in A\cap B\end{cases}$$

对于$\forall\varepsilon\in D_3$，有$M_3(\varepsilon)=\{\langle x,s_{M_3(\varepsilon)}(x)\rangle\mid x\in U\}$，其中，

$$s_{M_3(\varepsilon)}(x)=\begin{cases}s_{G(\varepsilon)}(x),\varepsilon\in B-C\\ s_{L(\varepsilon)}(x),\varepsilon\in C-B\\ s_{G(\varepsilon)}(x)\cup s_{L(\varepsilon)}(x),\varepsilon\in B\cap C\end{cases}$$

对于$\forall\varepsilon\in D_2$，有$M_2(\varepsilon)=\{\langle x,s_{M_2(\varepsilon)}(x)\rangle\mid x\in U\}$，其中，

$$s_{M_2(\varepsilon)}(x)=\begin{cases}s_{M_1(\varepsilon)}(x),\varepsilon\in D_1-C\\ s_{L(\varepsilon)}(x),\varepsilon\in C-D_1\\ s_{M_1(\varepsilon)}(x)\cup s_{L(\varepsilon)}(x),\varepsilon\in D_1\cap C\end{cases}$$

$$=\begin{cases}s_{F(\varepsilon)}(x),\varepsilon\in A-B-C\\ s_{G(\varepsilon)}(x),\varepsilon\in B-A-C\\ s_{F(\varepsilon)}(x)\cup s_{G(\varepsilon)}(x),\varepsilon\in A\cap B-C\\ s_{L(\varepsilon)}(x),\varepsilon\in C-(A\cup B)\\ s_{F(\varepsilon)}(x)\cup s_{L(\varepsilon)}(x),\varepsilon\in(A-B)\cap C\\ s_{G(\varepsilon)}(x)\cup s_{L(\varepsilon)}(x),\varepsilon\in(B-A)\cap C\\ s_{F(\varepsilon)}(x)\cup s_{G(\varepsilon)}(x)\cup s_{L(\varepsilon)}(x),\varepsilon\in B\cap A\cap C\end{cases}$$

对于$\forall\varepsilon\in D_4$，有$M_4(\varepsilon)=\{\langle x,s_{M_4(\varepsilon)}(x)\rangle\mid x\in U\}$，其中，

$$s_{M_4(\varepsilon)}(x)=\begin{cases}s_{F(\varepsilon)}(x),\varepsilon\in A-D_3\\ s_{M_3(\varepsilon)}(x),\varepsilon\in D_3-A\\ s_{F(\varepsilon)}(x)\cap s_{M_3(\varepsilon)}(x),\varepsilon\in A\cap D_3\end{cases}$$

$$=\begin{cases} s_{F(\varepsilon)}(x), \varepsilon \in A-(B \cup C) \\ s_{L(\varepsilon)}(x), \varepsilon \in C-B-A \\ s_{G(\varepsilon)}(x), \varepsilon \in B-C-A \\ s_{G(\varepsilon)}(x) \cup s_{L(\varepsilon)}(x), \varepsilon \in B \cap C-A \\ s_{F(\varepsilon)}(x) \cup s_{G(\varepsilon)}(x), \varepsilon \in A \cap (B-C) \\ s_{F(\varepsilon)}(x) \cup s_{L(\varepsilon)}(x), \varepsilon \in A \cap (C-B) \\ s_{F(\varepsilon)}(x) \cup s_{G(\varepsilon)}(x) \cup s_{L(\varepsilon)}(x), \varepsilon \in A \cap B \cap C \end{cases}$$

由上述运算过程中可以得到$s_{M_2(\varepsilon)}(x) = s_{M_4(\varepsilon)}(x)$。

因此，$((F,A) \cup (G,B)) \cup (L,C) = (F,A) \cup ((G,B) \cup (L,C))$成立。

定理 6.6 设论域为 U，(F, A)，(G, B) 及 (L, C) 为 U 上的任意三个区间三角模糊软集，则有：

$$((F,A) \cup (G,B)) \cap (L,C) = ((F,A) \cap (L,C)) \cup ((G,B) \cap (L,C)) \quad \text{式 (6-23)}$$

$$((F,A) \cap (G,B)) \cup (L,C) = ((F,A) \cup (L,C)) \cap ((G,B) \cup (L,C)) \quad \text{式 (6-24)}$$

证明 因式（6－23）和式（6－24）的证明过程类似，现仅证式（6－23），式（6－24）的证明可以通过类似推理得到。

设$(F,A) \cup (G,B) = (M_1, D_1)$，$(M_1, D_1) \cap (L,C) = (H_1, D_2)$，

$(F,A) \cap (L,C) = (H_2, D_3)$，$(G,B) \cap (L,C) = (H_3, D_4)$，

$(H_2, D_3) \cup (H_3, D_4) = (M_2, D_5)$。

$D_2 = D_5 = (A \cup B) \cap C$。对于$\forall \varepsilon \in D_1$，有$M_1(\varepsilon) = \{\langle x, s_{M_1(\varepsilon)}(x)\rangle \mid x \in U\}$，其中，

$$s_{M_1(\varepsilon)}(x) = \begin{cases} s_{F(\varepsilon)}(x), \varepsilon \in A-B \\ s_{G(\varepsilon)}(x), \varepsilon \in B-A \\ s_{F(\varepsilon)}(x) \cup s_{G(\varepsilon)}(x), \varepsilon \in A \cap B \end{cases}$$

对于$\forall \varepsilon \in D_2$，有$H_1(\varepsilon) = \{\langle x, s_{H_1(\varepsilon)}(x)\rangle \mid x \in U\} = \{\langle x, s_{F(\varepsilon)}(x) \cap s_{L(\varepsilon)}(x)\rangle \mid x \in U\}$。

对于$\forall \varepsilon \in D_4$，有$H_3(\varepsilon) = \{\langle x, s_{H_3(\varepsilon)}(x)\rangle \mid x \in U\} = \{\langle x, s_{G(\varepsilon)}(x) \cap$

$s_{L(\varepsilon)}(x)\rangle \mid x\in U\}$。

对于$\forall\varepsilon\in D_5$，有$M_2(\varepsilon)=\{\langle x,s_{M_2(\varepsilon)}(x)\rangle \mid x\in U\}$，其中，

$$s_{M_2(\varepsilon)}(x)=\begin{cases}s_{H_2(\varepsilon)}(x),\varepsilon\in D_3-D_4\\ s_{H_3(\varepsilon)}(x),\varepsilon\in D_4-D_3\\ s_{H_2(\varepsilon)}(x)\cup s_{H_3(\varepsilon)}(x),\varepsilon\in D_3\cap D_4\end{cases}$$

$$=\begin{cases}s_{F(\varepsilon)}(x)\cap s_{L(\varepsilon)}(x),\varepsilon\in(A\cap C)-(B\cap C)\\ s_{G(\varepsilon)}(x)\cap s_{L(\varepsilon)}(x),\varepsilon\in(B\cap C)-(A\cap C)\\ (s_{F(\varepsilon)}(x)\cap s_{L(\varepsilon)}(x))\cup(s_{G(\varepsilon)}(x)\cap s_{L(\varepsilon)}(x)),\varepsilon\in(B\cap C)\cap(A\cap C)\end{cases}$$

$$=\begin{cases}s_{F(\varepsilon)}(x)\cap s_{L(\varepsilon)}(x),\varepsilon\in(A-B)\cap C\\ s_{G(\varepsilon)}(x)\cap s_{L(\varepsilon)}(x),\varepsilon\in(B-A)\cap C\\ (s_{F(\varepsilon)}(x)\cup s_{G(\varepsilon)}(x))\cap s_{L(\varepsilon)}(x),\varepsilon\in A\cap B\cap C\end{cases}$$

由上述运算过程可以得到$s_{H_1(\varepsilon)}(x)=s_{M_2(\varepsilon)}(x)$。

因此，$((F,A)\cup(G,B))\cap(L,C)=((F,A)\cap(L,C))\cup((G,B)\cap(L,C))$成立。

三、考虑时间序列的区间三角模糊软集

（一）时序区间三角模糊软集定义

在动态决策过程中，决策系统的信息随着时间的变化呈现波动，为有效解决此问题，引入时间序列 T，构造一种考虑时间序列的区间三角模糊软集。

定义 6.18 设 U 为一个非空集合的论域，E 为关于 U 中对象的参数集合，T 为时间集合，$\Gamma(U)$ 表示论域 U 上所有区间三角模糊集的全体，$A\times T\subseteq E\times T$，称序对$(F,A\times T)$为论域 U 上的时间序列区间三角模糊软集，其中 $F:A\times T\rightarrow\Gamma(U)$ 为 $A\times T$ 到 $\Gamma(U)$ 的映射，即对 $\forall(e,t)\in A\times T$，有 $F(e,t)=\{\langle x,\tilde{a}_{F(e,t)}(x)\rangle \mid x\in U\}$，其中 $\tilde{a}_{F(e,t)}(x)$ 属于 $F(e,t)$ 中某一时间 t 下 x 的参数 e 所对应的区间三角模糊数。

由定义 6.18 可知，区间三角模糊软集为参数集到区间三角模糊集

$\Gamma(U)$上的映射，而时序区间三角模糊软集是由在特定时间段内，所有区间三角模糊集$\Gamma(U)$组成。即对$\forall(e,t)\in A\times T$，$F(e,t)$是某一时刻$t$下参数$e$的区间三角模糊集，由这些区间三角模糊集组成时序区间三角模糊软集。

为了表示方便，用模糊软矩阵的形式表示模糊软集[237]，则对于论域$U=(x_1,x_2,\cdots,x_m)$，参数集$A=(e_1,e_2,\cdots,e_n)$，时间集合$T=(t_1,t_2,\cdots,t_k)$，时序区间三角模糊软集$(F,A\times T)$在时刻t_p的模糊软矩阵可表示为：

$$\tilde{F}_{t_p}=[\tilde{a}_{F(e_j,t_p)}(x_i)]_{m\times n}$$
$$i=1,2,\cdots,m;\ j=1,2,\cdots,n;p=1,2,\cdots,k \qquad \text{式 (6-25)}$$

定义 6.19 设$\tilde{a}_{F(e,t)}(x)=[(a_1^L,a_1^U);a_2;(a_3^L,a_3^U)]$，$\tilde{b}_{G(e,t)}(x)=[(b_1^L,b_1^U);b_2;(b_3^L,b_3^U)]$分别为$F(e,t)$和$G(e,t)$中某一时间$t$下$x$的$e$所对应的区间三角模糊数，$t_p$、$x_i$分别为$\tilde{a}_{F(e,t)}(x)$和$\tilde{b}_{G(e,t)}(x)$的上半取值长度，$\phi$、$\phi=1$分别为$\tilde{a}_{F(e,t)}(x)$和$\tilde{b}_{G(e,t)}(x)$的下半取值长度。

$$p=\frac{\min\{l_{\bar{a}}+l_{\bar{b}},\max(a_2-\bar{b}_1,0)\}}{2(l_{\bar{a}}+l_{\bar{b}})}+\frac{\min\{l_{\underline{a}}+l_{\underline{b}},\max(\bar{a}_3-b_2,0)\}}{2(l_{\underline{a}}+l_{\underline{b}})}$$

式 (6-26)

称p为$\tilde{a}_{F(e,t)}(x)\geqslant\tilde{b}_{G(e,t)}(x)$的可能度，其中$\bar{a}_i=(a_i^L+a_i^U)/2$，$T=(t_1,t_2,\cdots,t_k)$，$(i=1,2,3)$。

当$T=(t_1,t_2,\cdots,t_k)$时，说明两区间三角模糊数$\tilde{a}_{F(e,t)}(x)\geqslant\tilde{b}_{G(e,t)}(x)$，否则为$\tilde{a}_{F(e,t)}(x)<\tilde{b}_{G(e,t)}(x)$。

定义 6.20

$\tilde{a}_{F(e,t_1)}(x)=[(a_{(1,1)}^L,a_{(1,1)}^U);a_{(1,2)};(a_{(1,3)}^L,a_{(1,3)}^U)]$，$\tilde{a}_{F(e,t_2)}(x)=[(a_{(2,1)}^L,a_{(2,1)}^U);a_{(2,2)};(a_{(2,3)}^L,a_{(2,3)}^U)]$分别为$F(e,t)$中时间$t_1$和$t_2$下$x$的参数$e$对应的区间三角模糊数，其中$t_1,t_2\in T$，令：

$$d(\tilde{a}_{F(e,t_1)},\tilde{a}_{F(e,t_2)})=\frac{\sqrt{6}}{6}\sqrt{\begin{array}{c}(a_{(1,2)}-a_{(2,2)})^2\\+\left(\begin{array}{c}\zeta((a_{(1,1)}^L-a_{(2,1)}^L)^2+(a_{(1,1)}^U-a_{(2,1)}^U)^2)+\\(1-\zeta)((a_{(1,3)}^L-a_{(2,3)}^L)^2+(a_{(1,3)}^U-a_{(2,3)}^U)^2)\end{array}\right)\end{array}}$$

式 (6-27)

称 $d(\tilde{a}_{F(e,t_1)},\tilde{a}_{F(e,t_2)})$ 为 $\tilde{a}_{F(e,t_1)}$ 与 $\tilde{a}_{F(e,t_2)}$ 之间的距离。

式（6-27）中 ζ，若 $\zeta<0.5$，表示冒险偏好；若 $\zeta>0.5$，表示风险厌恶；若 $\zeta=0.5$ 表示风险中立。

定理 6.7

$\tilde{a}_{F(e,t_1)}(x)=[(a^L_{(1,1)},a^U_{(1,1)});a_{(1,2)};(a^L_{(1,3)},a^U_{(1,3)})]$，$\tilde{a}_{F(e,t_2)}(x)=[(a^L_{(2,1)},a^U_{(2,1)});a_{(2,2)};(a^L_{(2,3)},a^U_{(2,3)})]$，

$\tilde{a}_{F(e,t_3)}(x)=[(a^L_{(3,1)},a^U_{(3,1)});a_{(3,2)};(a^L_{(3,3)},a^U_{(3,3)})]$，分别为 $F(e,t)$ 中时间 t_1、t_2、t_3 下 x 的参数 e 对应的区间三角模糊数，$d(\tilde{a}_{F(e,t_1)},\tilde{a}_{F(e,t_2)})$、$d(\tilde{a}_{F(e,t_2)},\tilde{a}_{F(e,t_3)})$ 分别为 $\tilde{a}_{F(e,t_1)}$ 与 $\tilde{a}_{F(e,t_2)}$、$\tilde{a}_{F(e,t_2)}$ 与 $\tilde{a}_{F(e,t_3)}$ 之间的距离，则有：

（1）$d(\tilde{a}_{F(e,t_1)},\tilde{a}_{F(e,t_2)})\geqslant 0$，当且仅当 $a^L_{(1,1)}=a^L_{(2,1)},a_{(1,2)}=a_{(2,2)},a^L_{(1,3)}=a^L_{(2,3)}$，$a^U_{(1,1)}=a^U_{(2,1)},a^U_{(1,3)}=a^U_{(2,3)}$ 时，$d(\tilde{a}_{F(e,t_1)},\tilde{a}_{F(e,t_2)})=0$；

（2）$d(\tilde{a}_{F(e,t_1)},\tilde{a}_{F(e,t_2)})=d(\tilde{a}_{F(e,t_2)},\tilde{a}_{F(e,t_1)})$；

（3）若 $\tilde{a}_{F(e,t_1)}\leqslant\tilde{a}_{F(e,t_2)}\leqslant\tilde{a}_{F(e,t_3)}$，则 $d(\tilde{a}_{F(e,t_1)},\tilde{a}_{F(e,t_2)})\leqslant d(\tilde{a}_{F(e,t_1)},\tilde{a}_{F(e,t_3)})$；

$d(\tilde{a}_{F(e,t_2)},\tilde{a}_{F(e,t_3)})\leqslant d(\tilde{a}_{F(e,t_1)},\tilde{a}_{F(e,t_3)})$。

证明　由定义 6.20 可知：对于结论（1），

$$\sqrt{\begin{matrix}(a_{(1,2)}-a_{(2,2)})^2+\\ \begin{pmatrix}\zeta((a^L_{(1,1)}-a^L_{(2,1)})^2+(a^U_{(1,1)}-a^U_{(2,1)})^2)+(1-\zeta)\\ ((a^L_{(1,3)}-a^L_{(2,3)})^2+(a^U_{(1,3)}-a^U_{(2,3)})^2)\end{pmatrix}\end{matrix}}\geqslant 0,$$

则 $d(\tilde{a}_{F(e,t_1)},\tilde{a}_{F(e,t_2)})>0$，同时可以得出，当且仅当 $a^L_{(1,1)}=a^L_{(2,1)},a_{(1,2)}=a_{(2,2)},a^L_{(1,3)}=a^L_{(2,3)}$，$a^U_{(1,1)}=a^U_{(2,1)},a^U_{(1,3)}=a^U_{(2,3)}$ 时 $d(\tilde{a}_{F(e,t_1)},\tilde{a}_{F(e,t_2)})=0$。

对于结论（2），

$$\sqrt{\begin{matrix}(a_{(1,2)}-a_{(2,2)})^2+\\ \begin{pmatrix}\zeta((a^L_{(1,1)}-a^L_{(2,1)})^2+(a^U_{(1,1)}-a^U_{(2,1)})^2)+(1-\zeta)\\ ((a^L_{(1,3)}-a^L_{(2,3)})^2+(a^U_{(1,3)}-a^U_{(2,3)})^2)\end{pmatrix}\end{matrix}}=$$

$$\sqrt{\begin{array}{c}(a_{(2,2)}-a_{(1,2)})^2+\\ \begin{pmatrix}\zeta((a^L_{(2,1)}-a^L_{(1,1)})^2+(a^U_{(2,1)}-a^U_{(1,1)})^2)+(1-\zeta)\\ ((a^L_{(2,3)}-a^L_{(1,3)})^2+(a^U_{(2,3)}-a^U_{(1,3)})^2)\end{pmatrix}\end{array}},$$

可得 $d(\tilde{a}_{F(e,t_1)},\tilde{a}_{F(e,t_2)})=d(\tilde{a}_{F(e,t_2)},\tilde{a}_{F(e,t_1)})$。

对于结论（3），若$\tilde{a}_{F(e,t_1)}\leqslant\tilde{a}_{F(e,t_2)}\leqslant\tilde{a}_{F(e,t_3)}$，于是有$a^L_{(1,1)}\leqslant a^L_{(2,1)}$，$a^L_{(2,1)}\leqslant a^L_{(3,1)}$，$a^U_{(1,1)}\leqslant a^U_{(2,1)},a^U_{(2,1)}\leqslant a^U_{(3,1)}$，$a_{(1,2)}\leqslant a_{(2,2)},a_{(2,2)}\leqslant a_{(3,2)},a^L_{(1,3)}\leqslant a^L_{(2,3)}$，$a^L_{(2,3)}\leqslant a^L_{(3,3)},a^U_{(1,3)}\leqslant a^U_{(2,3)},a^U_{(2,3)}\leqslant a^U_{(3,3)}$，由此可得，$a^L_{(1,1)}\leqslant a^L_{(3,1)}$，$a^U_{(1,1)}\leqslant a^U_{(3,1)}$，$a_{(1,2)}\leqslant a_{(3,2)},a^L_{(1,3)}\leqslant a^L_{(3,3)},a^U_{(1,3)}\leqslant a^U_{(3,3)}$。

于是有：

$(a^L_{(1,1)}-a^L_{(2,1)})^2\leqslant(a^L_{(1,1)}-a^L_{(3,1)})^2,(a^U_{(1,1)}-a^U_{(2,1)})^2\leqslant(a^U_{(1,1)}-a^U_{(3,1)})^2$，$(a_{(1,2)}-a_{(2,2)})^2\leqslant(a_{(1,2)}-a_{(3,2)})^2$，$(a^L_{(1,3)}-a^L_{(2,3)})^2\leqslant(a^L_{(1,3)}-a^L_{(3,3)})^2$，$(a^U_{(1,3)}-a^U_{(2,3)})^2\leqslant(a^U_{(1,3)}-a^U_{(3,3)})^2$。

于是 $d(\tilde{a}_{F(e,t_1)},\tilde{a}_{F(e,t_2)})\leqslant d(\tilde{a}_{F(e,t_1)},\tilde{a}_{F(e,t_3)})$。同理 $d(\tilde{a}_{F(e,t_2)},\tilde{a}_{F(e,t_3)})\leqslant d(\tilde{a}_{F(e,t_1)},\tilde{a}_{F(e,t_3)})$。

证毕。

（二）时序区间三角模糊软集的集成方法

从文献[237]的研究成果可以知道，模糊软矩阵和模糊软集之间存在等价关系，所以在探讨区间三角模糊软集时，可转变为对区间三角模糊软矩阵展开研究。文献[239]引入集成的概念，而文献[240]则定义了与区间三角模糊软集相对应的算数加权平均算子，并且利用该算子实现了对所有时序区间三角模糊软矩阵的集成运算。

设论域 $U=\{x_1,x_2,\cdots,x_m\}$，参数集 $A=\{e_1,e_2,\cdots,e_n\}$，区间三角模糊软集(F_k,A)所对应的软矩阵为$\tilde{F}_k=(s_{F_k(e_j)}(x_i))_{m\times n}$，其中，$i=1,2,\cdots,m$；$j=1,2,\cdots,n$；$k=1,2,\cdots,K$。软矩阵中$s_{F_k(e_j)}(x_i)$表示元素$x_i$在集合$F_k(e_j)$中所对应的区间三角模糊数。

在明确三角模糊软矩阵定义的基础上，对软矩阵的加法、数乘及集结算子展开讨论，并得出以下结论。

假设$\tilde{F}_1=(s_{F_1(e_j)}(x_i))_{m\times n}$和$\tilde{F}_2=(s_{F_2(e_j)}(x_i))_{m\times n}$是两个任意区间三角模糊软矩阵，当常数$c$大于0时，有：

$$\tilde{F}_1+\tilde{F}_2=(s_{F_1(e_j)}(x_i)+s_{F_2(e_j)}(x_i))_{m\times n} \quad \text{式 (6-28)}$$

$$c\tilde{F}_1=(c\,s_{F_1(e_j)}(x_i))_{m\times n} \quad \text{式 (6-29)}$$

假设存在有限个区间三角模糊软矩阵$\tilde{F}_k(k=1,2,\cdots,K)$，权重$w_k\in[0,1]$且$\sum_{k=1}^{K}w_k=1$，那么，区间三角模糊软矩阵的算数加权平均算子可以通过下列算式定义：

$$f_w(\tilde{F}_1,\tilde{F}_2,\cdots,\tilde{F}_K)=\sum_{k=1}^{K}w_k\tilde{F}_k \quad \text{式 (6-30)}$$

定理 6.8 设一组区间三角模糊软矩阵为$\tilde{F}_k(k=1,2,\cdots,K)$，权重$w_k\in[0,1]$且$\sum_{k=1}^{K}w_k=1$。$\tilde{F}_k=(s_{F_k(e_j)}(x_i))_{m\times n}$中$s_{F_k(\varepsilon_j)}(x_i)=[(a_{kij}^-,a_{kij}^+);b_{kij};(c_{kij}^-,c_{kij}^+)]$为元素$x_i$在集合$F_k(e_j)$中所对应的区间三角模糊数，则：

$$f_w(\tilde{F}_1,\tilde{F}_2,\cdots,\tilde{F}_N)=([(a_{ij}^-,a_{ij}^+);b_{ij};(c_{ij}^-,c_{ij}^+)])_{m\times n} \quad \text{式 (6-31)}$$

其中，$a_{ij}^-=1-\prod_{k=1}^{N}(1-a_{kij}^-)^{w_k}$，$a_{ij}^+=1-\prod_{k=1}^{N}(1-a_{kij}^+)^{w_k}$，$b_{ij}=1-\prod_{k=1}^{N}(1-b_{kij})^{w_k}$，$c_{ij}^-=1-\prod_{k=1}^{N}(1-c_{kij}^-)^{w_k}$，$c_{ij}^+=1-\prod_{k=1}^{N}(1-c_{kij}^+)^{w_k}$。其中$i=1,2,\cdots,m$；$j=1,2,\cdots,n$；$k=1,2,\cdots,N$。

证明 运用数学归纳法证明，当$k=2$时，有：

$w_1\tilde{F}_1=(w_1s_{F_1(e_j)}(x_i))_{m\times n}$，$w_2\tilde{F}_2=(w_2s_{F_2(e_j)}(x_i))_{m\times n}$。

从而

$w_1\tilde{F}_1+w_2\tilde{F}_2=(w_1s_{F_1(e_j)}(x_i)+w_2s_{F_2(e_j)}(x_i))_{m\times n}=([(a_{ij}^-,a_{ij}^+);b_{ij};(c_{ij}^-,c_{ij}^+)])_{m\times n}$，其中，

$a_{ij}^-=(1-(1-a_{1ij}^-)^{w_1})+(1-(1-a_{2ij}^-)^{w_2})-(1-(1-a_{1ij}^-)^{w_1})(1-(1-a_{2ij}^-)^{w_2})=1-(1-a_{1ij}^-)^{w_1}(1-a_{2ij}^-)^{w_2}$同理可得，$a_{ij}^+=1-(1-a_{1ij}^+)^{w_1}(1-a_{2ij}^+)^{w_2}$，$b_{ij}=1-(b_{1ij})^{w_1}(1-b_{2ij})^{w_2}$，$c_{ij}^-=1-(1-c_{1ij}^-)^{w_1}(1-c_{2ij}^-)^{w_2}$，$c_{ij}^+=1-(1-c_{1ij}^+)^{w_1}(1-c_{2ij}^+)^{w_2}$。

满足式（6 - 31）。

若当 $k = M$ 时定理的结论成立，那么可以推断出当 $k = M + 1$ 时，

$a_{ij}^{-} = (1 - \prod_{k=1}^{M}(1 - a_{kij}^{-})^{w_k}) + (1 - (1 - a_{(M+1)ij}^{-})^{w_{M+1}}) - (1 - \prod_{k=1}^{M}(1 - a_{kij}^{-})^{w_k})(1 - (1 - a_{(M+1)ij}^{-})^{w_{M+1}})$

$= 1 - \prod_{k=1}^{M+1}(1 - a_{kij}^{-})^{w_k}$。

同理得，

$a_{ij}^{+} = 1 - \prod_{k=1}^{M+1}(1 - a_{kij}^{+})^{w_k}$，$b_{ij} = 1 - \prod_{k=1}^{M+1}(1 - b_{kij})^{w_k}$，$c_{ij}^{-} = 1 - \prod_{k=1}^{M+1}(1 - c_{kij}^{-})^{w_k}$，$c_{ij}^{+} = 1 - \prod_{k=1}^{M+1}(1 - c_{kij}^{+})^{w_k}$

因此，当 $k = M + 1$ 时，式（6 - 31）也是成立的。因此，对于 $k \geqslant 2$ 时定理 6.8 成立。

第二节　考虑决策者心理期望价值演化的动态模糊决策方法

一、问题描述

考虑区间三角模糊软集表示的多属性决策问题，设 $U = (x_1, x_2, \cdots, x_m)$ 表示 m 个备选方案集合，$D = (d_1, d_2, \cdots, d_q)$ 表示 q 个决策者集合，$A = (e_1, e_2, \cdots, e_n)$ 表示 n 个评估指标参数集合；$\omega = (\omega_1, \omega_2, \cdots, \omega_n)$ 表示评估指标参数权重向量，$T = (t_1, t_2, \cdots, t_k)$ 表示时间序列 T 的 k 个时间集合，$\gamma_{t_p} = (\gamma_{t_1}, \gamma_{t_2}, \cdots, \gamma_{t_k})$ 表示时间权向量，且满足 $\gamma_{t_p} \in [0,1]$，$\sum_{p=1}^{k} \gamma_{t_p} = 1; p = 1, 2, \cdots, k$。$\tilde{a}_{F(e_j,t_p)}(x_i)$ 分别表示效益型属性和成本型属性的集合，且 $R_b \cup R_c = A, R_b \cap R_c = 0$。对于评估指标 $e_j (e_j \in A)$，决策者 d_l 给出方案 $x_i (x_i \in U)$ 在时刻 $t_p (t_p \in T)$ 下对应的区间三角模糊数为 $\tilde{a}_{F_{e_j,t_p}^{l}}(x_i) = [(a_{(i,j,p,1)}^{L,l}, a_{(i,j,p,1)}^{U,l}); a_{(i,j,p,2)}^{l};$

$(a_{(i,j,p,3)}^{L,l}, a_{(i,j,p,3)}^{U,l})$]。进而得到软集矩阵$\tilde{F}_{t_p}^{l} = [a_{F(e_j,t_p)}^{l}(x_i)]_{m\times n}, l=1,2,\cdots,q$; $i=1,2,\cdots,m$; $j=1,2,\cdots,n$; $p=1,2,\cdots,k$。

本书要解决的动态决策问题是：依据区间三角模糊决策软矩阵，考虑决策者在不同时间节点的心理期望价值演化、参照依赖等行为问题，如何进行动态决策得到备选方案的排序和择优。本书假定各决策者权重均等，首先根据式（6－30）集成所有决策者d_l，$(d_l\in D)$的偏好信息，得到$\tilde{F}_{t_p} = [a_{F(e_j,t_p)}(x_i)]_{m\times n}, i=1,2,\cdots,m$; $j=1,2,\cdots,n$; $p=1,2,\cdots,k$。

为了避免量纲导致的决策偏差，现对成本型$\bar{v}_{ij}^{(+)p}$和效益型$\bar{v}_{ij}^{(-)p}$这两种数据类型进行预处理：

$$\bar{a}_{F(e_j,t_p)}(x_i) = \begin{cases} \dfrac{\min\limits_j \{\tilde{a}_{F(e_j,t_p)}(x_i)\}}{\tilde{a}_{F(e_j,t_p)}(x_i)}, e_j\in R_c; x_i\in U; t_p\in T \\ \dfrac{\tilde{a}_{F(e_j,t_p)}(x_i)}{\max\limits_j \{\tilde{a}_{F(e_j,t_p)}(x_i)\}}, e_j\in R_b; x_i\in U; t_p\in T \end{cases}$$ 式（6－32）

由上式可知，规范化后的软矩阵为$\bar{F}_{t_p} = [\bar{a}_{F(e_j,t_p)}(x_i)]_{m\times n}$，$i=1,2,\cdots,m$; $j=1,2,\cdots,n$; $p=1,2,\cdots,k$。

二、动态决策时间权重的确定

动态决策过程涉及多时段决策，各时段决策者依据当前已知信息作出该时刻最优决策，显然最新信息建立在已有信息基础之上，因此随着时间序列中决策时间的推移，获得的相关信息增加，那么赋予该决策时刻的时间权重则应更大，这种时间权重也反映了对时序$T=(t_1,t_2,\cdots,t_k)$的差别重视程度。为体现新信息优先原则，采用指数衰减法确定时间权重。

定义 6.21 设时间序列$T=(t_1,t_2,\cdots,t_k)$的时间权向量为$\gamma_{t_p} = (\gamma_{t_1},\gamma_{t_2},\cdots,\gamma_{t_k}), p=1,2,\cdots,k$。

$$\gamma_{t_p} = \frac{e^{\lambda t_p}(1-e^{\lambda})}{e^{\lambda}(1-e^{\lambda K})}, p=1,2,\cdots,k$$ 式（6－33）

其中，λ 为衰减系数，且$\lambda\in(0,1)$。

三、考虑决策者期望价值演化的方案决策

基于“有限理性”的概念，Tversky[241]于1979年提出了前景理论。该理论深刻揭示了决策者在处理多属性决策问题时所表现出的有限理性特征。

相较于期望效用理论，前景理论更真实地反映了决策者在处理决策问题时面对风险的有限理性行为，它通过价值函数与概率转换权重函数的乘积来描述这一过程。该理论更贴近现实，也与人们的思考方式更为相符。将前景理论抽象为数学模型，如下所示：

$$V = \sum_{i=1}^{m} \bar{v}(x_{ij})\ \bar{w}(\omega_i) \qquad \text{式 (6-34)}$$

式（6－34）中的价值函数 $v(x_{ij})$ 表示决策者在收益或亏损面前产生的主观价值感受，用以体现其主观偏好。$v(x_{ij})$ 的具体表现形式如下：

$$\bar{v}(\Delta x) = \begin{cases} (\Delta x)^{a}, & \text{如果 } \Delta x \geqslant 0 \\ -\lambda \cdot (-\Delta x)^{\beta}, & \text{如果 } \Delta x < 0 \end{cases} \qquad \text{式 (6-35)}$$

其中，Δx 指的是 x 相对于某一参考点 x_0 的大小，当 Δx 非负时代表收益，Δx 为负时则意味着损失。

α 和 β 为指数参数，均小于1，表示灵敏度降低，即决策者在面对收益与损失时的敏感度。通常而言，决策者在获得收益时往往倾向于规避风险，而在遭受损失时，则更容易表现出风险偏好的倾向，此情形与实际状况高度契合；λ 表示决策者的风险厌恶程度系数，若 λ 值大于1时，意味着相较于收益，决策者对损失的感知更为敏锐。这些参数的具体数值由Tversky等学者[242]经过大量实验确定：$\lambda = 2.25$，$\alpha = 0.88$，$\beta = 0.88$。

概率转换权重函数 $w(\varepsilon_i)$ 揭示了一个普遍现象，在现实生活中，人们倾向于低估那些发生概率较高的事件但高估那些发生概率较低的事件，这种倾向与实际并不相符。

Tversky 等学者[242]提出了概率转换权重函数公式，如下所示：

$$\overline{w}(\omega_i)=\begin{cases}\overline{w}^{+}(\omega_i)=\dfrac{\omega_i^{\mu}}{[\omega_i^{\mu}+(1-\omega_i)^{\mu}]^{\frac{1}{\mu}}}, & \text{如果 } \Delta x\geqslant 0\\ \overline{w}^{-}(\omega_i)=\dfrac{\omega_i^{\eta}}{[\omega_i^{\eta}+(1-\omega_i)^{\eta}]^{\frac{1}{\eta}}}, & \text{如果 } \Delta x<0\end{cases}$$

式（6-36）

其中，W_i代表决策问题里的决策属性权重，$w^{+}(W_i)$与$w^{-}(W_i)$均为非线性加权函数，表示决策者在面临收益与损失时的概率转换权重函数；μ 与 η 这两个参数分别反映了决策者在面对收益和损失时的不同态度 。Tversky 等[242]的研究表明：$\mu=0.61$ 和 $\eta=0.69$ 。

Tversky 和 Kahneman 于 1992 年共同提出了一种能够处理具有不确定性环境中的决策问题的理论——累积前景理论。该理论主要涵盖了三个核心部分，分别是损益参照点、价值函数和权重函数。累积前景理论的损益参照点是界定风险事件结果究竟产生损失还是带来收益的依据，如果收入 > 损失参照点，那么为收益，否则为损失。

累积前景理论的价值函数如下所示：

$$v(y)=\begin{cases}y^{\alpha} & y\geqslant 0\\ -\lambda(-y)^{\beta} & y<0\end{cases}$$

式（6-37）

其中，λ 表示个人的损失厌恶程度，α 和 β 则表示个人主观价值边际递减的特征，Tversky 和 Kahneman 通过研究给出了这些参数的具体数值：$\lambda=2.25$，$\alpha=0.88$，$\beta=0.88$。

与期望效用理论中的效用函数相比，此价值函数存在如下差异：（1）在累积前景理论中，价值函数是基于损益参考点来确定损益情况，而不是基于最终的收入；（2）在期望效用理论中，效用函数呈现为凹函数形态，而在累积前景理论中，价值函数对收益部分表现为凹函数，而对损失部分则为凸函数。这反映了个人在面临损失和收益时，其主观价值呈现边际递减的趋势，并且就个人而言，面对相同数额的收益与损失时，损失导致的难过程度会超过同等规模收益所引起的愉悦程度。

相较于期望效用理论采用的客观概率，累积前景理论则利用被加权函数扭曲的客观概率来体现个人在决策过程中的主观概率，也就是低估高概率事件且高估低概率事件的发生概率的趋势，其计算公式如下所示：

$$w^{+}(p)=\frac{p^{\gamma_1}}{[p^{\gamma_1}+(1-p)^{\gamma_1}]^{1/\gamma_1}} \qquad 式（6-38）$$

$$w^{-}(p)=\frac{p^{\gamma_2}}{[p^{\gamma_2}+(1-p)^{\gamma_2}]^{1/\gamma_2}} \qquad 式（6-39）$$

其中，w^{+}和w^{-}分别为收益和损失时的权重函数，式中 p 表示客观概率，γ_1和γ_2是概率扭曲参数，反映对于客观概率的扭曲程度。Tversky 和 Kahneman 的研究成果表明，$\gamma_1=0.61$，$\gamma_2=0.69$ 。客观概率与概率扭曲后的主观概率如图 6-2 所示。

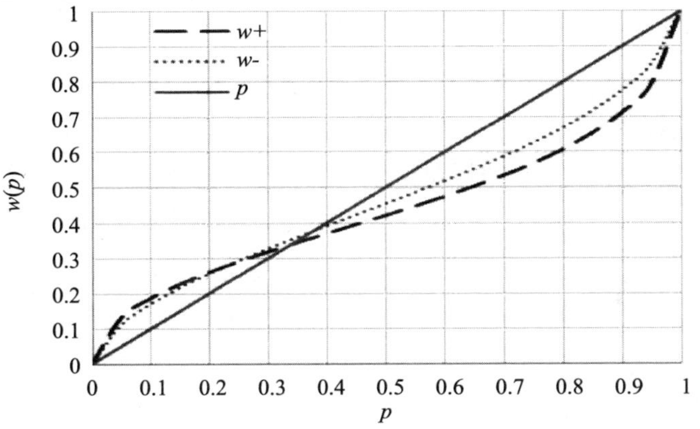

图 6-2　客观概率和主观概率

设损益为y_t，发生该事件的客观概率为p_t。现对各损益结果排序后，得到$y_1<y_2<\cdots<0\leqslant y_{k+1}<\cdots<y_T$。各结果的权重为：

$\pi_1^{-}=w^{-}(p_1)$，

$\pi_t^{-}=w^{-}(p_1+\cdots+p_t)-w^{-}(p_1+\cdots+p_{t-1})$，$2\leqslant t\leqslant k$

$\pi_t^{+}=w^{+}(p_t+\cdots+p_T)-w^{+}(p_{t+1}+\cdots+p_T)$，$k+1\leqslant t\leqslant T-1$

$\pi_T^{+}=w^{+}(p_T)$

值得注意的是，$\sum_{t=1}^{T}\pi_t$ 可能不为 1。

根据价值函数及权重函数，可推导得出累积前景理论下的主观价值 V：

$$V=\sum_{t=1}^{T}\pi_t v(y_t) \qquad 式（6-40）$$

在 2007 年，曾建敏曾对中山大学的研究生开展行为金融学实验，得出结果：累积前景理论在我国同样具有较强的适用性，然而该理论包含的参数需进行适当的调整。该研究成果为本书运用累积前景理论展开分析提供了一定的理论支撑。

（一）考虑决策者期望价值演化的参照点设置

决策者在不同时间节点基于现有信息做出动态决策，此过程中决策处于持续更新与调整的状态。并且，在不同的决策阶段，决策者对于高于或者低于期望值的情况（也就是所谓的“收益”与“损失”两种情况）的态度有所差异。本书针对不确定和不完全信息条件下的决策者的这种心理行为，提出了不同决策时间节点下决策者对不同方案的动态心理期望价值，以此为参考点，建立决策者的利益和损失的反应函数，从而获得最优的决策结果。

软集从参数的维度分析被评估对象进而表示决策信息，在此期间，决策者将对不同时间以及不同评估对象进行多维度比较分析，基于此，本书引入了阈值—参照点集合：每个阶段的参照点均是基于前一阶段所获得的信息构建的。决策者期望值并非只考虑当下评估阶段所有方案的评估值，还会结合方案从初始评估阶段至今的发展情况，从而得到对该方案目前所处阶段的期望阈值，设

$$Q(e,t)=(\bar{q}_{Q(e_j,t_1)}(x_i),\bar{q}_{Q(e_j,t_2)}(x_i),\cdots,\bar{q}_{Q(e_j,t_p)}(x_i)) \quad 式（6-41）$$

式（6-41）表示决策者在不同阶段对于评估指标e_j的动态心理期望阈值—参照点集合，式中$\bar{q}_{Q(e_j,t_p)}(x_i)$为在时间点$t_p$下对于评估指标$e_j$方案$x_i$的阈值—参照点，参照点的计算公式如下所示：

$$\bar{q}_{Q(e_j,t)}(x)=\begin{cases}\varphi\max\{\max\limits_{p}\bar{a}_{F(e_j,t_p)}(x_i),(\max\limits_{i}\bar{a}_{F(e_j,t_p)}(x_i))\}+(1-\phi)\min \\ \quad\{\min\limits_{p}\bar{a}_{F(e_j,t_p)}(x_i),(\max\limits_{i}\bar{a}_{F(e_j,t_p)}(x_i))\} \\ \quad e_j\in R_b;x_i\in U;t_p\in T \\ \varphi\min\{\min\limits_{p}\bar{a}_{F(e_j,t_p)}(x_i),(\min\limits_{i}\bar{a}_{F(e_j,t_p)}(x_i))\}+(1-\phi)\max \\ \quad\{\max\limits_{p}\bar{a}_{F(e_j,t_p)}(x_i),(\max\limits_{i}\bar{a}_{F(e_j,t_p)}(x_i)(x_i))\} \\ \quad e_j\in R_c;x_i\in U;t_p\in T\end{cases}$$

式（6-42）

其中，ϕ 表示正负理想点调节系数，若 ϕ 的取值为 1，则以该方案自评估期开始至今及各方案中的最优值作为参照点；相反，若 ϕ 的取值为 0，则以该方案自评估期开始至今及各方案中的最差值作为参照点，从而得到与参数集 A 相关的阈值—参照点集合 $\overline{Q}_E(x)=\{\overline{q}_{Q(e_j,t)}(x)\mid e_j\in A\}$。

（二）决策方案的确定

时间序列区间三角模糊软集通过将区间三角模糊软集按照时间顺序排列而构成的一个整体，在特定的时间节点 t_p 下，有 $(F,E\times\{t_p\})=(F_p,E)$。

文献[242]指出，每个模糊软集都能够被转换为对应的模糊软矩阵形式，因此我们能够将处理区间三角模糊软集上的决策问题转变为解决区间三角模糊软矩阵的集结问题，进而确定最佳的动态决策方案。

在时间点 t_p 下，决策者根据当前情境和事态发展趋势形成心理期望值 $\overline{q}_{Q(e_j,t_p)}(x_i)$，设评估指标 e_j 对于 $\overline{q}_{Q(e_j,t_p)}(x_i)$ 的“损益值”为 $\overline{v}_{ij}^p$，根据定义 6. 18、定义 6. 19、定义 6. 20 和定理 6. 8 可得，在时间点 t_p 下评估指标 e_j 对于 $\overline{q}_{Q(e_j,t_p)}(x_i)$ 的损益值为：

$$\overline{v}_{ij}^p=d(\overline{a}_{Q(e_j,t_p)}(x_i),\overline{q}_{Q(e_j,t_p)}(x_i))$$

$$i=1,2,\cdots,m;\ j=1,2,\cdots,n;p=1,2,\cdots,k \qquad \text{式（6-43）}$$

通过 $\overline{v}_{ij}^p$ 可以衡量决策者对于期望值的心理益损效用。当 $\overline{a}_{Q(e_j,t_p)}(x_i)\geqslant\overline{q}_{Q(e_j,t_p)}(x_i)$ 时，表示时刻 t_p 下，方案 x_i 在指标 e_j 相对于参照点 $\overline{q}_{Q(e_j,t_p)}(x_i)$ 为正“收益”；当 $\overline{a}_{Q(e_j,t_p)}(x_i)<\overline{q}_{Q(e_j,t_p)}(x_i)$ 时，表示时刻 t_p 下，方案 x_i 在指标 e_j 相对于参照点 $\overline{q}_{Q(e_j,t_p)}(x_i)$ 为负“损失”。通过 $\overline{v}_{ij}^p$ 值即得到模糊效用价值矩阵 $V^p=[\overline{v}_{ij}^p]_{m\times n}$，依累积前景理论[242]，得到价值函数 $\overline{v}_{ij}^{(+)p}$、$\overline{v}_{ij}^{(-)p}$ 的表达式：

$$\overline{v}_{ij}^{(+)p}=(\overline{v}_{ij}^p)^\alpha,\overline{a}_{Q(e_j,t_p)}(x_i)\geqslant\overline{q}_{Q(e_j,t_p)}(x_i)$$

$$i=1,2,\cdots,m;\ j=1,2,\cdots,n;p=1,2,\cdots,k \qquad \text{式（6-44）}$$

$$\overline{v}_{ij}^{(-)p}=-\theta\,(\overline{v}_{ij}^p)^\beta,\overline{a}_{Q(e_j,t_p)}(x_i)<\overline{q}_{Q(e_j,t_p)}(x_i)$$

$$i=1,2,\cdots,m;\ j=1,2,\cdots,n;p=1,2,\cdots,k \qquad \text{式（6-45）}$$

其中，$\overline{v}_{ij}^{(+)p}$、$\overline{v}_{ij}^{(-)p}$ 分别表示在 t_P 下，在指标 e_j 下方案 x_i 相对于心理期望值 $\overline{q}_{Q(e_j,t_p)}(x_i)$ 为正“收益”和负“损失”时的模糊效用价值。参数 α、β 为决策者在面临收益与损失时的心理感知敏感程度，$\alpha,\beta\in[0,1]$，α、β 的取值与决策者的风险偏好程度呈正相关关系，与其对损失的敏感程度呈负相关关系。$\theta>0$，为决策者对损失本身的规避程度，θ 的取值越大，说明决策者越倾向于损失厌恶。

由式（6－44）和式（6－45）可得，心理效用值$\bar{v}_{ij}^{(-)p}\leqslant 0$、$\bar{v}_{ij}^{(+)p}\geqslant 0$，以 0 为分界，对$\bar{v}_{ij}^{p}$进行价值排序：$\bar{v}_{ij1}^{p}\leqslant\cdots\leqslant\bar{v}_{ij\phi}^{p}\leqslant 0\leqslant\bar{v}_{ij\phi+1}^{p}\leqslant\cdots\leqslant\bar{v}_{ijk}^{p}$。设$\bar{v}_{ijh}^{p}$为第 h 位的心理效用值，若 $h\in\{1,2,\cdots,\phi\}$，则$\bar{v}_{ijh}^{(-)p}\leqslant 0$；若 $h\in\{\phi+1,\phi+2,\cdots,k\}$，则$\bar{v}_{ijh}^{(+)p}\geqslant 0$。设$\bar{v}_{ijh}^{p}$为评估时刻$t_p$的心理效用值，$t_p$所对应的时间概率是$\gamma_{t_p}$，利用权重函数，将时间概率变换成对应的权重值，然后评价决策样本集合概率的有效性。依据累积前景理论[242]，相应的权重系数$\pi_{ijh}^{(-)}$和$\pi_{ijh}^{(+)}$的计算式如下：

$$\pi_{ijh}^{(-)}=\omega^{-}\left(\sum_{p=1}^{h}\gamma_{t_p}\right)-\omega^{-}\left(\sum_{p=1}^{h-1}\gamma_{t_p}\right)$$

$$h=1,2,\cdots,\phi;p=1,2,\cdots,k \qquad \text{式（6－46）}$$

$$\pi_{ijh}^{(+)}=\omega^{+}\left(\sum_{p=h}^{k}\gamma_{t_p}\right)-\omega^{+}\left(\sum_{p=h+1}^{k}\gamma_{t_p}\right)$$

$$h=\phi+1,\phi+2,\cdots,k;p=1,2,\cdots,k \qquad \text{式（6－47）}$$

其中，

$$\omega^{-}\left(\sum_{p=1}^{h}\gamma_{t_p}\right)=\exp\left(-\lambda^{-}\left(-\ln\left(\sum_{p=1}^{h}\gamma_{t_p}\right)\right)^{\delta}\right) \qquad \text{式（6－48）}$$

$$\omega^{+}\left(\sum_{p=h}^{k}\gamma_{t_p}\right)=\exp\left(-\lambda^{+}\left(-\ln\left(\sum_{p=h}^{k}\gamma_{t_p}\right)\right)^{\delta}\right) \qquad \text{式（6－49）}$$

根据文献[241][248]，将式（6－44）至式（6－49）中参数的取值设为$\alpha=\beta=0.88$，$\theta=2.25$，$\lambda^{-}=\lambda^{+}=0.8$，$\delta=1.0$。因此在时刻$t_p$方案$x_i$的心理效用前景值$V_i$的计算公式为：

$$V_{ij}(f^{-})=\sum_{h=1}^{\phi}\pi_{ijh}^{(-)}\bar{v}_{ijh}^{(-)P} \qquad \text{式（6－50）}$$

$$i=1,2,\cdots m;\ j=1,2,\cdots,n;p=1,2,\cdots,k;h=1,2,\cdots,\phi$$

$$V_{ij}(f^{+})=\sum_{h=\phi+1}^{k}\pi_{ijh}^{(+)}\bar{v}_{ijh}^{(+)P} \qquad \text{式（6－51）}$$

$$i=1,2,\cdots m;\ j=1,2,\cdots,n;p=1,2,\cdots,k;h=\phi+1,\phi+2,\cdots,k$$

其中，$V_{ij}(f^{+})$和$V_{ij}(f^{-})$为相对于心理期望值$\bar{q}_{Q(e_j,t_p)}(x_i)$，在参数$e_j$方案$x_i$下决策者的心理感知为正“收益”和负“损失”的心理效用前景值。综合正、负心理效用前景值获得累积前景值$V_{ij}(f)$：

$$V_{ij}(f)=V_{ij}(f^{+})+V_{ij}(f^{-}),i=1,2,\cdots,m;\ j=1,2,\cdots,n$$

式（6-52）

以此为基础，依据各评估指标权重结合各方案的最终综合累积前景值$\overline{V}_i$：

$$\overline{V}_i=\sum_{j=1}^{n}w_j V_{ij}(f),i=1,2,\cdots,m;\ j=1,2,\cdots,n \quad 式（6-53）$$

其中，为确定评估指标权重 $\omega=(\omega_1,\omega_2,\cdots,\omega_n)$，需要对各评估数据的效用前景值进行预处理，规范化后的效用前景值为：

$$u_{ij}=\frac{V_{ij}-\min_{i,j}\{V_{ij}\}}{\max_{i,j}\{V_{ij}\}-\min_{i,j}\{V_{ij}\}},i=1,2,\cdots,m,j=1,2,\cdots,n \quad 式（6-54）$$

通过基于价值函数的熵权法，计算各评估指标权重：

$$w_j=\frac{1-\left(-\frac{1}{\ln m}\sum_{i=1}^{m}l_{ij}\ln l_{ij}\right)}{n-\left(-\frac{1}{\ln m}\sum_{j=1}^{n}\sum_{i=1}^{m}l_{ij}\ln l_{ij}\right)} \quad 式（6-55）$$

其中，$l_{ij}=\frac{u_{ij}}{\sum_{i=1}^{m}u_{ij}}$，且$\lim_{l_{ij}\to 0}l_{ij}\ln l_{ij}=0$。

最后，通过综合累积前景值向量$\overline{V}_i=(\overline{V}_1,\overline{V}_2,\cdots,\overline{V}_m)$对备选决策方案进行优选。

考虑决策者心理行为的动态决策具体步骤如下：

步骤1：根据式（6-33）计算时间权重向量 $\gamma_{t_p}=(\gamma_{t_1},\gamma_{t_2},\cdots,\gamma_{t_k}),p=1,2,\cdots,k$；

步骤2：根据式（6-41）计算决策者心理期望的阈值—参考点集合$Q(e,t)$；

步骤3：根据式（6-43）~式(6-45）对各评估值在相应时间下相对于决策者心理预期而产生的心理效用“益损值”$\overline{v}_{ij}^{p}$和模糊效用价值矩阵$V_i=[\overline{v}_{ij}^{p}]_{m\times n}$展开计算，其中 $i=1,2,\cdots,m$；$j=1,2,\cdots,n$；$p=1,2,\cdots,k$；

步骤4：根据式（6-44）~式(6-47)，计算相应价值函数$\overline{v}_{ij}^{(+)p}$和$\overline{v}_{ij}^{(-)p}$决策权重函数$\pi_{ijh}^{(+)}$和$\pi_{ijh}^{(-)}$，$i=1,2,\cdots,m$；$j=1,2,\cdots,n$；

步骤5：根据式（6-50）~式(6-52)，计算由正、负心理效用前景值构成各方案的累积前景值$V_{ij}(f)$，$i=1,2,\cdots,m$；$j=1,2,\cdots,n$；

步骤6：根据式（6－54）计算对应评估指标权重 $\omega=(\omega_1,\omega_2,\cdots,\omega_n)$；

步骤7：根据式（6－53）计算各方案的综合累积前景值$\overline{V}_i$，通过$\overline{V}_i$值对决策方案进行排列，令$X_i=\max\{x_i|\overline{V}_i,i=1,2,\cdots,m\}$。

考虑决策者心理期望的动态决策流程如图6－3所示。

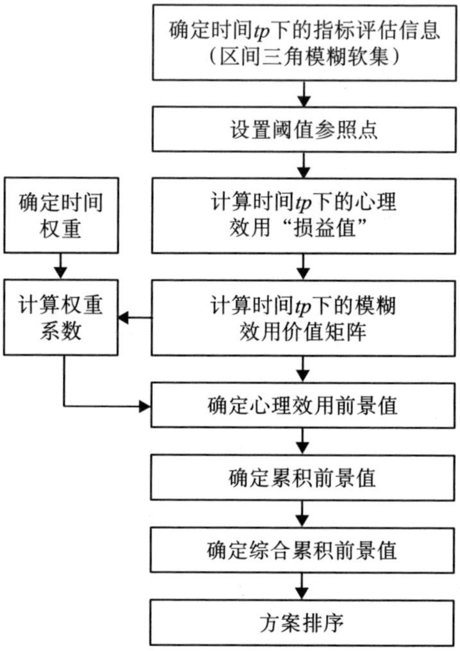

图6－3　考虑决策者心理期望的动态决策流程

第三节　算例分析

一、案例背景

在我国，风险投资为创新性高新技术产业的发展起到了关键作用。高新技术企业的技术创新与高新技术产业的稳健发展，会因风险投资业的良好运作而受益。风险投资项目的选择实质上就是把社会资本导向最佳收益的企业。在进行决策时，风险投资机构不应仅依赖直觉和经验，应构建一套科学、高效的投资决策机制。其中，在选择具体投资项目的过程中，关键步骤是根据评价指标对项目进行评价，以决定是否进行投资。

A 投资公司打算投资一家具有发展潜力的公司，进行行业市场背景调查后，筛选出三家综合实力相近的候选公司 $U=(x_1,x_2,x_3)$ 提交内部立项讨论，讨论的重点放在企业的规模、信誉、社会效益以及创新实力等方面。要求该公司具备一定规模，拥有良好的商业信誉且近些年有较好的社会效益，另外，由于外界市场竞争激烈，还要求该公司有一定科技创新能力。由公司的 10 名相关决策者对这四家公司四个年度(t_1,t_2,t_3,t_4)的公司规模(e_1;单位:千人)、公司信誉(e_2)、社会效益(e_3;单位:亿元)、科技创新能力(e_4)四个方面的具体情况进行综合考察。其中e_1采用清晰数来体现，e_2、e_3和e_4本书采用区间三角模糊数的形式。

二、决策信息

现对 10 名相关决策者给出的决策信息进行集成，得到各方案的决策信息，具体数据如表 6－3 至表 6－5 所示。

表 6-3　　$t_1 \sim t_4$ 年投资公司 X_1 的各参数值

t	e_1	e_2	e_3	e_4
t_1	0.01	[(0.71, 0.83); 0.86; (0.89, 0.94)]	[(0.25, 0.36); 0.39; (0.45, 0.56)]	[(0.43, 0.55); 0.61; (0.67, 0.78)]
t_2	0.48	[(0.67, 0.76); 0.81; (0.84, 0.88)]	[(0.54, 0.63); 0.67; (0.69, 0.78)]	[(0.43, 0.54); 0.58; (0.64, 0.75)]
t_3	0.26	[(0.81, 0.92); 0.93; (0.95, 1.0)]	[(0.42, 0.53); 0.59; (0.64, 0.73)]	[(0.32, 0.43); 0.51; (0.56, 0.64)]
t_4	0.21	[(0.51, 0.60); 0.65; (0.68, 0.73)]	[(0.34, 0.43); 0.47; (0.51, 0.64)]	[(0.51, 0.63); 0.67; (0.72, 0.82)]

表 6-4　　$t_1 \sim t_4$ 年投资公司 X_2 的各参数值

t	e_1	e_2	e_3	e_4
t_1	0.39	[(0.42, 0.51); 0.60; (0.65, 0.71)]	[(0.61, 0.71); 0.79; (0.85, 0.94)]	[(0.70, 0.81); 0.87; (0.90, 0.98)]
t_2	0.61	[(0.62, 0.71); 0.81; (0.85, 0.91)]	[(0.56, 0.68); 0.74; (0.78, 0.86)]	[(0.74, 0.85); 0.90; (0.92, 1.0)]
t_3	0.65	[(0.51, 0.60); 0.67; (0.69, 0.74)]	[(0.53, 0.60); 0.65; (0.70, 0.81)]	[(0.53, 0.67); 0.75; (0.79, 0.87)]
t_4	0.52	[(0.56, 0.65); 0.72; (0.75, 0.80)]	[(0.72, 0.81); 0.86; (0.89, 0.96)]	[(0.62, 0.72); 0.78; (0.81, 0.92)]

表 6-5　　$t_1 \sim t_4$ 年投资公司 X_3 的各参数值

t	e_1	e_2	e_3	e_4
t_1	0.78	[(0.52, 0.65); 0.68; (0.72, 0.84)]	[(0.43, 0.54); 0.63; (0.65, 0.73)]	[(0.69, 0.81); 0.89; (0.92, 0.99)]
t_2	0.91	[(0.62, 0.73); 0.76; (0.80, 0.91)]	[(0.52, 0.62); 0.67; (0.71, 0.79)]	[(0.72, 0.84); 0.92; (0.94, 1.0)]
t_3	0.69	[(0.43, 0.55); 0.58; (0.62, 0.75)]	[(0.62, 0.73); 0.77; (0.79, 0.86)]	[(0.53, 0.63); 0.74; (0.78, 0.88)]
t_4	0.99	[(0.55, 0.69); 0.72; (0.76, 0.86)]	[(0.52, 0.65); 0.71; (0.76, 0.85)]	[(0.61, 0.72); 0.79; (0.83, 0.91)]

三、决策过程

下面利用所提决策方法对投资最具发展前景的公司进行决策。

首先，根据式（6－33）计算时间权重向量 γ_{t_p}，得到 $\gamma_{t_p}=(0.15,0.20,0.28,0.37)$，其中，决策者针对行业环境依据自身经验对 λ 取值 0.3。

其次，根据式（6－42）计算不同时期决策者对各方案的心理期望阈值—参照点，结果如表 6－6 至表 6－8 所示，其中，考虑投资决策对公司发展的正向期望，φ 取值为 1。

表 6－6　对投资公司 X_1 的心理期望参照集合

t	e_1	e_2	e_3	e_4
t_1	0.78	[(0.71, 0.83); 0.86; (0.89, 0.94)]	[(0.61, 0.71); 0.79; (0.85, 0.94)]	[(0.70, 0.81); 0.87; (0.90, 0.98)]
t_2	0.91	[(0.67, 0.76); 0.81; (0.84, 0.88)]	[(0.56, 0.68); 0.74; (0.78, 0.86)]	[(0.74, 0.85); 0.90; (0.92, 1.0)]
t_3	0.69	[(0.81, 0.92); 0.93; (0.95, 1.0)]	[(0.62, 0.73); 0.77; (0.79, 0.86)]	[(0.72, 0.84); 0.92; (0.94, 1.0)]
t_4	0.99	[(0.62, 0.73); 0.76; (0.80, 0.91)]	[(0.72, 0.81); 0.86; (0.89, 0.96)]	[(0.72, 0.84); 0.92; (0.94, 1.0)]

表 6－7　对投资公司 X_2 的心理期望参照集合

t	e_1	e_2	e_3	e_4
t_1	0.78	[(0.71, 0.83); 0.86; (0.89, 0.94)]	[(0.61, 0.71); 0.79; (0.85, 0.94)]	[(0.70, 0.81); 0.87; (0.90, 0.98)]
t_2	0.91	[(0.71, 0.83); 0.86; (0.89, 0.94)]	[(0.56, 0.68); 0.74; (0.78, 0.86)]	[(0.74, 0.85); 0.90; (0.92, 1.0)]
t_3	0.69	[(0.81, 0.92); 0.93; (0.95, 1.0)]	[(0.62, 0.73); 0.77; (0.79, 0.86)]	[(0.53, 0.67); 0.75; (0.79, 0.87)]
t_4	0.99	[(0.81, 0.92); 0.93; (0.95, 1.0)]	[(0.72, 0.81); 0.86; (0.89, 0.96)]	[(0.62, 0.72); 0.78; (0.81, 0.92)]

表 6-8　　对投资公司X_3的心理期望参照集合

t	e_1	e_2	e_3	e_4
t_1	0.78	[(0.71, 0.83); 0.86; (0.89, 0.94)]	[(0.61, 0.71); 0.79; (0.85, 0.94)]	[(0.70, 0.81); 0.87; (0.90, 0.98)]
t_2	0.91	[(0.67, 0.76); 0.81; (0.84, 0.88)]	[(0.61, 0.71); 0.79; (0.85, 0.94)]	[(0.74, 0.85); 0.90; (0.92, 1.0)]
t_3	0.91	[(0.81, 0.92); 0.93; (0.95, 1.0)]	[(0.62, 0.73); 0.77; (0.79, 0.86)]	[(0.74, 0.85); 0.90; (0.92, 1.0)]
t_4	0.99	[(0.62, 0.71); 0.81; (0.85, 0.91)]	[(0.72, 0.81); 0.86; (0.89, 0.96)]	[(0.74, 0.85); 0.90; (0.92, 1.0)]

再次，假定决策者倾向于风险规避，令$\zeta=0.6$，根据式（6-42）、式（6-43），构建益效用价值矩阵$V_i=[\bar{v}_{ij}^{p}]_{m\times n}$，它反映了不同时间节点下各评估值相对于决策者心里期望的效用，该矩阵如下所示：

$$V_1=\begin{bmatrix} -0.25 & -0.04 & -0.04 & 0 \\ -0.41 & 0 & 0 & 0 \\ -0.08 & -0.15 & 0 & -0.04 \\ -0.25 & 0 & -0.03 & -0.02 \end{bmatrix},$$

$$V_2=\begin{bmatrix} -0.06 & 0 & -0.18 & -0.08 \\ -0.04 & 0 & 0 & -0.11 \\ 0 & 0 & -0.04 & -0.07 \\ -0.09 & -0.11 & -0.17 & -0.01 \end{bmatrix},$$

$$V_3=\begin{bmatrix} 0 & -0.09 & 0 & 0 \\ 0 & 0 & 0 & 0 \\ -0.02 & -0.10 & -0.01 & -0.03 \\ 0 & 0 & 0 & -0.02 \end{bmatrix}.$$

进一步，依据式（6-46）、式（6-47）计算决策权重函数$\pi_{ijh}^{(+)}$和$\pi_{ijh}^{(-)}$，结果如表 6-9 所示。

然后，利用“损益”效用价值$\bar{v}_{ij}^{(+)p}$和$\bar{v}_{ij}^{(-)p}$，权重函数$\pi_{ijh}^{(+)}$和$\pi_{ijh}^{(-)}$，可由式（6-50）至式（6-52）计算各评估指标下方案的累积前景值V_{ij}，结果如表 6-10 所示。

表 6-9 决策权重函数值$\pi_{ijh}^{(+)}$和$\pi_{ijh}^{(-)}$

t	X_1				X_2				X_3			
	e_1	e_2	e_3	e_4	e_1	e_2	e_3	e_4	e_1	e_2	e_3	e_4
t_1	0.367	0.055	0.273	0.299	0.116	0.682	0.578	0.571	0.578	0.059	0.059	0.571
t_2	0.682	0.062	0.461	0.578	0.367	0.267	0.267	0.116	0.394	0.340	0.340	0.116
t_3	0.507	0.340	0.394	0.394	0.578	0.461	0.571	0.578	0.571	0.116	0.116	0.578
t_4	0.116	0.116	0.267	0.507	0.394	0.394	0.116	0.267	0.507	0.394	0.394	0.267

表 6-10 各评估指标下方案的累积前景值V_{ij}

	e_1	e_2	e_3	e_4
X_1	-0.104	-0.055	-0.104	-0.046
X_2	-0.154	-0.029	-0.061	-0.103
X_3	-0.005	-0.002	-0.043	-0.008

最后，由式（6-53）计算各决策方案的综合累积前景值$\overline{V}_i$：

$\overline{V}_1 = 0.30\times(-0.104)+0.36\times(-0.055)+0.06\times(-0.104)+0.28\times(-0.046) = -0.070$

$\overline{V}_2 = 0.30\times(-0.154)+0.36\times(-0.029)+0.06\times(-0.061)+0.28\times(-0.103) = -0.089$

$\overline{V}_3 = 0.30\times(-0.005)+0.36\times(-0.002)+0.06\times(-0.043)+0.28\times(-0.008) = -0.007$

由此所有方案的排序结果为$\overline{V}_3 > \overline{V}_1 > \overline{V}_2$，针对本书投资公司的投资决策问题，最终选择$X_3$公司进行投资。

为了验证本书模型的有效性和可行性，将本书模型与文献[245]、文献[246]、文献[247]的模型进行对比。其中，文献[245]、文献[246]不考虑决策者的心理行为因素，此类决策问题便转化为传统的决策问题，时间权重的确定仍采用指数衰减模型，λ 取值为 0.3，文献[247]仅考虑其中的前景偏好。将上述模型的决策结果与本书的决策结果进行对比，结果如表 6-11 所示。

表 6-11 各模型决策结果对比

方法	排序结果	最优方案
文献[13]	$X_1 > X_3 > X_2$	X_1
文献[14]	$X_3 > X_2 > X_1$	X_3
文献[15]	$X_3 > X_1 > X_2$	X_3
本书模型	$X_3 > X_1 > X_2$	X_3

由表6-11可知，本书模型与文献[247]的模型对于最优方案的决策结果一致，验证了本书模型的有效性，而文献[245]、文献[246]与本书所得决策结果不同，其原因为是否考虑了决策者的心理行为因素。两类决策方法所得结果存在差异，说明了是否考虑决策者的心理行为会影响方案的选择结果，累积前景理论考虑了决策者的有限理性，使所得结果更加全面客观。与文献[247]相比，本书方法的优势在于：（1）采用了多参数化的时间序列区间三角模糊软集来表示不同时段的模糊决策信息，令决策者的动态决策更灵活、全面；（2）考虑了决策者的心理期望价值演化特征，阈值—参照点的选择利用了软集的参数化决策思路，更加贴合决策者的心理行为。

第四节 本章小结

本章提出了一种基于区间三角模糊软集的决策者心理期望价值演化下的动态决策方法。该方法结合模糊软集处理决策信息的无限参数化优势，运用累积前景理论，分别从决策者心理效用价值和决策情景发生的时间概率出发，综合考虑决策者的心理行为因素，依据事件发生在不同时间的效用不确定程度，及决策者心理期望价值的动态演化，实现对决策方案的动态调整。研究结果表明：（1）利用时间序列区间三角模糊软集表示决策信息，更加方便决策者进行全面、灵活的动态决策；（2）通过设定不同决策情景下的动态心理期望的阈值—参照点，针对不同方案，计算其相对于阈值—参照点产生的对应益损价值。另外，在综合考虑不同决策情景下，各决策方案出现的时间概率的基础上，将二者结合，进而得出前景价值。这样能更为精准地展现方案产生的收益、损失状况，而且充分考虑了决策者存在的有限理性思维模式，降低了因不确定信息给决策过程带来的干扰。

第七章 基于概率语言赋权交叉熵信度分配的社区群决策模型

群决策问题是一类复杂且不确定的问题，决策者很难对其进行准确的决策，只能用模糊语言来表达。本章以多部门协作突发事件为研究背景，以具有不确定与偏好为特征的多属性决策为研究对象，提出一种以概率语言赋权的交叉熵可信赋值为基础的应急决策方法。本章拟以能够全面表征不确定决策信息的概率语言术语集为特征参数，以此为依据，从认知视角出发，针对不同行业领域等因素导致的证据不确定因素，提出一种新的不确定评价方法，即改进证据折扣系数表达式，建立基于概率语言赋权交叉熵的 Mass 函数，通过对多行业、多目标所构成的多个数据源，合成由递归算法融合多行业多指标所构成的证据信息，获取各备选方案的综合评价。最后通过算例分析说明了提出算法的有效性和实用性。本章框架如图 7－1 所示。

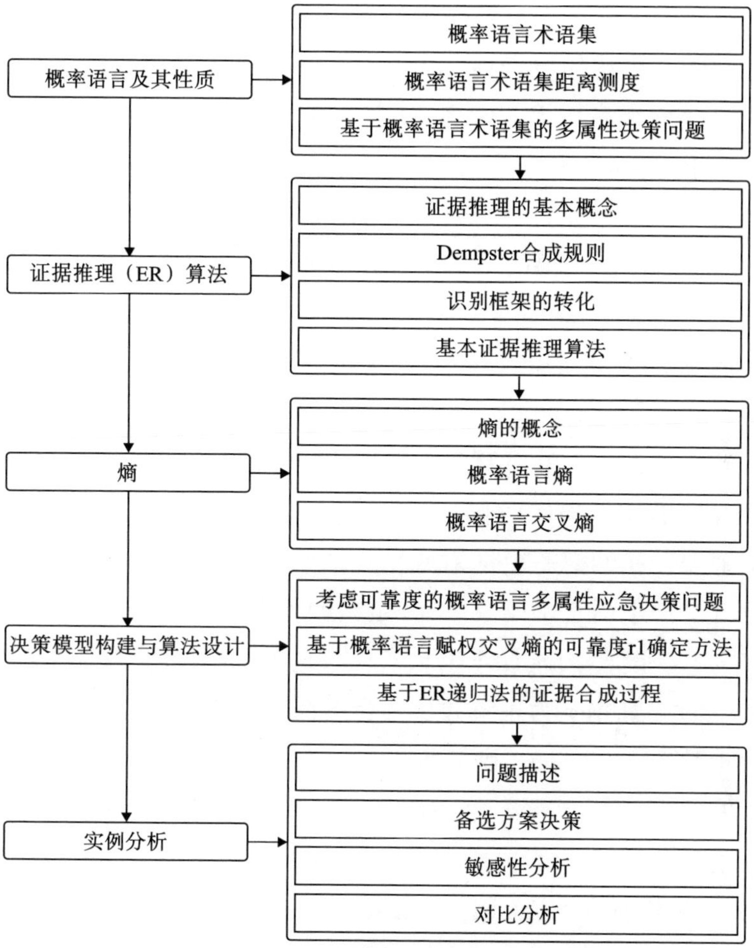

图7－1　第七章内容框架

第一节　概率语言及其性质

因为概率语言术语集可以使决策者更好地描述其所具有的模糊与不确定特性，所以概率语言术语集的相关特质以及其用于多属性群体决策的研究已成为国内外研究热点。

针对犹豫模糊语言无法表征每种类型语言术语出现的可能性，以及考虑各种评价语言存在的差异性，PANG 等人提出在犹豫模糊语言中添加各个语言的可能性表达，并进一步构建了基于不确定性的概率语言术语集（probability linguistic term set，PLTS）概念[250]。PLTS 包括用概率表示多种评价语言和对每个评价结果的偏好程度，全面地反映出评价对象自身的模糊性、决策者对评价结果的不确定及其对评价结果的不同偏好。

一、概率语言术语集

在日常环境下，人们更倾向于使用语言来表达他们的评估结果。比如，某些决策者在描述价格的时候，就会用“高”“一般”或者“低”形容。在语言决策中，我们把一个词语或一句话叫作一个语言变量，许多变量形成的集合就是一个语言术语集[251]，定义如下：

定义 7.1 设 $S=\{S_\alpha|\alpha=0,1,2,\cdots,2\tau\}$ 为奇数个语言变量构成的语言术语集（LTS），其中 τ 为正整数，集合 S 满足以下性质：

（1）有序性：若 $i\geqslant j$，则 $s_i\geqslant s_j$；

（2）存在负算子：$neg(s_i)=s_{2\tau-i}$；

（3）存在最大值：若 $s_i\geqslant s_j$，则 $\max(s_i,s_j)=s_i$；

（4）存在最小值：若 $s_i\leqslant s_j$，则 $\min(s_i,s_j)=s_i$。

集合的基数 S 称为语言术语集 S 的粒度，那么可知 LTS S 的粒度为 $2\tau+1$。

在一个集合 S 中，每个语言变量 S_α 都被称作一种语言术语，在模糊语言决策中，最常见的是七粒度的语言术语集合，可表达为：

$$S=\begin{pmatrix} s_0: extremely\ poor, s_1: very\ poor, \\ s_{-1}=poor, s_0=very\ good \\ s_1=good, s_2=very\ good \\ s_3=perfect \end{pmatrix} \quad 式（7-1）$$

在特定情况下，单一的语言术语无法准确地表达决策者的评估结果，从而会导致决策者对多个术语的选择犹豫不决。为了表述这一情况，学者[252]以 LTS 理论为基础，将语言术语与概率知识结合，提出了一种新的概率语言术语集合。该方法可以实现决策者能具体表达对带有不确定性和不确定性的定性信息，具体概念如下：

定义 7.2　设 $S=\{S_\alpha \mid \alpha=0,1,2,\cdots,2\tau\}$ 为 LTS，则概率语言术语集 L(p) 定义为：

$$L(p)=\{L^{(k)}(p^{(k)}) \mid L^{(k)} \in S, p^{(k)} \geqslant 0, k=1,2,\cdots,K, \sum_{k=1}^{K} p^{(k)} \leqslant 1\}$$

式（7-2）

其中，$L^{(k)}(p^{(k)})$ 为第 k 个语言术语 $L^{(k)} \in S$ 及其相应的概率 $p^{(k)}$，$K(K \leqslant 2\tau+1)$ 表示 $L(p)$ 中元素的个数。

例如，设语言术语集为 $S=\begin{pmatrix} s_0: extremely\ poor, s_1: very\ poor, \\ s_{-1}=poor, s_0=very\ good \\ s_1=good, s_2=very\ good \\ s_3=perfect \end{pmatrix}$，老师对 A 同学的考试进行估分，得出的结论是：好的可能性为 80%，更好的可能性为 20%，用概率语言术语集表示为：

$$L(p)=\{s_4(0.8), s_5(0.2)\}$$

式（7-3）

此外，针对下标不对称 *LTS* 操作中存在的下标超界及语义不合理性等问题，已有研究人员提出下标对称的 $LTSS=\{S_\alpha \mid \alpha=-\tau,\cdots,-1,0,1,\cdots,\tau\}$，目前研究[252]给出相应的概率语言术语集，如定义 7.1 所示。

由定义 7.2 得出，如果 $\sum_{k=1}^{K} p^{(k)}=1$，那就代表所有的语言术语和概率分布信息都完全已知；如果 $\sum_{k=1}^{K} p^{(k)}<1$，这意味着这个评估值中有未知的数据。具体而言，如果 $\sum_{k=1}^{K} p^{(k)}=0$，则表明该语言术语的概率信息未知。为了便于计算，采用规范化方式[257]把两种概率语言术语集划分为等长的集合。

定义 7.3　对给定的概率语言术语集

$L(p)=\{L^{(k)}(p^{(k)}) \mid L^{(k)} \in S, p^{(k)} \geqslant 0, k=1,2,\cdots,K, \sum_{k=1}^{K} p^{(k)} \leqslant 1\}$，则

可以两步得到规范化的概率语言术语集：

（1）规范化概率语言术语集的概率。若 $\sum_{k=1}^{K} p^{(k)} < 1$，则相应的概率语言术语集为 $L(p) = \{L^{(k)}(\hat{p}^{(k)}) \mid L^{(k)} \in S, k = 1,2,\cdots,K\}$，其中 $\hat{p}^{(k)} = p^{(k)} / \sum_{k=1}^{K} p^{(k)}$。

（2）规范化概率语言术语集的粒度。在全部概率语言术语集中，存在着同样的语言术语。即 $L(p) = \{S_\alpha(p^{(\alpha)}) \mid \alpha = 0,1,2,\cdots,2\tau\}$，如果 $L(p)$ 中没有任何语言术语 S_α，那么其对应的概率就是 $p^{(\alpha)} = 0$。

例 7－1 在 *LTS* $S = \{s_0, s_1, s_2, s_3, s_4\}$ 基础上，将两个概率语言术语集设为 $L_1(p) = \{s_1(0.2), s_2(0.6)\}$ 和 $L_2(p) = \{s_2(0.4), s_3(0.2)\}$，其规范化形式可以通过如下两个步骤获得：

步骤 1：概率语言术语集作标准化的概率：可以得到 $L_1(p) = \{s_1(0.25), s_3(0.75)\}$ 并 $L_2(p) = \{s_2(0.6667), s_3(0.3333)\}$，所以，$L_1(p)$ 和 $L_2(p)$ 的概率和是 1。

步骤 2：规范化概率语言术语集的粒度：可以得到 $L_1(p) = \{s_0(0), s_1(0.25), s_2(0), s_3(0.75), s_4(0)\}$ 和 $L_2(p) = \{s_0(0), s_1(0), s_2(0.6667), s_3(0.3333), s_4(0)\}$ 为简化表示，$L_1(p)$ 和 $L_2(p)$ 可记为 $L_1(p) = \{s_1(0.25), s_2(0), s_3(0.75)\}$ 和 $L_2(p) = \{s_0(0), s_2(0.6667), s_3(0.3333)\}$，因此，它们长度相同。

本书假设全部的概率语言术语集 $L(p) = \left\{L^{(k)}(p^{(k)}) \mid L^{(k)} \in S, \sum_{k=1}^{K} p^{(k)} = 1, k = 1,2,\cdots,K\right\}$ 都是一类规范化的概率语言术语，也就是说，对于任何两组概率语言术语集都有 $\sum_{k_1=1}^{K_1} p_1^{(k_1)} = \sum_{k_2=1}^{K_2} p_2^{(k_2)} = 1$ 且 $K_1 = K_2$。

二、概率语言术语集距离测度

在决策时，决策者很可能会在不同备选方案之间做出比较。概率语言术语集作为表达评价结果的描述方法，是一种行之有效的表达，它可以在决策者犹豫不定时给出一些定性结果。由此，用这种术语集偏好可以解决多属性群决策（MCGDM）问题。

通常来讲，一个决策小组 E 由决策者 er（$r=1, \cdots, R$）组成，假设 $X=\{X_1, X_2, \cdots, X_n\}$ 是一组备选集合，每位决策者在初设的 LTS S = $\{S_\alpha | \alpha=0, 1, 2, \cdots, 2\tau\}$ 上成对比较概率语言术语集，其中 $2\tau+1$ 是 S 的粒度。在此基础上，由决策者构造一种概率语言偏好关系（PLPR）B，其相对于 X_j 来说，备选方案 X_i 的优先程度，则概率语言偏好关系矩阵可表示为：

$$B=\begin{pmatrix} L_{11(p)} & L_{12(p)} & \cdots & L_{1n(p)} \\ L_{21(p)} & L_{22(p)} & \cdots & L_{2n(p)} \\ \cdots & \cdots & & \cdots \\ L_{n1}(p) & L_{n2(p)} & \cdots & L_{nn(p)} \end{pmatrix} \qquad \text{式 (7-4)}$$

以上 $L_{ij}(p)=\{L_{ij}^{(k)}p_{ij}^{(k)} | i=1,2,\cdots,n, k=1,2,\cdots,\#L_{ij}(p)\}$ 是以 LTS S 为基础，符合下列条件的概率语言词汇集合：

（1）$p_{ij}^{(k)}=p_{ji}^{(k)}$，$L_{ij}^{(k)}=neg(L_{ij}^{(k)})$，且 $L_{ij}(p)=\{s_\tau(1)\}=\{s_\tau\}$，$L_{ij}^{(k)}+L_{ji}^{(k)}=2\tau$，$\#L_{ij}(p)=L_{ji}(p)$，$\#L_{ij}(p)$ 和 $\#L_{ji}(p)$ 分别表示 $L_{ij}(p)$ 和 $L_{ji}(p)$ 中不同元素的个数。

（2）对于 $i \leqslant j$，有 $L_{ij}^{(k)}p_{ji}^{(k)} \leqslant L_{ij}^{(k+1)}p_{ij}^{(k+1)}$；对于 $i \geqslant j$，有 $L_{ij}^{(k)}p_{ji}^{(k)} \geqslant L_{ij}^{(k+1)} p_{ij}^{(k+1)}$，$L_{ij}^{(k)}$ 和 $p_{ji}^{(k)}$ 分别为第 k 个语言术语及其相应的概率。

为了获得多个决策者的全面评估，文献[254]在综合语言术语分布特征及决策者权重的基础上，提出了群聚合算子：

定义 7.4　令 $L_r(p)=\{L_r^{(k)}(p_r^{(k)}) | L_r^{(k)} \in S; k=1,2,\cdots,K_r\}$ 表示一组决策者 $e_r(r=1,2,\cdots,R)$ 利用概率语言术语集提供的评价信息。w_r 为专家 e_r 的权重，其满足条件 $w_r \in [0,1]$ 且 $\sum_{r=1}^{R} w_r = 1$。因此，集体概率语言评价信息 $L_c(p)$ 表示为：

$$L_c(p)=\{s_\alpha^{(k)}(p_\alpha^{(k)}) | s_\alpha^{(k)} \in S; k=1,2,\cdots,K_c\} \qquad \text{式 (7-5)}$$

其中，$p_\alpha^{(k)} = \sum_{r=1}^{R} z_\alpha w_r$ 以及 $z_\alpha=\begin{cases} p_r^{(k)}, & s_\alpha^{(k)} \in L_r^{(k)}, \\ 0, & s_\alpha^{(k)} \notin L_r^{(k)} \end{cases}$

例7-2 现有一家企业请5位专家试用无人驾驶汽车，并让他们对这款车进行评价。假定 $S=\{s_0;s_1;s_2;s_3;s_4\}$ 是给出的LTS，在专家体验过后，5位专家对这款车做出以下评价：$L_1(p)=\{s_2(1)\}$，$L_2(p)=\{s_1(0.5);s_2(0.5)\}$，$L_3(p)=\{s_2(0.7);s_3(0.3)\}$，$L_4(p)=\{s_2(1)\}$ 和 $L_5(p)=\{s_3(1)\}$，给每位专家赋权为 $w_r=0.2$，那么5位专家对这款车的总体评价信息如下：$L_c(p)=\{s_1(0.1);s_2(0.64);s_3(0.26)\}$。

为了对语言信息进行处理，文献[255]把语言术语转换成［0，1］内的实数，并给出了一种方便实用的语言尺度函数，目前有以下三种常用的语言尺度函数，其中 $f:s_\alpha\to\theta_\alpha(\theta_\alpha\in[0,1];\alpha=1,2,\cdots,2\tau)$。

$$f_1(s_\alpha)=\theta_\alpha=\frac{\alpha}{2\tau}(\alpha=1,2,\cdots,2\tau) \quad \text{式（7-6）}$$

$$f_2(s_\alpha)=\theta_\alpha=\begin{cases}\dfrac{\alpha^\tau-\alpha^{\tau-\alpha}}{2\alpha^\tau-2},\alpha=0,1,\cdots,\tau,\\[2ex] \dfrac{\alpha^\tau+\alpha^{\alpha-\tau}-2}{2\alpha^\tau-2},\alpha=\tau+1,\tau+2,\cdots,2\tau\end{cases} \quad \text{式（7-7）}$$

大量的实验研究后，得出参数 $\alpha\in[1.28,1.4]$[255]。

$$f_3(s_\alpha)=\theta_\alpha=\begin{cases}\dfrac{\tau^\xi-(\tau-\alpha)^\xi}{2\tau^\xi},\alpha=0,1,\cdots,\tau,\\[2ex] \dfrac{\tau^\eta+(\alpha-\tau)^\eta}{2\tau^\eta},\alpha=\tau+1,\tau+2,\cdots,2\tau\end{cases} \quad \text{式（7-8）}$$

其中，$\zeta,\eta\in(0,1]$，若 S 为一个七粒度的 LTS，则有 $\zeta=\eta=0.8$[255]。

语言尺度函数 $f(\cdot)$ 是一个体现下标 α 严格单调递增的函数，θ_α 的值表示决策者对该语言术语的偏好程度，即函数值 $(f(s_0),\cdots,f(s_{2\tau}))$ 与决策者对该语言术语 $(s_0,\cdots,s_{2\tau})$ 的个人语义相关联。

距离测度作为GDM的一种重要指标，能够体现评估对象之间的真正区别。为了在实际问题上进一步应用概率语言术语集，研究人员对其距离测度作了大量研究，如以下表示，Pang等[252]定义了两个概率语言术语集 L_1（p）和 L_2（p）的距离测度：

$$D(L_1(p),L_2(p))=\sqrt{\sum_{k=1}^{K}(p_1^{(k)}r_1^{(k)}-p_1^{(k)}r_1^{(k)})^2/K} \quad \text{式（7-9）}$$

其中，$r_1^{(k)}$ 和 $r_2^{(k)}$ 分别是 $L_1^{(k)}$ 和 $L_2^{(k)}$ 的下标。

Zhang 等[256]在 $S=\{s_0,\cdots,s_{2\tau}\}$ 的基础上，引入 L_1（p）L_2（p）的距离测度：

$$D(L_1(p),L_2(p)) = \sum_{k=1}^{K} p(r_1^{(k)},r_2^{(k)})D(r_1^{(k)},r_2^{(k)}) \qquad \text{式 (7-10)}$$

其中，$D(r_1^{(k)},r_2^{(k)})=(r_1^{(k)}-r_2^{(k)})/(2\tau+1)$，$p(r_1^{(k)},r_2^{(k)})=p_1^{(k)}\cdot p_2^{(k)}$，$2\tau+1$ 为 S 的粒度。

为了对备选方案进行排序，距离测度经常被用于 GDM 方法中，如 TOPSIS 法、VIKOR 法等。

三、基于概率语言术语集的多属性决策问题

在进行决策时，要结合决策者的言语知识，进行术语计算，这就要求将术语转换成数字信息。所以，获取由专家给出的语言术语所包含的数量信息很有必要，该数值能准确地体现决策人员所表达的真正含义。同时，由于决策者不可能是绝对的理性人，因此应考虑心理因素。以一个货源选择问题为例，分析了一家公司如何实现减少消耗的目标，需要向多个备选厂商购买节能设备。同时还设立了一个专家小组，从产品品质、柔性、环保和费用四个角度来评估候选供应商。首先，由调查人员搜集资料，决策者再根据搜集到的信息加以分析评价。

接着由决策者依据所搜集的资料，从多个角度对候选厂商进行了概率语言评价。最终，结合多位决策者评价，对各厂商进行了全面的评估，并对其进行优劣排序，如图 7－2 所示。

图 7－2 评估候选供应商示例

在图 7－2 中，使用一组概率语言术语集来描述专家所提供的评估结果。由于各个货源的资料都是由多名调查员获得，所以资料来源也各不相同。另外，由于决策者各有所长，他们对于各种信息的观点也是各异的。

该问题属于模糊决策问题，而利用概率语言描述的知识能更好地反映出专家观点的模糊性与可变性。而在选择厂商的时候，也要考虑到它的可靠性和供货常态化情况，所以必须要将决策主体的心理状况纳入考虑。供应商选择的多属性群决策示例，如表 7－1 所示。

表 7－1　　供应商选择的多属性群决策示例

决策者	属性方案	产品质量		灵活性	环境保护	支出成本
专家 1	供应商 1	概率语言评价信息		概率语言评价信息	概率语言评价信息	概率语言评价信息
	供应商 2 ……	概率语言评价信息 ……		概率语言评价信息 ……	概率语言评价信息 ……	概率语言评价信息 ……
专家 2	供应商 1	概率语言评价信息		概率语言评价信息	概率语言评价信息	概率语言评价信息
	供应商 2 ……	概率语言评价信息 ……		概率语言评价信息 ……	概率语言评价信息 ……	……
	……	……		……	……	……

在实际生活中，很多决策问题都可以归结为一种基于概率语言多属性群决策问题。在解决此类问题时，必须采用更加科学有效的方法来获取决策人员个人语义信息，以使其能够准确、合理地体现出决策人员给出的言语信息的真正内涵。

第二节　证据推理（ER）算法

决策内容主要包含多部门多目标协作决策问题，在多部门多目标间存在一定的矛盾，对于这一问题，目前主要提出了基于多个不同类型的多个目标的模糊信息合成算法，即通过权重相加各个参数，得到各个选项的综合评价的方法。另一种解决方法是研究多决策的多目标协同决策模式。证据理论推理（ER）是一种以证据理论为基础的理论，它结合了大系统分解协调思想、决策理论和证据组合理论、模糊数学等多个领域的交叉研究成果，在提高证据分析精度的同时，也为解决多部门多目标决策模糊信息的问题提供新的解决方案。然而，目前已有的研究主要集中在多目标决策问题应用上，缺乏面向多部门、多目标的多目标决策的实证分析，且与传统的专家群体决策相比，存在着一定的主观性。但是，两种不同观点存在不同之处：不同专家之间具有更相似的专业知识架构，他们只会受到主观的风险喜好等因素的影响，而不同的部门则会受到工作经验、工作重心和知识背景的不同等影响，他们所做出的决策资料具有很强的职业偏好，但是目前大部分的研究都没有将该原因引入的不确定性纳入其中。而这种职业选择对各种紧急情况下的各个部门的偏爱程度能够进行合理度量。为解决上述问题，本节基于各行业机构提供的概率语言学评价信息，建立基于不确定性的信度决策方程和 Mass 方程，从认知视角解决因各行业感知能力的差异而导致的不确定性问题，采用基于概率语言赋权的互熵度量行业之间的职业偏好，在此基础上，研究多部门、多目标不确定的评价方法，采用 ER 法递推判据，对多个不确定评价依据进行改进和融合，最终达到对多部门、多个不确定因素下的多个不确定评价信息的高效整合。

一、证据推理的基本概念

证据推理即证明某一命题为真，也就是在多大范围内判定某一命题是否成立，并以此为依据做出判断。在实践中，必须明确证据的来源。证据是人们根据自己的认识与实践，对问题进行考察、研究而得出的结论。Shafer 提出：一组与某一命题并无客观的必然联系，可以明确确切的支持程度；我们也不一定能够用一个确切的实数值来表述一个观点。但是当他对这些证据进行了研究之后，他可以用一个介于［0，1］范围内的数值来表达他自己对这个命题的看法，也就是，他想要给予这个命题多大的信任[257]。Shafer 用图 7－3 描述人在证据基础上给一个命题多少信任度。

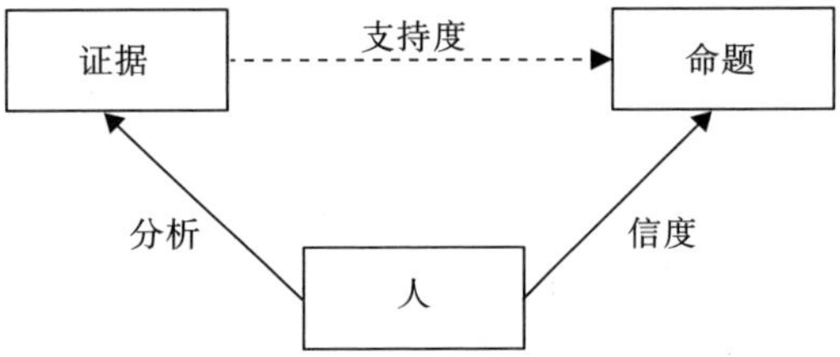

图 7－3　人、证据与命题的关系

人、证据与命题之间的实线代表着一个人可以在证据面前获取他对命题是否正确的信任程度，也就是信度。在证据和论点间的虚线代表了人对该论点的支持程度，这就是所谓的支持度。支持度和信度是人们基于实证而得出的关于命题观点的两个维度。所谓的证据处理也就是以实证分析为基础，决定某一论点的支持度或信度，以下是对证据处理的模型：

首先，我们要找出一组含有该问题解答的全部可能的命题集，从而使对该问题的研究变成了对该命题集的研究。

其次，以证据为基础，确定一组命题的信度，也就是通过对各论点的分析，得到各论点之间相互依存关系。

最后，通过对各个因素的支撑程度计算出这一问题的信度。

定义 7.5[258]　假定在求解一个决策问题时，将整体都了解到的方法用 Θ 来表达，其中任意两个在 Θ 中的元素都是互相排斥的，并且只有一个解法，Θ 被叫作识别框架（Frameof Discernment），如式（7－11）所示：

$$\Theta = \{\theta_1, \theta_2, \cdots, \theta_j, \cdots, \theta_N\} \qquad 式（7-11）$$

其中，θ_j 为识别框架 Θ 的一个元素，N 是元素的个数，$j=1,2,\cdots,N$。

由识别框架 Θ 中的所有子集组成的集合称为 Θ 的幂集，记作 2^Θ，可

表示为

$$2^{\Theta} = \{\phi, \{\theta_1\}, \{\theta_2\}, \cdots, \{\theta_N\}, \{\theta_1, \theta_2\}, \cdots, \{\theta_1, \theta_N\}, \cdots, \Theta\}$$

式（7-12）

其中，ϕ 表示空集。识别框架 Θ 的任意子集都与一个问题答案的命题相对应。幂集中的多元素子集，如$\{\theta_1, \theta_N\}$，表示局部未知。幂集中的子集 Θ 表示全局未知。

定义 7.6[258]　设 Θ 为识别框架，函数 m 是一个从集合 2^{Θ} 到［0，1］的映射，A 表示识别框架 Θ 的任一子集，记作 $A \subseteq \Theta$，若函数 m 满足：

$$m(\phi) = 0$$

式（7-13）

$$\sum_{A \subseteq \Theta} m(A) = 1$$

式（7-14）

将函数 m 称为识别框架 Θ 中的基本概率分配（BPA）。其中，$m(\phi) = 0$ 为空集（空命题）无可靠度。$m(A)$被称作“事件 A 的基本可信数”或者“mass 函数”，表明在一定的范围内，有证据来支持事件 A 的程度。如果 $m(A) > 0$，那么将 A 定义为具有焦元且被称作识别框架 Θ 的核（Core）。

$\sum_{A \subseteq \Theta} m(A) = 1$ 可以给予命题一个任意长度的置信度，但是这个信任值和必须是 1。$m(\Theta)$是一种未知的状态。

定义 7.7[258]　设 Θ 为一个识别框架，若函数 Bel 为一个从 2^{Θ} 到［0，1］的映射，则 A 代表识别框架 Θ 的任意一个子集，则令 $A \subseteq \Theta$，并且满足

$$Bel(A) = \sum_{B \subseteq A} m(B)$$

式（7-15）

那么就将 Bel（A）称为 A 的信度函数，代表对 A 的信任水平，包括 A 的全部子集 B 的置信度。

定义 7.8[258]　设 Θ 为一个识别框架，若函数 Pl 为一个从 2^{Θ} 到［0，1］的映射，则 A 代表识别框架 Θ 的任意一个子集，则令 $A \subseteq \Theta$，并且满足

$$pl(A) = \sum_{\substack{B \cap A \neq \Phi \\ B, A \subset \Theta}} m(B)$$

式（7-16）

那么，将 Pl（A）称为似真度函数，指出对于 A 为非假的置信度，就

是对 A 没有任何疑虑的程度，它包括了与 A 一致的全部信任值。$Bel(\overline{A})$ 表明对 A 的怀疑程度。

本书从信度函数与似真度函数的概念出发，证明在 $\forall A \subset \Theta$ 的情况下，$Bel(A) \leqslant Pl(A)$，也就是说，$Pl(A)$ 是一个相对于 $Bel(A)$ 较为宽松的估计。这两种函数之间的联系如下：

$$Pl(A) = 1 - Bel(\overline{A}) \qquad \text{式 (7-17)}$$

$$Bel(A) = 1 - Pl(\overline{A}) \qquad \text{式 (7-18)}$$

式（7－17）和式（7－18）是指 $Pl(A)$ 与 $Bel(A)$ 的对应，表明信度与似真度函数所传达的信息是一样的，两者可以由另外一方导出。

二、Dempster 合成规则

对多批次证据进行可靠性分析，得到多批证据的总信度。利用 Dempster 合成规则是指将多个不完备证据在相同的识别框架下的可靠性函数进行综合，得到一个新的可靠性函数，是一种能体现证据联合作用的方法。该可靠性函数是多项证据共同影响下得出的函数，其置信度是原始多项证据可靠性的正交求和。

定义 7.9[258] 设识别框架 Θ 下的两个证据 E_1 和 E_2，其对应的基本概率分配为 m_1 和 m_2，焦元分别为 A_i 和 B_j，设 $K = \sum_{A_i \cap B_j = \Phi} m_1(A_i)m_2(B_j) < 1$，则 Dempster 合成规则为：

$$K = \begin{cases} \dfrac{\sum_{A_i \cap B_j = A} m_1(A_i)m_2(B_j)}{1-K} & A \neq \Phi \\ 0 & A = \Phi \end{cases} \qquad \text{式 (7-19)}$$

基本概率分配 m 称为 m_1 和 m_2 的正交和（也称直和），记为 $m_1 \oplus m_2$。式中 K 表示证据间的冲突程度，K 值越大说明证据之间的冲突越大。系数 $(1-K)^{-1}$ 为正则化因子。如果 $K = \sum_{A_i \cap B_j = \Phi} m_1(A_i)m_2(B_j) < 1$ 不成立，那么 m_1 和 m_2 的正交和不存在。

多项证据综合时，既可用式（7－19）按顺序组合，也可直接求出多项证据基础概率分布的正交总和。

定义 7.10[258]　设识别框架 Θ 下的 n 个证据 E_n，其对应的基本概率分 $m_1, m_2, \cdots, m_n$，焦元为 A_i（$i=1$，2，…，N），则 Dempster 合成规则为：

$$m(A)=\begin{cases}\dfrac{\sum\limits_{\cap A_i=A} m_1(A_i)m_2(A_2)\cdots m_n(A_n)}{1-K} & A\neq\Phi \\ 0 & A=\Phi\end{cases}\qquad 式（7-20）$$

其中，$K=\sum\limits_{\cap A_i=\Phi} m_1(A_1)m_2(A_2)\cdots m_n(A_n)$

三、识别框架的转化

通常，解决一个具体的决策问题时，每个取证主体都会持有多个意见，而同一识别框架也仅涵盖小部分，此时，证据工作人员必须将注意力集中在多个视角和特征上，并根据所使用的识别框架做出适当的修正，才能获得更好的结果，从而进行具体某似真推理。细化和加粗是适应取证要求的两种不同的识别框架转换方式。

但是，识别框架并非随机转变，虽然在转变前后，其重心会转向不同的特征或层面，同时方向也会有不一样的转变，但对比转换前后，无法使用互斥的概念。

在取证过程中，取证人员经常会找到新的线索，这时就需要根据实际情况修改识别框架。压缩和扩展识别框架可以帮助取证人员更好地判断。

定义 7.11[259]　（细分与粗化）设 Ω 为一个识别框架，从其他识别框架 Θ 中获取 Ω 中的元素。对任意的 $\theta\in\Theta$，将获取的 θ 的可能事件或结果记为 $\omega(\{\theta\})$，则 $\omega(\{\theta\})\subset\Omega$。假设 $\omega(\{\theta\})(\theta\in\Theta)$ 构成 Ω 的一部分。即：

（1）$\forall\theta\in\Theta$，$\omega(\{\theta\})\neq\Phi$

（2）如果 $\theta\neq\theta'$，则 $\omega(\{\theta\})\cap\omega(\{\theta'\})=\Phi$

（3）$\bigcup\limits_{\theta\in\Theta}\omega(\{\theta\})=\Omega$

则 $\forall A \subset \Theta$，令 $\omega(A)=\bigcup_{\theta\in\Theta}\omega(\{\theta\})$，那么 $\omega(A)$ 包含了所有通过划分 A 的元素得到的可能结果。称映射 $\omega: 2^{\Theta}\to 2^{\Omega}$ 为 Θ 到 Ω 的一个细分，细分的对应即为粗化。

识别框架 Ω 所能辨识的命题，包含全部由粗化框架 Θ 能识别的命题 Ω。在此基础上，对识别框架进行细化与粗化。相比于原有的识别框架来说，细化后的识别框架，可以将问题的解答划分得更细致清晰，更有助于推论判断。

对于细化过程中是否存在一种限制框架，Shafer 理论和贝叶斯理论有一些分歧。贝叶斯理论假设有一个不能进一步划分的框架。Shafer 则认为，从理论上讲，每一种被划分出来的识别框架，都可以进一步细化。Shafer 理论引入两种兼容的框架概念。

在两种识别框架下，当一种识别框架是另一识别框架的分支，那么两者兼容。当两种识别框架中的特征与理念相互兼容时，上述两种辨识架构中的特征与理念均需一致，也就是两种识别框架需共用一套统一的精细框架。

定义 7.12[259]　（收缩与扩张）如果在一个识别框架 Θ 的基础上加上一个新的假设，那么识别框架 Θ 的元素会减少，设 Θ' 是由 Θ 加上一个新假设后得到的识别框架，则 Θ' 作为可能事件或结果的一个集合将是识别框架 Θ 的一个子集，那么称 Θ' 是 Θ 的收缩。

如果某个问题出现了新的可能答案，则该问题的识别框架中的元素会增加。设 Θ' 是 Θ 增加新元素后的识别框架，那么称 Θ' 是 Θ 的扩张。

如果识别框架 Θ' 是 Θ 的收缩，由于 Θ' 与 Θ 基于不同的假设，Θ' 的一个给定的子集对应的命题与 Θ 中对应子集在一定程度上具有不同的含义，Θ' 与 Θ 是不相容的。

四、基本证据推理算法

基于 D－S 证据理论，1994 年杨剑波先生在 1994 年建立了一种对多目标评价值进行综合评价的不确定推理算法。与 D－S 证据理论相比，它强调的是不同的证据独立没有很强的冲突，则是平等对待每一种证据；而证据推断法综合了各种证据（特性）之间的重要性（加权）和各证据（特性）之间的可靠度，将缺失的信度分为因权重导致的和因非完备的证据导致的，在合成不确定信息时更具有优势。

设有 M 个备选方案 a_i（$i=1, 2, \cdots, M$）和 L 个评价指标（证据）e_l（$l=1, 2, \cdots, L$），L 个评价指标的权重为 $w_l(l=1,2,\cdots,L)$，且 $\sum_{l=1}^{L} w_l = 1$，$w_l \geqslant 0$。

设识别框架为 $H=\{H_1,H_2,\cdots,H_n,\cdots,H_N\}$，其中 H_n 为第 n 个评价等级，N 为评价等级的个数，为不失一般性，假设 H_{n+1} 优于 H_n。$\beta_{n,l}(a_i)$ 为一个信度，表示指标 e_l 提供的信息以信度 $\beta_{n,l}(a_i)$ 支持方案 a_i 被评为等级 H_n，$H_n \in H$，且

$$\sum_{n=1}^{N} \beta_{n,l}(a_i) \leqslant 1, \beta_{n,l}(a_i) \geqslant 0，(l=1,2,\cdots,L)。$$

若信度 $\beta_{n,l}(a_i)$ 满足 $\sum_{n=1}^{N} \beta_{n,l}(a_i) = 1$ 则称指标 e_l 提供的信息是完全的；若信度满足 $\sum_{n=1}^{N} \beta_{n,l}(a_i) < 1$，则称指标 e_l 提供的信息是不完全的，$\beta_{H,l}(a_i)$ 为指标 e_l 对方案 a_i 未知信息的信度，$\sum_{n=1}^{N} \beta_{n,l}(a_i) + \beta_{H,l}(a_i) = 1$；若存在 $\sum_{n=1}^{N} \beta_{n,l}(a_i) = 0$，或者对于 $n=1, 2, \cdots, N$，$\beta_{n,l}(a_i)=0$ 时，则表示对方案 a_i 的指标 e_l 完全缺失信息。指标 e_l 对方案 a_i 的评估可用一个信度向量表示：

$$S(e_l(a_i)) = \{(H_n, \beta_{n,l}(a_i)), n=1,2,\cdots,N; (H, \beta_{H,l}(a_i))\}, l=1,2,\cdots, L; i=1,2,\cdots,M \quad 式（7-21）$$

设 $m_{n,l}(a_i)$ 为第 l 个指标 e_l 支持方案 a_i 评为评价等级 H_n 的基本概率分配，$m_{H,l}(a_i)$ 为第 l 个指标 e_l 支持方案 a_i 未分配给任何单个评价等级的剩余基本概率分配，$m_{n,l}(a_i)$ 和 $m_{H,l}(a_i)$ 可计算为：

$$m_{n,l}(a_i) = w_l \beta_{n,l}(a_i) \quad 式（7-22）$$

$$m_{H,l}(a_i) = 1 - \sum_{n=1}^{N} m_{n,l}(a_i) = 1 - w_l \sum_{n=1}^{N} \beta_{n,l}(a_i) \quad 式（7-23）$$

$$m_{n,(l+1)}(a_i) = K_{(l+1)}[m_{n,(l)}(a_i) m_{n,l+1}(a_i) + m_{n,(l)}(a_i) m_{H,l+1}(a_i) + m_{H,(l)}$$

$(a_i)m_{n,l+1}(a_i)]l=1,2,\cdots,L-1$ 式（7－24）

$$m_{H,(l+1)}(a_i)=K_{(l+1)}m_{H,(l)}(a_i)m_{H,l+1}(a_i)$$ 式（7－25）

$$K_{(l+1)}=[1-\sum_{s=1}^{N}\sum_{\substack{j=1\\j\neq s}}^{N}m_{s,(l)}(a_i)m_{j,l+1}(a_i)]^{-1}$$ 式（7－26）

其中，$m_{n,(l+1)}(a_i)(l=1,2,\cdots,L-1)$为前 $l+1$ 个指标支持方案 a_i 评为评价等级 H_n 上的总基本概率分配，$m_{H,l+1}(a_i)$为前 $l+1$ 个指标支持方案 a_i 总的未分配的基本概率分配。$m_{n,(1)}(a_i)=m_{n,1}(a_i)$且 $m_{H,(1)}(a_i)=m_{H,1}(a_i)$。

经过 $L-1$ 次迭代后得到 $m_{n,(L)}(a_i)$和 $m_{H,(L)}(a_i)$的值。设$\beta_n(a_i)$为方案 a_i 在评价等级 H_n 上的基本概率分配，$\beta_H(a_i)$为方案 a_i 未分配给任一等级的剩余基本概率分配，表示评价的不完备程度。那么：

$$\beta_n(a_i)=m_{n,(L)}(a_i),n=1,2,\cdots,N$$ 式（7－27）

$$\beta_H(a_i)=m_{H,(L)}(a_i),$$ 式（7－28）

且

$$\sum_{n=1}^{N}\beta_n(a_i)+\beta_H(a_i)=1$$ 式（7－29）

$$\sum_{n=1}^{N}\beta_n(a_i)+\beta_H(a_i)=1$$ 式（7－30）

被评价方案 a_i（$i=1$，2，$\cdots$，M）的评价结果可用一个信度向量表示：

$$S(a_i)=\{(H_n,\beta_n(a_i)),n=1,2,\cdots,N;(H,\beta_H(a_i))\},\ i=1,2,\cdots,M$$

式（7－31）

第三节　熵

一、熵的概念

爱因斯坦认为，熵定律是“整个科学的首要法则”。这个知名的预测，现在已经在自然科学、社会科学和人体语言学的各个方面都得到证明。“熵论”被称为“新的宇宙观”和“真理观”，它是当代文明的科学依据。

热力学熵到现在为止已有 140 多年，深入研究表明，熵是一个极其复杂且内涵丰富的复合体，虽然相对于开始，我们对熵的认识已相当广泛，但其奥秘却丝毫不亚于已知的信息。熵理论具备广阔的应用前景，曾经为人类的发展提供了极大的帮助，将来也会为人们提供更多的益处，21 世纪会成为熵理论另一个重要的研究节点。表 7－2 列出了几种熵的概念。

表 7－2　几种熵的概念

学科	熵计算公式	说　明
热力学	$dS = dQ/T$	在卡诺循环中，熵的变化等于单位热力学温度的吸热量
统计物理学	$S = K\ln N$	物质系统的玻尔兹曼熵 S，等于玻氏系数 K 与系统物质状态个数 N 之对数的积
信息熵	$H = -C\sum_{i=1}^{n} P_i \log P_i$	某项试验的第 $i\in[1, n]$ 种状态出现的概率为 P（C 为待定常数），它所提供的信息量为熵值 H

二、概率语言熵

定义 7.13　设定一个有限且有序的离散语言术语集合 $S=\{s_t \mid t=-\tau,\cdots,-1,0,1,\cdots,\tau\}$，其语言术语数量为 $h_s=\{s_{\phi_l}(p_{\phi_l}) \mid s_{\phi_l},\in S, p_{\phi_l}\geqslant 0, l=1,2,\cdots,\#h_s, \sum_{l=1}^{\#h_s} p_{\phi_l}\leqslant 1\}$，即一个 PLTS，其语言术语的个数是$\#h_s$。那么，$\#h_s=L$，则 h_s的熵必须符合以下规定：

（1）$0\leqslant E(h_s)\leqslant 1$；

（2）当 $g(h_s)=0$ 或 $g(h_s)=1$ 时，如果存在 $p_{\phi_l}=1$，$E(h_s)=0$；

（3）当且仅当$\#h_s=2$，$p_{\phi_1}=p_{\phi_2}=\dfrac{1}{2}$且 $g(s_{\phi_1})+g(s_{\phi_2})=1$ 时，$E(h_s)=1$。

基于犹豫模糊语言熵定义，定义三种概率语言熵：

$$E_1(h_s)=\frac{1}{L(2\sqrt{2}-2)}\sum_{l=1}^{L}\left(\sin\frac{\pi p_{\phi_l}}{2}+\cos\frac{\pi p_{\phi_l}}{2}+\sin\frac{\pi(g(s_{\phi_l})+g(s_{\phi_{(L-l+1)}}))}{4}+\cos\frac{\pi(g(s_{\phi_l})+g(s_{\phi_{(L-l+1)}}))}{4}-2\right.\qquad \text{式（7－32）}$$

$$E_2(h_s) = -\frac{1}{2L\ln 2}\sum_{l=1}^{L}\left[\begin{array}{l} p_{\phi}\ln p_{\phi_l} + (1-p_{\phi_l})\ln(1-p_{\phi_l}) + \\ \frac{g(s_{\phi_l}) + g(s_{\phi_{(L-l+1)}})}{2}\ln\frac{g(s_{\phi_l}) + g(s_{\phi_{(L-l+1)}})}{2} + \\ \frac{2-g(s_{\phi_l}) - g(s_{\phi_{(L-l+1)}})}{2}\ln\frac{2-g(s_{\phi_l}) - g(s_{\phi_{(L-l+1)}})}{2} \end{array}\right]$$

式（7－33）

$$E_3(h_s) = \frac{1}{2L(2^{(1-a)b}-1)}\sum_{l=1}^{L}\left\{[p_{\phi_l}{}^{a} + (1-p_{\phi_l})^{a}]^{b} + \left[\begin{array}{l}\left(\frac{g(s_{\phi_l}) + g(s_{\phi_{(L-l+1)}})}{2}\right)^{a} \\ +\left(1-\frac{g(s_{\phi_l}) + g(s_{\phi_{(L-l+1)}})}{2}\right)^{a}\end{array}\right]^{b} - 2\right\}$$

式（7－34）

其中 $b\neq 0$，$a\neq 1$，$a>0$，随着参数 a 与 b 的变化，可以得到一些特殊情况：

（1）如果 $b=1$，则：

$$E_3(h_s) = \frac{1}{2L(2^{(1-a)}-1)}\sum_{l=1}^{L}\left[\begin{array}{l} p_{\phi_l}{}^{a} + (1-p_{\phi_l})a + \left(\frac{g(s_{\phi_l}) + g(s_{\phi_{(L-l+1)}})}{2}\right)^{a} + \\ \left(1-\frac{g(s_{\phi_l}) + g(s_{\phi_{(L-l+1)}})}{2}\right)^{a} - 2 \end{array}\right]$$

式（7－35）

（2）如果 $b=1/a$，则：

$$E_3(h_s) = \frac{1}{2L(2^{(1-a)a}-1)}\sum_{l=1}^{L}\left[\begin{array}{l} p_{\phi_l}{}^{a} + (1-p_{\phi_l})^{a} + \left(\frac{g(s_{\phi_l}) + g(s_{\phi_{(L-l+1)}})}{2}\right)^{a} \\ + \left(1-\frac{g(s_{\phi_l}) + g(s_{\phi_{(L-l+1)}})}{2}\right)^{a} - 2 \end{array}\right]$$

式（7－36）

下面给出一个例子说明：

例 7－3　令 $S=\{s_t \mid t=-3,-2,-1,0,1,2,3\}$ 为一个有限且有序的离散语言术语集，$h_s=\left\{s_{-1}\left(\frac{1}{3}\right), s_0\left(\frac{1}{3}\right), s_1\left(\frac{1}{3}\right)\right\}$是一个 PLTS，则 h_s的概率语言熵为：

$$E_1(h_s)=\frac{1}{6(\sqrt{2}-1)}\left(3\times\sin\frac{\pi}{6}+3\times\cos\frac{\pi}{6}+3\times\sin\frac{\pi}{4}+3\times\cos\frac{\pi}{4}-6\right)$$

$$=\frac{\sqrt{3}+2\sqrt{2}-3}{4(\sqrt{2}-1)}$$

$$E_2(h_s)=-\frac{1}{3\ln 2}\left(3\times\frac{1}{3}\ln\frac{1}{3}+3\times\frac{2}{3}\ln\frac{2}{3}+3\times\frac{1}{2}\ln\frac{1}{2}+3\times\frac{1}{2}\ln\frac{1}{2}\right)=$$

$$\frac{\ln 3}{2\ln 2}+\frac{1}{6}$$

$$E_3(h_s)=\frac{1}{3(2^1-1)}\left\{3\times\left[\left(\frac{1}{3}\right)^{\frac{1}{2}}+\left(\frac{2}{3}\right)^{\frac{1}{2}}\right]^2+3\times\left[\left(\frac{1}{2}\right)^{\frac{1}{2}}+\left(\frac{1}{2}\right)^{\frac{1}{2}}\right]^2-6\right\}=$$

$$\frac{\sqrt{2}}{3}+\frac{1}{2}$$

其中，$b=2$，$a=2$。

三、概率语言交叉熵

定义 7.14　令 $S=\{s_t\mid t=-\tau,\cdots,-1,0,1,\cdots,\tau\}$ 为一个语言术语集，h_{s_1} 与 h_{s_2} 为两个 PLTS，$\#h_{s_1}$、$\#h_{s_2}$ 分别为这两个 PLTS 的语言术语的个数，且 $\#h_{s_1}=\#h_{s_2}=L$，则 $\#h_{s_1}$ 和 $\#h_{s_2}$ 之间的交叉熵 $CE(h_{s_1},h_{s_2})$ 需要满足以下条件：

（1）$CE(h_{s_1},h_{s_2})\geqslant 0$；

（2）当且仅当 $\tilde{g}(s^1_{\phi_l})=\tilde{g}(s^2_{\phi_l})$，$p^1_{\phi_l}=p^2_{\phi_l}$ 时，$CE(h_{s_1},h_{s_2})=0, l=1,2,\cdots,L$。

根据交叉熵的定义，给出两个 PLTS，h_{s_1} 和 h_{s_2} 之间的交叉熵的公式：

$CE(h_{s_1},h_{s_2})=$

$$\frac{1}{L}\sum_{l=1}^{L}\left[\frac{\tilde{g}(s^1_{\phi_l})+p^1_{\phi_l}}{2}\ln\frac{\tilde{g}(s^1_{\phi_l})+p^1_{\phi_l}}{\tilde{g}(s^2_{\phi_l})+p^2_{\phi_l}}+\left(1-\frac{\tilde{g}(s^1_{\phi_l})+p^1_{\phi_l}}{2}\right)\ln\frac{1-\frac{\tilde{g}(s^1_{\phi_l})+p^1_{\phi_l}}{2}}{1-\frac{\tilde{g}(s^2_{\phi_l})+p^2_{\phi_l}}{2}}\right]$$

式（7－37）

证明令：

$$A_1 = \frac{\tilde{g}(s_{\phi_l}^1) + p_{\phi_l}^1}{2}, A_2 = \frac{\tilde{g}(s_{\phi_l}^2) + p_{\phi_l}^2}{2},$$

$$CE_l = A_1 \ln \frac{A_1}{A_2} + (1 - A_1) \ln \frac{1 - A_1}{1 - A_2},$$

$$-CE_l = -\left[A_1 \ln \frac{A_1}{A_2} + (1 - A_1) \ln \frac{1 - A_1}{1 - A_2}\right] = A_1 \ln \frac{A_2}{A_1} + (1 - A_1) \ln \frac{1 - A_2}{1 - A_1}$$

$$\leqslant \ln\left[A_1 \frac{A_2}{A_1} + (1 - A_1) \frac{1 - A_2}{1 - A_1}\right] = \ln(A_2 + 1 - A_2) = \ln 1 = 0$$

即 $CE_l \geqslant 0$。

其中证明过程中的不等式由 Jensen 不等式的加权形式得到。由于 $y = \log x$ 是严格的凸函数，所以证明过程中的等号当且仅当 $\frac{A_1}{A_2} = 1$ 时成立，也即 $A_1 = A_2$，即 $\frac{\tilde{g}(s_{\phi_l}^1) + p_{\phi_l}^1}{2} = \frac{\tilde{g}(s_{\phi_l}^2) + p_{\phi_l}^2}{2}$，也就是 $\tilde{g}(s_{\phi_l}^1) = \tilde{g}(s_{\phi_l}^2)$，且 $p_{\phi_l}^1 = p_{\phi_l}^2$ 时成立。

综上所述，可得 $CE(h_{s_1}, h_{s_2}) \geqslant 0$，当且仅当 $\tilde{g}(s_{\phi_l}^1) = \tilde{g}(s_{\phi_l}^2)$，且 $p_{\phi_l}^1 = p_{\phi_l}^2$ 时，$CE(h_{s_1}, h_{s_2}) = 0, l = 1, 2, \cdots, L$。

第四节　决策模型构建与算法设计

一、考虑可靠度的概率语言多属性应急决策问题

（一）问题描述

概率语言多属性社区群决策问题可以描述为：假设某社区群决策问题的备选方案集合为 $a_s(s = 1, 2, \cdots S)$，$e_l(l = 1, 2, \cdots L)$ 为一组评估指标准则，且 $w_{e_l}(l = 1, 2, \cdots L)$ 为评估指标 e_l 的相应权重，其中，$\sum_{l=1}^{L} w_{e_l} = 1$，参与方案决策评估的居民集合为 $K = \{k_t \mid t = 1, 2, \cdots, T\}$；居民 k_t 给出备选方案

各评估指标的概率语言信息：$h_{S_{sl}}^{t}=\left\{s_{\phi_n}^{t}(p_{\phi_n}^{t})\middle|p_{\phi_n}\geqslant 0,n=1,2,\cdots,\#h_{S_{sl}}^{t},\sum_{n=1}^{\#h_s}p_{\phi_n}\leqslant 1\right\}$，其中，$s_{\phi_n}^{t}$表示居民 k_t 对方案 a_s 关于评估指标 e_l 的属性评价术语，$p_{\phi_n}^{t}$表示对该属性的偏爱程度。根据概率语言信息进行备选方案优选，令 $H_t=(h_{S_{sl}}^{t})_{S\times L}(s=1,2,\cdots,S;l=1,2,\cdots,L)$ 为概率语言决策矩阵，则其概率语言决策矩阵可表示为：

$$H_t=\begin{bmatrix} h_{S_{11}}^{t} & h_{S_{12}}^{t} & \cdots & h_{S_{1L}}^{t} \\ h_{S_{21}}^{t} & h_{S_{22}}^{t} & \cdots & h_{S_{2L}}^{t} \\ \vdots & \vdots & \ddots & \vdots \\ h_{S_{S1}}^{t} & h_{S_{22}}^{t} & \cdots & h_{S_{SL}}^{t} \end{bmatrix} \qquad \text{式（7-38）}$$

在多指标群决策问题里，每个决策者都是按照自己的专业知识和经验来对方案进行分析，这是一种带有一定的主观性的行为方式，它会受到自己的认知和行为方式的限制，对某些评价指标做出了比较不可信的评估，该研究以 ER 方法中的不确信衡量评价指标的不可信度，并将其作为一套基于 ER 方法的评价信息的证据不确信度衡量方法，利用基于概率语言交叉熵求取的不确信度构造各种方法的权重信度指派函数，再利用 ER 合成规则对数据进行融合，最终获得决策结果。

（二）考虑可靠度的决策矩阵

居民 k_t 对方案 a_s 的第 l 个评估指标 e_l 的信度结构记作：

$$S^{t}(e_l(a_s))=\{(\theta_{\phi_n}^{t},p_{\phi_n,l}^{t}(a_s))\}(s=1,2,\cdots,S;l=1,2,\cdots,L;t=1,2,\cdots,T) \qquad \text{式（7-39）}$$

其中，$\theta_{\phi_n}^{t}$为概率语言决策信息 $h_{S_{sl}}^{t}$ 中 $s_{\phi_n}^{t}$所表示的评价等级，$p_{\phi_n,l}^{t}(a_s)$为 $h_{S_{sl}}^{t}$中对评估信息 $s_{\phi_n}^{t}$的偏好程度 $p_{\phi_n}^{t}$，在式（7-39）中被称为置信度。结合置信度和相对权重将信度结构转变为加权信度指派函数为：

$$m_{\theta,l}^{t}(a_s)=\begin{cases} \tilde{w}_l^{t}p_{\theta,l} & \theta\subseteq 2^{\Theta},\theta\neq\varnothing \\ 0 & \theta=\varnothing \\ 1-\tilde{w}_l^{t} & \theta=p(\Theta) \end{cases} \qquad \text{式（7-40）}$$

其中，$\tilde{w}_l^t$ 为改进的证据折扣系数，为了体现评估指标的不可靠性，在原证据折扣系数 w_{e_l} 基础上加入证据不确信度信息。针对多个专家对评价结果进行不确定的问题，形成指标的未知性，可以提出一种衡量指标不确定性的测度函数：可靠度。

定义 7.15 假设对于评估指标 l，根据主观认知或客观分析赋予指标 l 一个[0,1]内的函数值，该数值表示指标 l 的可靠度，记为 r_l。

可靠度 r_l 的特殊取值具有特定的含义：

（1）对指标 l 各居民间的决策偏差越大，指标 l 不确信性越大，进而可靠度越小，r_l 越接近于 0；

（2）对指标 l 各居民间的决策越接近，指标 l 不确信性越小，可靠度越大，r_l 越接近于 1；

（3）当各居民对指标 l 在此次评估中的决策完全一致时，$r_l=1$。

则可靠度 r_l 可表示为如下函数：

$$r_l = e^{-(1+\delta)\overline{r_l}} \qquad \text{式（7-41）}$$

其中，$\overline{r_l}$（$\overline{r_l} \geqslant 0$）表示指标 l 的不确信度，δ 为风险偏好系数，$0 \leqslant \delta \leqslant 1$，随着 δ 的增加，决策者的风险偏好趋向保守。

证据折扣系数 $\tilde{w}_l^t$ 由权重 w_{e_l} 和指标 e_l 的可靠度 r_l 表示，即：

$$\tilde{w}_l^t = \frac{w_{e_l}^t}{1 + \left((w_{e_l}^t)^2 + (1 - w_{e_l}^t)^2 \right)^{1/2} - r_l} \qquad \text{式（7-42）}$$

其中，$\sum_{l=1}^{L} w_{e_l}^t = 1$，$0 \leqslant r_l \leqslant 1$。

则 T 个居民通过 L 个评估指标对方案 a_s 进行评估的决策矩阵如图 7-4 所示。

	$e_1(r_{e_1}, w_{e_1})$	$e_2(r_{e_2}, w_{e_2})$		$e_l(r_{e_l}, w_{e_l})$		$e_L(r_{e_L}, w_{e_L})$
居民1	$S^1[e_1(a_s)]$	$S^1[e_2(a_s)]$	……	$S^1[e_l(a_s)]$	……	$S^1[e_L(a_s)]$
居民2	$S^2[e_1(a_s)]$	$S^2[e_2(a_s)]$	……	$S^2[e_l(a_s)]$	……	$S^2[e_L(a_s)]$
……						
居民t	$S^t[e_1(a_s)]$	$S^t[e_2(a_s)]$	……	$S^t[e_l(a_s)]$	……	$S^t[e_L(a_s)]$
……						
居民T	$S^T[e_1(a_s)]$	$S^T[e_2(a_s)]$	……	$S^T[e_l(a_s)]$	……	$S^T[e_L(a_s)]$

图 7-4 考虑指标权重及不确信度的决策矩阵

图 7－4 中列向量表示 T 个居民利用各评估指标对方案 a_s 的评估，行向量表示在所有 L 个评估指标上各居民对方案 a_s 的评估。

二、基于概率语言赋权交叉熵的可靠度 r_l 确定方法

（一）概率语言赋权交叉熵

在做群决策时，居民个体局限于自身经历、资历等影响因素，给出的决策存在着很大的分歧，从理论上讲，当不同个体对同一类指标的评价差异越大，其表明所蕴含的信息不确信度就越低，为此，本章拟从评价数据间的矛盾程度出发，构建评价指标的不确信模型，重点解决多居民主体评价信息间的矛盾程度问题。在此基础上，提出了一种基于概率语义赋权交叉熵的模糊综合评价方法，并将该方法应用于城市居民评价中。

鉴于各住户对各评价指标的熟悉程度、偏好程度、认知水平等方面存在差异，各居民对各评价指标的权威程度也存在差异。在证据推理算法中将各个证据单独赋权，本章将指标 e_l 的权重 $w_{e_l}(l=1,2,\cdots,L)$ 以向量形式表示，即 $w_{e_l}=(w_{e_l,1},w_{e_l,2},\cdots,w_{e_l,t},w_{e_l,T})^T$，代表对于指标 e_l 居民 k_t 所占权重，且满足 $\sum_{t=1}^{T} w_{e_l,t}=1$。

概率语言交叉熵综合了评估语言的模糊度和彼此之间的偏差度，所以在任何一个评估指标 e_l 上，居民 k_t 与其他居民做出的评价差异程度都可以通过概率语言的交叉熵来表达，如果当作对比的两个居民的权重值差别很大，则说明加权低的居民与加权高的居民所作评价对这个指标的评定效果不佳，所以二者之间的评价偏离对评价指标的不确信度产生的影响不大。反之，若作对比的两个居民的加权数值相近，则说明两个居民所作的评价对这个指标的评价效果基本相同，而二者之间的评价偏差对评估指标 e_l 的不确信度产生很大的影响。将概率语言交叉熵与居民 k_t 评估指标 e_l 的加权系数相结合，得出了由概率语言加权的交叉熵：

定义 7.16　令 $S=\{s_i\,|\,i=-\tau,\cdots,-1,0,1,\cdots,\tau\}$ 为一个由奇数个元素组成有序离散语言术语集合，对于评估指标 e_l，居民 k_t 所做出的概率语言

术语集表示为 $h_{s_t}(x|e_l) = \left\{s^t_{\phi_n}(p^t_{\phi_n}), s_{\phi_n} \in S, p_{\phi_n} \geqslant 0, n = 1,2,\cdots,\#h_{S_t}, \sum_{n=1}^{\#h_{S_t}} p_{\phi_n} \leqslant 1\right\}$，$\#h_{S_t}$为集合 $h_{S_t}(x|e_l)$语言术语的个数。

居民 k_j 所做出的概率语言术语集表示为 $h_{s_j}(x|e_l) = \{s^j_{\phi_n}(p^j_{\phi_n}), s_{\phi_n} \in S, p_{\phi_n} \geqslant 0, n = 1,2,\cdots,\#h_{s_j}, \sum_{n=1}^{\#h_{s_j}} p_{\phi_n} \leqslant 1\}$，$\#h_{s_j}$为集合 $h_{s_j}(x|e_l)$语言术语的个数，且$\#h_{s_t} = \#h_{s_j} = N$。$w_{e_l} = (w_{e_l,1}, w_{e_l,2}, \cdots, w_{e_l,t}, w_{e_l,T})^T$ 代表对评估指标 e_l 居民 k_t 所占权重，$\sum_{t=1}^{T} w_{e_l,t} = 1$。令 $CEW(h_{s_t}, h_{s_j})$表示 k_t、k_j 之间的概率语言赋权交叉熵，$CEW(h_{s_t}, h_{s_j})$需要满足以下条件：

（1）$CEW(h_{s_t}, h_{s_j}) \geqslant 0$；（2）当且仅当 $g(s^t_{\phi_n}) = g(s^j_{\phi_n})$，$p^t_{\phi_n} = p^j_{\phi_n}$时，$CEW(h_{s_t}, h_{s_j}) = 0$，$n = 1,2,\cdots,N$。

根据交叉熵定义及居民 k_t、k_j 相对于评估指标 e_l 所占权重，给出两个概率语言术语集 h_{s_t}、h_{s_j}之间的赋权交叉熵公式：

$$CEW(h_{s_t}, h_{s_j}) = w_{e_{ij}} \sum_{n=1}^{N} \left\{ \frac{g(s^t_{\phi_n}) + p^t_{\phi_n}}{2} \ln \frac{g(s^t_{\phi_n}) + p^t_{\phi_n}}{\frac{1}{2}[g(s^j_{\phi_n}) + p^j_{\phi_n} + g(s^t_{\phi_n}) + p^t_{\phi_n}]} + \left[1 - \frac{g(s^t_{\phi_n}) + p^t_{\phi_n}}{2}\right] \ln \frac{1 - \frac{1}{2}[g(s^t_{\phi_n}) + p^t_{\phi_n}]}{1 - \frac{1}{4}[g(s^j_{\phi_n}) + p^j_{\phi_n} + g(s^t_{\phi_n}) + p^t_{\phi_n}]} \right\}$$

式（7－43）

其中，$\varpi_{e_{ij}} = e^{-|w_{e_l,t} - w_{e_l,j}|}$，$g$ 为概率语言元素到数值评价的转换因子，$g: [-\tau, \tau] \to [0,1], g(S_t) = \frac{t}{2\tau} + \frac{1}{2} = \gamma$。

证明 令 $\Delta_t = \frac{g(s^t_{\phi_n}) + p^t_{\phi_n}}{2}$，$\Delta_j = \frac{g(s^j_{\phi_n}) + p^j_{\phi_n}}{2}$则：

$$CEW'(h_{s_t}, h_{s_j}) = \Delta_t \ln \frac{2\Delta_t}{\Delta_t + \Delta_j} + (1 - \Delta_t) \ln \frac{1 - \Delta_t}{1 - \frac{\Delta_t + \Delta_j}{2}}$$ 式（7－44）

$$-CEW'(h_{s_t}, h_{s_j}) = -\left[\Delta_t \ln \frac{2\Delta_t}{\Delta_t + \Delta_j} + (1 - \Delta_t) \ln \frac{1 - \Delta_t}{1 - \frac{\Delta_t + \Delta_j}{2}}\right]$$

$$=\Delta_t \ln \frac{\Delta_t+\Delta_j}{2\Delta_t}+(1-\Delta_t)\ln \frac{1-\frac{\Delta_t+\Delta_j}{2}}{1-\Delta_t} \qquad \text{式 (7-45)}$$

由 *Jensen* 不等式得：

$$\Delta_t \ln \frac{\Delta_t+\Delta_j}{2\Delta_t}+(1-\Delta_t)\ln \frac{1-\frac{\Delta_t+\Delta_j}{2}}{1-\Delta_t}$$

$$\leqslant \ln\left[\Delta_t \cdot \frac{\Delta_t+\Delta_j}{2\Delta_t}+(1-\Delta_t)\cdot \frac{1-\frac{\Delta_t+\Delta_j}{2}}{1-\Delta_t}\right]=\ln\left[\frac{\Delta_t+\Delta_j}{2}+1-\frac{\Delta_t+\Delta_j}{2}\right]$$

$$=\ln 1=0 \qquad \text{式 (7-46)}$$

即 $CEW'(h_{s_t},h_{s_j})\geqslant 0$。

由 $y=\ln x$ 为严格凸函数可得，当且仅当$\frac{\Delta_t}{\Delta_j}=1$ 时，式（7-46）中等号成立，即 $\Delta_t=\Delta_j$，即 $g(s_{\phi_n}^t)=g(s_{\phi_n}^j)$ 且 $p_{\phi_n}^t=p_{\phi_n}^j$ 时成立。

由 $0\leqslant |w_{e_l,t}-w_{e_l,j}|\leqslant 1$，得：

$$0<e^{-1}\leqslant \varpi_{e_{ij}}\leqslant 1 \qquad \text{式 (7-47)}$$

综上所述，可得 $CEW(h_{s_t},h_{s_j}) = w_{e_{ij}}\sum_{n=1}^{N} CEW'(h_{s_t},h_{s_j}) \geqslant 0$ 。

证毕

另外，在决策时，由于多个语言术语的数目往往是不一样的，这就有必要在较少的语言术语数量里加入部分语言术语数量，从而使得它们的语言术语一样多，同时把新增的语言词汇的可能性设为 0，可以有效地防止原有的信息发生变化。

（二）可信度的确定

就指数而言，它的不确信度可以用全体居民评估的差别程度来表达。

定义 7.17 指标 e_l 的不确信度为 $\overline{r_l} = \sum_{t=1}^{T}\left(\frac{1}{T-1}\sum_{j=1,j\neq t}^{T} CEW(h_{s_t},h_{s_j})\right)$ 。

不确信度$\overline{r_l}$具有如下性质：

有界性：设居民 $k_t(t=1,2,\cdots,T)$ 对于指标 e_l 作出概率语言术语评价，$h_{s_t}(x|e_l) = \{s_{\phi_n}^t(p_{\phi_n}^t), s_{\phi_n}\in S, p_{\phi_n}\geqslant 0, n=1,2,\cdots,N, \sum_{n=1}^{N} p_{\phi_n}\leqslant 1\}$ ，则指

标 e_l 的不确信度 $\overline{r_l}$ 满足 $0 \leqslant \overline{r_l} \leqslant T\ln 2^N$。

证明 令：

$$CEW'(h_{s_t}, h_{s_j}) = \frac{g(s_{\phi_n}^t) + p_{\phi_n}^t}{2} \ln \frac{g(s_{\phi_n}^t) + p_{\phi_n}^t}{\frac{1}{2}[g(s_{\phi_n}^j) + p_{\phi_n}^j + g(s_{\phi_n}^t) + p_{\phi_n}^t]}$$

$$+ \left[1 - \frac{g(s_{\phi_n}^t) + p_{\phi_n}^t}{2}\right] \ln \frac{1 - \frac{1}{2}[g(s_{\phi_n}^t) + p_{\phi_n}^t]}{1 - \frac{1}{4}[g(s_{\phi_n}^j) + p_{\phi_n}^j + g(s_{\phi_n}^t) + p_{\phi_n}^t]}$$

式（7－48）

则：

$$CEW'(h_{s_t}, h_{s_j}) \leqslant \frac{g(s_{\phi_n}^t) + p_{\phi_n}^t}{2} \ln \frac{g(s_{\phi_n}^t) + p_{\phi_n}^t + g(s_{\phi_n}^j) + p_{\phi_n}^j}{\frac{g(s_{\phi_n}^j) + p_{\phi_n}^j + g(s_{\phi_n}^t) + p_{\phi_n}^t}{2}}$$

$$+ \left(1 - \frac{g(s_{\phi_n}^t) + p_{\phi_n}^t}{2}\right) \ln \frac{1 - \frac{g(s_{\phi_n}^t) + p_{\phi_n}^t}{2} + 1 - \frac{g(s_{\phi_n}^j) + p_{\phi_n}^j}{2}}{1 - \left[\frac{g(s_{\phi_n}^j) + p_{\phi_n}^j + g(s_{\phi_n}^t) + p_{\phi_n}^t}{4}\right]} \qquad \text{式(7－49)}$$

$$= \frac{g(s_{\phi_n}^t) + p_{\phi_n}^t}{2} \ln 2 + \left(1 - \frac{g(s_{\phi_n}^t) + p_{\phi_n}^t}{2}\right) \ln 2 = \ln 2$$

由式（7－48）和式（7－49）得：

$$0 \leqslant CEW(h_{s_t}, h_{s_j}) = \sum_{n=1}^{N} [w_{e_{ij}} \cdot CEW'(h_{s_t}, h_{s_j})] \leqslant w_{e_{ij}} \cdot N\ln 2 \leqslant N\ln 2$$

式（7－50）

综上所述，可得 $0 \leqslant \overline{r_l} = \sum_{t=1}^{T} \left(\frac{1}{T-1} \sum_{j=1, j\neq t}^{T} CEW(h_{s_t}, h_{s_j}) \right) \leqslant T\ln 2^N$。

证毕

通过定义 7.17，可以得到指标 e_l 证据（指标）的不确信度 $\overline{r_l}$，则可信度 r_l 表示为：$r_l = e^{-(1+\delta)\overline{r_l}}$。

（三）改进 Mass 函数

从置信度出发，得到了每个指标下的不同方案的 Mass 函数，如下：

$$m_{\theta_{\phi_n},l}^{t}=\tilde{w}_l^t p_{\theta_{\phi_n}}^{t}=\frac{w_{e_l}^{t}}{1+((w_{e_l}^{t})^2+(1-w_{e_l}^{t})^2)^{1/2}-r_l}p_{\theta_{\phi_n}}^{t}\ n=1,2,\cdots,\#h_s$$

式（7-51）

$$m_{\Theta,l}^{t}=1-\sum_{n=1}^{\#h_s}m_{\theta_{\phi_n},l}^{t}=1-\frac{w_{e_l}^{t}}{1+((w_{e_l}^{t})^2+(1-w_{e_l}^{t})^2)^{1/2}-r_l}\sum_{n=1}^{\#h_s}p_{\theta_{\phi_n}}^{t}$$

式（7-52）

$$\overline{m}_{\Theta,l}^{t}=1-\tilde{w}_l^t$$

式（7-53）

其中，θ_{ϕ_n} 表示概率语言信息 S_{ϕ_n} 给出的评估等级，$m_{\theta_{\phi_n},l}^{t}$ 表示居民 k_t 对于指标 e_l 给出评估等级 θ_{ϕ_n} 的加权信度指派函数；$m_{\Theta,l}^{t}$ 表示居民 k_t 给出的指标 e_l 对集合 Θ 的加权信度指派函数，即未指派给任意评估等级的基本概率。$m_{\Theta,l}^{t}=\overline{m}_{\Theta,l}^{t}+\tilde{m}_{\Theta,l}^{t}$，其中，$\overline{m}_{\Theta,l}^{t}$ 是由于其他影响因子的相对权重引起，$\tilde{m}_{\Theta,l}^{t}$ 是由于评价的不完全而产生。要进行决策需要对方案在所有指标下的 Mass 函数进行合成。

三、基于 ER 递归法的证据合成过程

首先合成所有居民 $k_t(t=1,2,\cdots,T)$ 针对某一指标 e_l 给出方案 a_s 的评估信息 $S^1(e_l(a_s))(l=1,2,\cdots,L)$，$S^2(e_l(a_s))(l=1,2,\cdots,L)$，……，$S^T(e_l(a_s))(l=1,2,\cdots,L)$，求得方案 a_s 在指标 e_l 下的评估信息，记作 $S(e_l(a_s))$，$S(e_l(a_s))=\Phi(S^1(e_l(a_s)),S^2(e_l(a_s)),\cdots,S^t(e_l(a_s))),\cdots,S^T(e_l(a_s))$，其中 Φ 表示对 $S^t(e_l(a_s)),t=1,2,\cdots,T$ 的合成过程。然后合成所有指标 $e_l(l=1,2,\cdots,L)$ 的信息，即 $S(a_s)=\Phi'(S(e_1(a_s)),S(e_2(a_s)),\cdots,S(e_l(a_s))),\cdots,S(e_L(a_s))$，其中 Φ' 表示对 $S(e_l(a_s)),l=1,2,\cdots,L$ 的合成过程。Φ、Φ' 合成过程采用 ER 递归法合成不同证据来源的加权信度指派函数，最后得到每个评估等级的信度，具体合成过程如下：

合成 T 个证据得到：

$$m_{\Theta,l}(a_s)=k[\prod_{t=1}^{T}(m_{\Theta,l}^{t}(a_s)+m_{p(\Theta),l}^{t}(a_s))-\prod_{t=1}^{T}(m_{p(\Theta),l}^{t}(a_s))]$$

式（7-54）

$$m_{\Theta,l}(a_s) = k[\prod_{t=1}^{T}(m^t_{\Theta,l}(a_s) + m^t_{p(\Theta),l}(a_s)) - \prod_{t=1}^{T}(m^t_{p(\Theta),l}(a_s))]$$

式（7-55）

$$m_{p(\Theta),l}(a_s) = k[\prod_{t=1}^{T} m^t_{p(\Theta),l}(a_s)]$$ 式（7-56）

$$k = \left(\sum_{n=1}^{\#S}\prod_{t=1}^{T}(m^t_{\phi_n,l}(a_s) + m^t_{\Theta,l}(a_s) + m^t_{p(\Theta),l}(a_s)) - ((\#S)-1)\times \prod_{t=1}^{T}(m^t_{\Theta,l}(a_s) + m^t_{p(\Theta),l}(a_s))\right)^{-1}$$ 式（7-57）

$$p_{\theta_{\phi_n},l}(a_s) = \frac{m_{\theta_{\phi_n},l}(a_s)}{1 - m_{p(\Theta),l}(a_s)}$$ 式（7-58）

$$p_{\Theta,l}(a_s) = \frac{m_{\Theta,l}(a_s)}{1 - m_{p(\Theta),l}(a_s)}$$ 式（7-59）

其中，$m_{\theta_{\phi_n},l}(a_s)$表示方案 a_s 关于指标 e_l 被评估为等级 θ_{ϕ_n} 的合成加权信度指派函数，通过合成的 $m_{\theta_{\phi_n},l}(a_s)$生成相应置信度 $p_{\theta_{\phi_n},l}(a_s)$。第二步是合成所有 L 个指标 e_l，过程如下：

$$\tilde{w}_l = \frac{w_{e_l}}{1 + ((w_{e_l})^2 + (1-w_{e_l})^2)^{1/2} - \tilde{r}_l}$$ 式（7-60）

$$m'_{\theta_{\phi_n},l}(a_s) = \tilde{w}_l \cdot p_{\theta_{\phi_n},l}(a_s)$$ 式（7-61）

$$m'_{\Theta,l}(a_s) = 1 - \tilde{w}_l$$ 式（7-62）

$$m'_{p(\Theta),l}(a_s) = \tilde{w}_l \cdot p_{\Theta,l}(a_s)$$ 式（7-63）

$$m_{\theta_{\phi_n}}(a_s) = k'\left[\prod_{l=1}^{L}(m'_{\theta_{\phi_n},l}(a_s) + m'_{\Theta,l}(a_s) + m'_{p(\Theta),l}(a_s)) - \prod_{l=1}^{L}(m'_{\Theta,l}(a_s) + m'_{p(\Theta),l}(a_s))\right]$$ 式（7-64）

$$m_{\Theta}(a_s) = k'\left[\prod_{l=1}^{L}(m'_{\Theta,l}(a_s) + m'_{p(\Theta),l}(a_s)) - \prod_{l=1}^{L}(m'_{p(\Theta),l}(a_s))\right]$$

式（7-65）

$$m_{p(\Theta)}(a_l) = k'\left[\prod_{l=1}^{L} m'_{p(\Theta),l}(a_s)\right]$$ 式（7-66）

$$k' = \left(\sum_{n=1}^{\#S} \prod_{l=1}^{L} (m'_{\phi_{\phi_n},l}(a_s) + m'_{\Theta,l}(a_s) + m'_{p(\Theta),l}(a_s)) - ((\#S) - 1) \times \prod_{l=1}^{L} m'_{\Theta,l}(a_s) + m'_{p(\Theta),l}(a_s) \right)^{-1} \qquad 式（7-67）$$

$$p_{\theta_{\phi_n}}(a_s) = \frac{m_{\theta_{\phi_n}}(a_s)}{1 - m_{p(\Theta)}(a_s)} \qquad 式（7-68）$$

$$p_{\Theta}(a_s) = \frac{m_{\Theta}(a_s)}{1 - m_{p(\Theta)}(a_s)} \qquad 式（7-69）$$

其中，$w_{e_l} = \sum_{t=1}^{T} (\tilde{w}'^t_l \cdot w^t_{e_l})$，$\tilde{w}'^t_l = \frac{\tilde{w}^t_l}{\sum_{t=1}^{T} \tilde{w}^t_l}$，$\tilde{r}_l = \frac{1}{T} \cdot \sum_{t=1}^{T} r^t_l$，$m'_{\theta_{\phi_n},l}(a_s)$表示方案 a_s 关于指标 e_l 被评估为等级 θ_{ϕ_n} 的 $\tilde{w}_l$ 加权信度指派函数。经过对所有指标 $e_l(l=1,2,\cdots,L)$ 合成，式（7-68）、式（7-69）为综合后的评估结果。

综上所述，在赋予权重的交叉熵信度分配基础上，得出了以下几个具体的操作步骤：

（1）通过分析每个居民的评价指标，给出各居民对每个方案的评价信息，从而获得概率语言的决策矩阵 H_t；

（2）按照各评价指标 e_l 中各居民 k_t 的加权系数 $w_{e_l}(l=1,2,\cdots,L)$ 和交叉熵概念计算测量民众之间评价偏差的概率语言赋权交叉熵 $CEW(h_{s_t}, h_{s_j})$；

（3）利用基于概率语言赋权交叉熵 $CEW(h_{s_t}, h_{s_j})$ 计算 e_l 证据的不确定度，对各种指标的不确定性进行求解，从而获得相应的评价指标的加权信度指派函数；

（4）采用 ER 递归法对各种证据类型的证据源合成加权信度指派函数，并计算各评价等级的置信度。

（5）以信度函数最大准则为基础的决策。

第五节 实例分析

一、问题描述

现有某社区存在隐患较大但维修资金不足的老旧住宅电梯需要更换。该小区每栋楼配备两部电梯，其中第45号楼的其中一部电梯已经坏掉，无法使用。另一部电梯也存在安全隐患。为解决这一问题，社区居民通过投票的方式做出决策：申请维修基金更换新电梯。在经过漫长的公共维修基金申请流程之后，新购电梯成功运至小区院内。由于原有电梯需要拆除、施工复杂、天气影响、电梯相关材料堆积、施工噪音等问题，导致电梯的安装工作面临新的考验，各方诉求不一：本单元楼居民希望不惜一切代价尽快安装；物业公司希望相关材料不要随意堆放；小区内除45号楼其他居民希望缩短每天施工时长；施工方希望在天气晴好时尽可能长时间施工，雷雨天气避免施工。针对此问题，社区网格员组织物业公司代表(k_1)、施工方代表(k_2)、45号楼居民代表(k_3)三方人员$K=\{k_1,k_2,k_3\}$共同协商，对确定最终的执行方案进行决策。

通过对各方人员的诉求分析，相关人员制定了5种备选方案进行应对，(a_1)：全天施工，尽快完成电梯的安装工作，电梯材料放在院内以备随时取用，由物业公司派专人负责建筑垃圾清理工作；(a_2)：全天施工，尽快完成电梯的安装工作，电梯材料存放在公司库房；(a_3)：晴天每天施工8小时，雷雨天气每天至少施工3小时，电梯材料存放在公司库房；(a_4)：晴天每天施工8小时，雷雨天气每天至少施工3小时，电梯材料放在院内以备随时取用；(a_5)：每天施工8小时，电梯材料放在院内以备随时取用。三方人员分别从可行性(e_1)、成本(e_2)、效果(e_3)三类评估指标对几种方案进行评价，但不同人员根据自身工作及生活经验针对某类评估指标的侧重方向存在差异，比如在可行性这一指标上物业公司主要从材料堆放位置等方面来考虑，施工方从施工便利性等方面考虑，居民从施工作业最大限度等方面考虑。通过专家打分的方式得到指标本身权重，分别为0.34、0.28、0.38。对专家给出的风险偏好系数取均值得0.9，而指标评估的侧重方向影响了其在该指标上产生的作用程度，即人员 k_t 在三种评估指标上所占权重 $w_{e_l}(l=1,2,3)$，本章采取决策成员自评及互评的打分方式共同决策相应权重，如表7－3所示。

表7－3　　各人员对于决策指标的相对权重

指标 e_l	物业公司 k_1	施工方 k_2	居民 k_3
e_1	0.43	0.36	0.21
e_2	0.32	0.47	0.21
e_3	0.53	0.28	0.19

各方人员根据自身经验，利用概率语言术语集分别对备选方案进行评价，即给出备选方案的概率语言评价信息及对应语言术语的概率，其中评价信息表示为：$S=\{s_{-3}=极差, s_{-2}=很差, s_{-1}=差, s_0=中, s_1=好, s_2=很好, s_3=极好\}$。表7－4为PLTS形式的原始评估信息。规范化后的决策信息如表7－5所示。

表7－4　　原始评估信息

a_s	物业公司 k_1			施工方 k_2			居民 k_3		
	e_1	e_2	e_3	e_1	e_2	e_3	e_1	e_2	e_3
a_1	$S_1(0.3)$ $S_2(0.7)$	$S_{-3}(0.2)$ $S_{-2}(0.2)$ $S_{-1}(0.6)$	$S_1(0.3)$ $S_2(0.7)$	$S_1(0.2)$ $S_2(0.8)$	$S_0(0.3)$ $S_1(0.7)$	$S_1(0.1)$ $S_2(0.4)$ $S_3(0.5)$	$S_2(0.2)$ $S_3(0.8)$	$S_1(0.3)$ $S_2(0.7)$	$S_1(0.2)$ $S_2(0.8)$
a_2	$S_2(0.5)$ $S_3(0.5)$	$S_{-3}(0.2)$ $S_{-2}(0.6)$ $S_{-1}(0.2)$	$S_2(0.8)$ $S_3(0.2)$	$S_{-2}(0.2)$ $S_{-1}(0.6)$ $S_0(0.2)$	$S_{-1}(0.7)$ $S_0(0.3)$	$S_1(0.7)$ $S_2(0.2)$ $S_3(0.1)$	$S_2(0.6)$ $S_3(0.4)$	$S_2(0.2)$ $S_3(0.8)$	$S_2(0.2)$ $S_3(0.8)$
a_3	$S_{-1}(0.6)$ $S_0(0.4)$	$S_1(0.3)$ $S_2(0.2)$ $S_3(0.5)$	$S_{-1}(0.7)$ $S_0(0.3)$	$S_{-2}(0.6)$ $S_{-1}(0.5)$	$S_1(0.1)$ $S_2(0.1)$ $S_3(0.8)$	$S_1(0.8)$ $S_2(0.1)$ $S_3(0.1)$	$S_1(0.3)$ $S_2(0.7)$	$S_1(0.3)$ $S_2(0.7)$	$S_1(0.3)$ $S_2(0.7)$

续表

a_s	物业公司 k_1			施工方 k_2			居民 k_3		
	e_1	e_2	e_3	e_1	e_2	e_3	e_1	e_2	e_3
a_4	$S_0(0.4)$ $S_1(0.6)$	$S_1(0.2)$ $S_2(0.2)$ $S_3(0.6)$	$S_{-2}(0.4)$ $S_{-1}(0.6)$	$S_2(0.3)$ $S_3(0.7)$	$S_1(0.1)$ $S_2(0.1)$ $S_3(0.8)$	$S_0(0.1)$ $S_1(0.7)$ $S_2(0.2)$	$S_1(0.3)$ $S_2(0.7)$	$S_1(0.3)$ $S_2(0.7)$	$S_1(0.3)$ $S_2(0.7)$
a_5	$S_2(0.7)$ $S_3(0.3)$	$S_0(0.4)$ $S_1(0.4)$ $S_2(0.2)$	$S_1(0.2)$ $S_2(0.8)$	$S_2(0.6)$ $S_3(0.4)$	$S_1(0.6)$ $S_2(0.2)$ $S_3(0.2)$	$S_0(0.6)$ $S_1(0.4)$	$S_1(0.3)$ $S_2(0.5)$ $S_3(0.2)$	$S_2(0.2)$ $S_3(0.8)$	$S_2(0.5)$ $S_3(0.5)$

表 7-5　　规范化后的决策信息

a_s	物业公司 k_1			施工方 k_2			居民 k_3		
	e_1	e_2	e_3	e_1	e_2	e_3	e_1	e_2	e_3
a_1	$S_1(0.3)$ $S_2(0.7)$ $S_3(0)$	$S_{-3}(0.2)$ $S_{-2}(0.2)$ $S_{-1}(0.6)$ $S_0(0)$ $S_1(0)$ $S_2(0)$	$S_1(0.3)$ $S_2(0.7)$ $S_3(0)$	$S_1(0.2)$ $S_2(0.8)$ $S_3(0)$	$S_{-3}(0)$ $S_{-2}(0)$ $S_{-1}(0)$ $S_0(0.3)$ $S_1(0.7)$ $S_2(0)$	$S_1(0.1)$ $S_2(0.4)$ $S_3(0.5)$	$S_1(0)$ $S_2(0.2)$ $S_3(0.8)$	$S_{-3}(0)$ $S_{-2}(0)$ $S_{-1}(0)$ $S_0(0)$ $S_1(0.3)$ $S_2(0.7)$	$S_1(0.2)$ $S_2(0.8)$ $S_3(0)$
a_2	$S_{-2}(0)$ $S_{-1}(0)$ $S_0(0)$ $S_1(0)$ $S_2(0.5)$ $S_3(0.5)$	$S_{-3}(0.2)$ $S_{-2}(0.6)$ $S_{-1}(0.2)$ $S_0(0)$ $S_1(0)$ $S_2(0)$ $S_3(0)$	$S_1(0)$ $S_2(0.8)$ $S_3(0.2)$	$S_{-2}(0.2)$ $S_{-1}(0.6)$ $S_0(0.2)$ $S_1(0)$ $S_2(0)$ $S_3(0)$	$S_{-3}(0)$ $S_{-2}(0)$ $S_{-1}(0.7)$ $S_0(0.3)$ $S_1(0)$ $S_2(0)$ $S_3(0)$	$S_1(0.7)$ $S_2(0.2)$ $S_3(0.1)$	$S_{-2}(0)$ $S_{-1}(0)$ $S_0(0)$ $S_1(0)$ $S_2(0.6)$ $S_3(0.4)$	$S_{-3}(0)$ $S_{-2}(0)$ $S_{-1}(0)$ $S_0(0)$ $S_1(0)$ $S_2(0.2)$ $S_3(0.8)$	$S_1(0)$ $S_2(0.2)$ $S_3(0.8)$
a_3	$S_{-2}(0)$ $S_{-1}(0.6)$ $S_0(0.4)$ $S_1(0)$ $S_2(0)$	$S_1(0.3)$ $S_2(0.2)$ $S_3(0.5)$	$S_{-1}(0.7)$ $S_0(0.3)$ $S_1(0)$ $S_2(0)$ $S_3(0)$	$S_{-2}(0.6)$ $S_{-1}(0.5)$ $S_0(0)$ $S_1(0)$ $S_2(0)$	$S_1(0.1)$ $S_2(0.1)$ $S_3(0.8)$	$S_{-1}(0)$ $S_0(0)$ $S_1(0.8)$ $S_2(0.1)$ $S_3(0.1)$	$S_{-2}(0)$ $S_{-1}(0)$ $S_0(0)$ $S_1(0.3)$ $S_2(0.7)$	$S_1(0.3)$ $S_2(0.7)$ $S_3(0)$	$S_{-1}(0)$ $S_0(0)$ $S_1(0.3)$ $S_2(0.7)$ $S_3(0)$

续表

a_s	物业公司 k_1			施工方 k_2			居民 k_3		
	e_1	e_2	e_3	e_1	e_2	e_3	e_1	e_2	e_3
a_4	$S_0(0.4)$ $S_1(0.6)$ $S_2(0)$ $S_3(0)$	$S_1(0.2)$ $S_2(0.2)$ $S_3(0.6)$	$S_{-2}(0.4)$ $S_{-1}(0.6)$ $S_0(0)$ $S_1(0)$ $S_2(0)$	$S_0(0)$ $S_1(0)$ $S_2(0.3)$ $S_3(0.7)$	$S_1(0.1)$ $S_2(0.1)$ $S_3(0.8)$	$S_{-2}(0)$ $S_{-1}(0)$ $S_0(0.1)$ $S_1(0.7)$ $S_2(0.2)$	$S_0(0)$ $S_1(0.3)$ $S_2(0.7)$ $S_3(0)$	$S_1(0.3)$ $S_2(0.7)$ $S_3(0)$	$S_{-2}(0)$ $S_{-1}(0)$ $S_0(0)$ $S_1(0.3)$ $S_2(0.7)$
a_5	$S_1(0)$ $S_2(0.7)$ $S_3(0.3)$	$S_0(0.4)$ $S_1(0.4)$ $S_2(0.2)$ $S_3(0)$	$S_0(0)$ $S_1(0.2)$ $S_2(0.8)$ $S_3(0)$	$S_1(0)$ $S_2(0.6)$ $S_3(0.4)$	$S_0(0)$ $S_1(0.6)$ $S_2(0.2)$ $S_3(0.2)$	$S_0(0.6)$ $S_1(0.4)$ $S_2(0)$ $S_3(0)$	$S_1(0.3)$ $S_2(0.5)$ $S_3(0.2)$	$S_0(0)$ $S_1(0)$ $S_2(0.2)$ $S_3(0.8)$	$S_0(0)$ $S_1(0)$ $S_2(0.5)$ $S_3(0.5)$

二、备选方案决策

备选决策方案的步骤如图 7－5 所示。

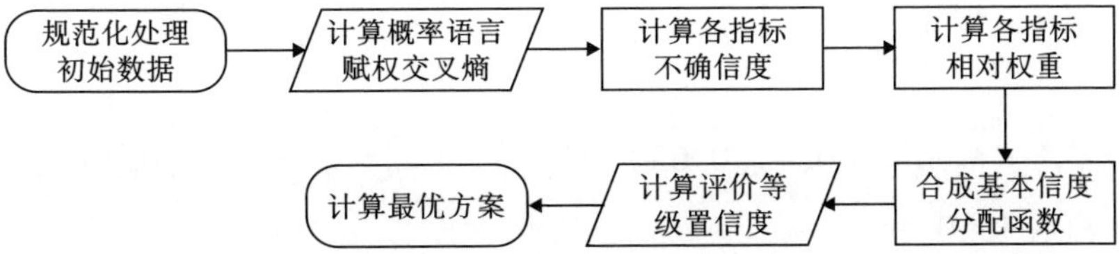

图 7－5　备选决策方案步骤

步骤 1：将所有参与方提供的各项指标的初始数据规范化处理，并按照标准化的规范将所有参与方就该方案 a_s 的各项指标 e_l 给予的评价 PLTS 转化为同样数量的语言术语，从而得出规范化的决策信息（见表 7－5）。

步骤 2：按照评价指标中决策者 k_t 对三个评价指数的加权系数 $w_{e_l}(l=1,2,3)$，采用式（7－43），对所有相关方人员对指标评定的概率语言赋权交叉熵进行了计算，具体如表 7－6 所示。

表 7-6　　各方人员间指标评估的概率语言赋权交叉熵

方案 a_s	指标 e_l	概率语言术语集					
		h_{k_1},h_{k_2}	h_{k_1},h_{k_3}	h_{k_2},h_{k_3}	h_{k_2},h_{k_1}	h_{k_3},h_{k_1}	h_{k_3},h_{k_2}
a_1	e_1	0.002	0.088	0.104	0.002	0.112	0.127
	e_2	0.119	0.113	0.060	0.098	0.152	0.066
	e_3	0.030	0.002	0.037	0.032	0.002	0.047
a_2	e_1	0.094	0.002	0.091	0.085	0.002	0.104
	e_2	0.091	0.130	0.106	0.126	0.199	0.140
	e_3	0.705	0.0649	0.100	0.066	0.074	0.125
a_3	e_1	0.065	0.095	0.115	0.052	0.109	0.145
	e_2	0.018	0.050	0.107	0.021	0.051	0.096
	e_3	0.094	0.089	0.062	0.104	0.100	0.064
a_4	e_1	0.095	0.062	0.081	0.110	0.067	0.074
	e_2	0.008	0.065	0.107	0.010	0.064	0.096
	e_3	0.087	0.090	0.042	0.099	0.105	0.044
a_5	e_1	0.002	0.013	0.013	0.002	0.012	0.013
	e_2	0.023	0.093	0.062	0.024	0.116	0.074
	e_3	0.088	0.031	0.098	0.078	0.032	0.105

步骤 3：根据定义 7.4.5 计算方案 a_s 的各指标 e_l 不确信度 $\bar{r}_{(l,s)}$ 及 $r_{(l,s)}$，得到：

$(\bar{r}_{(1,1)},r_{(1,1)})=(0.44,0.65)$；$(\bar{r}_{(2,1)},r_{(2,1)})=(0.61,0.55)$；$(\bar{r}_{(3,1)},r_{(3,1)})=(0.15,0.86)$；

$(\bar{r}_{(1,2)},r_{(1,2)})=(0.38,0.69)$；$(\bar{r}_{(2,2)},r_{(2,2)})=(0.79,0.45)$；$(\bar{r}_{(3,2)},r_{(3,2)})=(1.14,0.32)$；

$(\bar{r}_{(1,3)},r_{(1,3)})=(0.58,0.56)$；$(\bar{r}_{(2,3)},r_{(2,3)})=(0.34,0.71)$；$(\bar{r}_{(3,3)},r_{(3,3)})=(0.51,0.60)$；

$(\bar{r}_{(1,4)},r_{(1,4)})=(0.49,0.61)$；$(\bar{r}_{(2,4)},r_{(2,4)})=(0.35,0.70)$；$(\bar{r}_{(3,4)},r_{(3,4)})=(0.47,0.63)$；

$(\bar{r}_{(1,5)},r_{(1,5)})=(0.06,0.95)$；$(\bar{r}_{(2,5)},r_{(2,5)})=(0.39,0.67)$；$(\bar{r}_{(3,5)},r_{(3,5)})=(0.43,0.65)$。

步骤4：利用式（7－42）计算对于方案 a_s，指标 e_l 的相对权重，得到：

$\tilde{w}_{(1,1)}=0.24$；$\tilde{w}_{(2,1)}=0.21$；$\tilde{w}_{(3,1)}=0.24$；$\tilde{w}_{(1,2)}=0.24$；$\tilde{w}_{(2,2)}=0.23$；$\tilde{w}_{(3,2)}=0.36$；$\tilde{w}_{(1,3)}=0.26$；$\tilde{w}_{(2,3)}=0.19$；$\tilde{w}_{(3,3)}=0.29$；$\tilde{w}_{(1,4)}=0.25$；$\tilde{w}_{(2,4)}=0.19$；$\tilde{w}_{(3,4)}=0.28$；$\tilde{w}_{(1,5)}=0.20$；$\tilde{w}_{(2,5)}=0.19$；$\tilde{w}_{(3,5)}=0.28$。

从而在式（7－51）的基础上获取到得出了各个指数下各种方案的折扣信度分布函数。

步骤5：采用ER递归法，将各研究对象的方案 a_s 的相同指标与其提供的证据源合成相对应的基本信度分配函数（见表7－7）。

表7－7　对于各方案 a_s 决策者给出的折扣信度分布函数

方案 a_s	评估指标 e_l	评估等级置信度							
		$p(\Theta)$	−3	−2	−1	0	1	2	3
a_1	e_1	0.476	0	0	0	0	0.082	0.315	0.126
	e_2	0.55	0.029	0.029	0.088	0.044	0.155	0.103	0
	e_3	0.480	0	0	0	0	0.096	0.347	0.076
a_2	e_1	0.502	0	0.032	0.208	0.099	0	0.079	0.079
	e_2	0.524	0.031	0.094	0.147	0.047	0	0.031	0.125
	e_3	0.197	0	0	0	0	0.507	0.157	0.139
a_3	e_1	0.470	0	0.099	0.199	0.066	0.050	0.116	0
	e_2	0.572	0	0	0	0	0.099	0.142	0.187
	e_3	0.140	0	0	0.294	0.239	0.069	0.047	0.211
a_4	e_1	0.337	0	0	0	0.158	0.251	0.100	0.153
	e_2	0.572	0	0	0	0	0.084	0.141	0.203
	e_3	0.451	0	0.070	0.105	0.018	0.190	0.167	0
a_5	e_1	0.306	0	0	0	0	0.145	0.333	0.215
	e_2	0.268	0	0	0	0.149	0.208	0.170	0.206
	e_3	0.447	0	0	0	0.104	0.110	0.253	0.087

步骤6：针对方案 a_s 合成来自所有指标的证据来源的基本信度分配函数，得到每个评价等级的置信度：

$S(a_1)=\{(-3,p(a_1)=0.115),(-2,p(a_1)=0.115),(-1,p(a_1)=$

0.121), $(0, p(a_1)=0.117)$, $(1, p(a_1)=0.032)$, $(2, p_2(a_1)=0.079)$, $(3, p_3(a_1)=0.061)\}$

$S(a_2)=\{(-3, p(a_2)=0.171), (-2, p(a_2)=0.127), (-1, p(a_2)=0.152), (0, p(a_2)=0.130), (1, p(a_2)=0.072), (2, p(a_2)=0.031), (3, p(a_2)=0.036)\}$

$S(a_3)=\{(-2, p(a_3)=0.201), (-1, p(a_3)=0.116), (0, p(a_3)=0.087), (1, p(a_3)=0.025), (2, p(a_3)=0.034), (3, p(a_3)=0.124)\}$

$S(a_4)=\{(-2, p(a_4)=0.140), (-1, p(a_4)=0.146), (0, p(a_4)=0.061), (1, p(a_4)=0.067), (2, p(a_4)=0.049), (3, p(a_4)=0.120)\}$

$S(a_5)=\{(0, p(a_5)=0.142), (1, p(a_5)=0.071), (2, p(a_5)=0.124), (3, p(a_5)=0.077)\}$

步骤7：根据信度函数最大化原则计算最优方案。

经分析得出最好的方案是 a_4。也就是在晴朗的日子里，每日作业8个小时，雷暴天气下工作不少于3个小时，升降机的物料都存放在院子里方便使用。

三、敏感性分析

式（7－41）中的 δ 值可以对决策结果产生影响。在此基础上，本书在区间［0，1］内采用了一种基于步长0.1的灵敏度分析方法来获得不同的 δ 值。假定使用式（7－43）中的各个评估等级的效用对转化系数 g 进行转化，模拟的结果显示如图7－6所示。

由图7－6可知，随着 δ 的增大，决策者逐渐趋于风险规避型，备选方案的效用值逐渐减小，当 $\delta<0.25$ 时，δ 的变化对备选方案的排序没有影响，保持在 $a_4>a_5>a_3>a_2>a_1$；当 δ 增至0.25时，备选方案的排序发生了改变：$a_4>a_5>a_3>a_1>a_2$，并且 $\delta>0.25$ 时，δ 的变化对备选方案的排序不再产生影响。

四、对比分析

为了验证本书模型的有效性和实用性，将本书模型与文献[260]、文

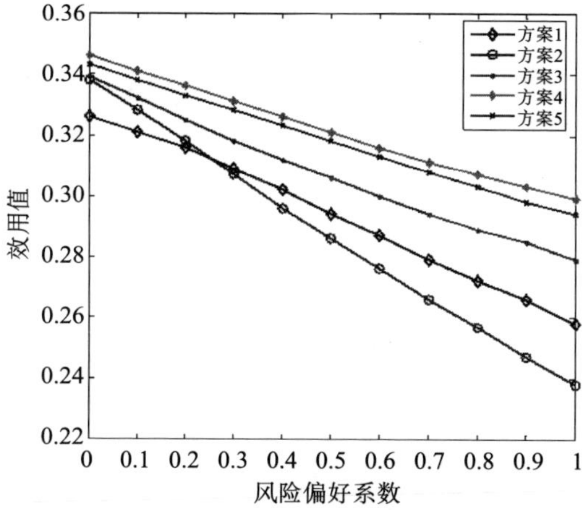

图 7-6　不同风险系数下的效用值

献[261]、文献[262]的模型进行对比。其中，文献[260]采用其提出的概率语言交叉熵作为评估指标的不确信度，采用文献[262]模型决策时邀请同一组决策者进行补充评价。将上述模型的决策结果与本书的决策结果进行对比，结果如表 7-8 所示。

表 7-8　各模型决策结果对比

方法	排序结果	最优方案
文献[10]	$a_5 > a_4 > a_3 > a_2 > a_1$	a_5
文献[11]	$a_4 > a_5 > a_2 > a_3 > a_1$	a_4
文献[23]	$a_4 > a_5 > a_3 > a_1 > a_2$	a_4
本书模型（$0 \leqslant \delta < 0.25$）	$a_4 > a_5 > a_3 > a_2 > a_1$	a_4
本书模型（$0.25 \leqslant \delta \leqslant 1$）	$a_4 > a_5 > a_3 > a_1 > a_2$	a_4

从表 7-8 可以看出，用本书的建模与文献[261]和文献[262]中的方法得到的最优方案相吻合，证明了本书方法的可行性；而现有的文献[260]只考虑了多属性融合，并未考虑到多个主体间的协同决策行为，导致最终的结论与其他模型存在较大的差异，这也从侧面证明了本书模型在应对决策者偏好方面的优势。

针对备选方法的选择顺序，本章的模型（$0.25 \leqslant \delta \leqslant 1$）与现有文献[262]的研究结果基本吻合，但本书优点在于：决策人员只需一次打分，评估流程简单易懂，而文献[262]则要求决策者依据打分准则进行多轮打分，耗时耗力。在构建该模型 $0 \leqslant \delta < 0.25$ 时，由于决策人员更倾向于对风险的可承受性，对参与者的专业偏好考虑较少，使得备选方案的选择顺序结果更符合现有研究[259]的结论。

第六节　本章小结

本章既能更充分地反映决策者对某种事物的主观喜好，又能定量地反映出决策者对各种偏好的喜爱程度，从而提高决策结果的可信度、可靠性和实用性。在此基础上，将 ER 方法引入概率语言决策中，通过 ER 法的大系统分解协调理念对多方主体和多个指标的决策信息的综合，减少综合结果的易变性。通过实例分析，证明所提方法的有效性与可行性，构造基于概率语言赋权交叉熵法，能够更好地体现决策者认知不同所带来的指标不确信度，这样优化后的 Mass 函数能更好地解决多方决策者的矛盾问题。因此未来可以通过 ER 法的证据赋权角度研究多人多指标的群体决策问题。

第八章　结论与展望

第一节　研究结论

社区自治中存在需要居民间平等协商自主决策与社区共同利益相关的公共事务问题，本书将群决策理论应用到这类社区居民自治决策问题中，采用多学科交叉方法分析了影响社区居民自治达成决策共识的影响因素并设计了相应的群决策模型，主要研究结论如下：

（1）通过文献分析，明确了社区自治、群决策问题、社会网络分析等基本概念及其内在的逻辑关系，对国内外关于城市社区自治和群决策理论的研究进行了述评。

（2）采用质性研究方法，分析影响社区居民自治决策中达成共识的主要因素，并从群决策理论视角确定在决策形式、决策偏好表达、权重设置、意见协商反馈等各个群决策环节涉及的相关影响因素，包括居民的人口统计学变量和心理因素、居民的社会关系等社会资本。为后续章节设计群决策模型提供研究思路。

（3）考虑了社区居民的知识体系、判断能力和个人偏好，以及决策对象固有的模糊性和不确定性，本书采用了效用值、偏好序、乘法偏好关系、模糊偏好关系、犹豫模糊偏好关系、区间三角模糊软集、概率语言术语集等多种不同的决策语言表达方式，以探讨模糊语言在社区居民自治决策中的适用性。

（4）研究社区居民群体结构对决策共识的影响，设计了组织关系隐形影响下社区居民群体共识决策模型。通过构建“隐形场力”模型来刻画组织对居民偏好形成的隐形影响，并在共识结果可视化的前提下，设计双重共识协调机制，实现快速共识收敛。最后，通过案例分析验证了方法的有效性和实用性。

（5）研究社区居民决策形式对决策共识的影响，设计了线上社交影响下的社区居民群体共识决策模型。利用数据挖掘技术衡量社区自治决策过程中决策者在线上社交平台的影响力，并将其体现在决策者权重设置中，设计共识达成机制。最后，将所提出的共识达成机制应用于社区居民群决策案例中，验证了所提方法的合理性与有效性。

（6）研究社区居民心理状态对决策共识的影响，设计了考虑决策者期望价值动态演化的动态群决策共识模型。考虑居民决策时在时间变化下的期望价值演化，结合软集决策思路，确定决策者的心理期望价值；并依据前景值最大化原则及极大熵理论建立一种确定决策方案参数集权重的优化模型，得到方案的综合累积前景值，实现最优方案的决策。

（7）研究决策群体认知差异对决策共识的影响，设计了带有不确定性和偏好性的多属性群决策模型。从认知科学的角度考虑由生活经验及工作经验等不同偏好造成的证据不确信问题，对证据折扣系数表达式进行改进，构建基于概率语言赋权交叉熵的 Mass 函数。然后，利用递归算法对决策群体多指标形成的证据信息进行合成，得到各方案的综合评估信息。最后，通过案例验证了该模型的有效性和实用性。

第二节 研究展望

本书将群决策理论应用到了社区自治决策中，丰富了社区治理及群决策领域的研究成果，但是囿于自身知识结构和研究条件，论文仍然存在一定局限性，需要后续进一步展开研究：

（1）研究方法的丰富。本书主要应用了群决策理论相关定量分析的研究方法从微观层面探讨了居民自治决策的机制路径，是一种有益尝试和探索。而对社区自治决策影响因素的质性研究仅做了粗浅尝试，后续还可以与管理学、社会学的研究方法进一步交叉融合，从而完善社区自治决策的研究。

（2）研究对象的拓展。社区自治的主体虽然是社区居民，但在自治过程中居委会、利益相关的商业组织等也会在其中发挥一定的作用，后续研究可以进一步讨论多元主体下的社区自治决策问题。

参考文献

[1] 严仍昱．从社会管理到社会治理：政府与社会关系变革的历史与逻辑［J］．当代世界与社会主义，2015（1）：165－170.

[2] 洪炜．协同治理视域下城市社区居民自治决策研究［D］．北京交通大学，2023.

[3] 景怀斌．政府决策的制度——心理机制［M］．北京：中国社会科学出版社，2016：56－57.

[4] Lee－Geiller S，Lee T. Using government websites to enhance democratic E－governance：A conceptual model for evaluation［J］. Government Information Quarterly，2019，36（2）：208－225.

[5] Citizen governance：leading American communities into the 21st century［J］. Choice Reviews Online，1998，35（9）.

[6] Jurian E，Ingmar M V，Todd S. The Evolution of Community Self－Organization in Interaction With Government Institutions：Cross－Case Insights From Three Countries［J］. The American Review of Public Administration，2018，48（1）：52－66.

[7] Watkins S L，Vogt J，Mincey S K，et al. Does collaborative tree planting between nonprofits and neighborhood groups improve neighborhood community capacity?［J］. Cities，2018，74：83－99.

[8] 卢学晖．日本社区治理的模式、理念与结构——以混合型模式为中心的分析［J］．日本研究，2015（2）：52－61.

[9] Kaisu S，Arto H，Veikko A A. Local Governance Platforms：Roles and Relations of City Governments，Citizens，and Businesses［J］. Administration &

Society, 2022, 54 (9): 1710 - 1735.

[10] 杨浩勃. 基于基层治理现代化的城市社区多元治理模式研究 [D]. 天津大学, 2020.

[11] Lee - Geiller S, Lee T. Using government websites to enhance democratic E - governance: A conceptual model for evaluation [J]. Government Information Quarterly, 2019, 36 (2): 208 - 225.

[12] Wang A. Research on Resident Participation in the Implementation of Community Policies in Mitaka City — A Study on Local Resident Participation in the Context of Japan's Macro Community Policies [J]. Academic Journal of Humanities & Social Sciences, 2024, 7 (11).

[13] Cuesta U C. Transnational review on the use of information and communication technologies and technoscience in healthcare: Their impact on the autonomy and governance of individuals and communities [J]. Bioethics, 2024.

[14] 宋晓娟. 共生理论视角下的中国城市社区治理研究 [D]. 吉林大学, 2021.

[15] 江必新. 以党的十九大精神为指导加强和创新社会治理 [J]. 国家行政学院学报, 2018 (1): 23 - 29 + 148.

[16] 牟春雪. 城市基层社会多元主体合作治理模式研究 [D]. 大连理工大学, 2019.

[17] 胡振光. 社区治理的多主体结构形态研究 [D]. 华中师范大学, 2015.

[18] 杨海涛. 城市社区网格化管理研究与展望 [D]. 吉林大学, 2014.

[19] 陈雪莲. 从街居制到社区制: 城市基层治理模式的转变——以"北京市鲁谷街道社区管理体制改革"为个案 [J]. 华东经济管理, 2009, 23 (9): 92 - 98.

[20] 李妍乐. 共建共治共享视域下县域城市社区多元主体治理研究 [D]. 河南农业大学, 2024.

[21] 程琰. 协同治理下多元治理主体的组织法研究 [D]. 西南政法

大学，2020.

［22］彭萧．城市社区治理共同体运行机制研究［D］．吉林大学，2023.

［23］洪炜．协同治理视域下城市社区居民自治决策研究［D］．北京交通大学，2023.

［24］谢琦．中国城市社区治理中的跨部门协同研究［D］．东北师范大学，2020.

［25］热夏提·古尔班江，盛子恒，李枭．跨部门协同治理构建城市社区养老的新路径探寻——基于时间银行互助养老模式的研究分析［J］．中阿科技论坛（中英文），2022（12）：84－88.

［26］陈茜霖，黄婷．网络治理视角下的“网格＋网络”模式优化路径探析——以西部某省会城市L社区为例［J］．社会福利（理论版），2021（12）：53－58.

［27］杨蓓蕾，孙荣．城市社区网络治理：内涵、建构与实证［J］．中国行政管理，2008（9）：87－91.

［28］闫函．城市社区网络治理的结构与功能研究［D］．吉林大学，2024.

［29］呼连焦．共建共治共享目标引领下的城市社区协商治理研究［D］．东北师范大学，2019.

［30］何威．治理共同体建构：城市社区协商治理研究［D］．华东师范大学，2018.

［31］Sharma G，Kulshreshtha K，Bajpai N. Getting over the issue of theoretical stagnation：an exploration and metamorphosis of grounded theory approach［J］. Quality & Quantity，2021，56（2）：1－28.

［32］Brinkerhoff M J. Government－nonprofit partnership：a defining framework［J］. Public Administration and Development，2002，22（1）：19－30.

［33］Burn S M，Konrad A M. Political participation：A matter of community，stress，job autonomy，and contact by political organizations［J］. Political

Psychology, 1987: 125 –138.

[34] Williams C C . Developing Community Participation in Deprived Neighbourhoods: A Critical Evaluation of the Third – sector Approach [J]. Space and Polity, 2003, 7 (1): 65 –73.

[35] Lam K S S, Schaubroeck J. Information sharing and group efficacy influences on communication and decision quality [J]. Asia Pacific Journal of Management, 2011, 28 (3): 509 –528.

[36] Mason M. Sample size and saturation in PhD studies using qualitative interviews [C] //Forum qualitative Sozialforschung/Forum: qualitative social research. 2010, 11 (3).

[37] Sim, Saunders, Waterfield, et al. Can sample size in qualitative research be determined a priori? [J]. International Journal of Social Research Methodology, 2018, 21 (5): 619 –634.

[38] Marshall, Bryan, Cardon, et al. DOES SAMPLE SIZE MATTER IN QUALITATIVE RESEARCH?: A REVIEW OF QUALITATIVE INTERVIEWS IN IS RESEARCH [J]. The Journal of Computer Information Systems, 2013, 54 (1): 11 –22.

[39] Gawlik R. Methodological aspects of qualitative – quantitative analysis of decision – making processes [J]. Management and Production Engineering Review, 2016, 7 (2).

[40] 孙柏瑛，游祥斌，彭磊. 社区民主参与：任重道远——北京市区居民参与社区决策情况的调查与评析 [J]. 国家行政学院学报，2001 (2): 74 –79.

[41] 邓泉国，孟迎辉. 农村村民民主决策与城市居民民主决策比较 [J]. 贵州师范大学学报（社会科学版），2007 (5): 1 –5.

[42] 张武. 城市社区自治组织体系与机制建设研究 [D]. 湖南师范大学，2007.

[43] 薛风平，王义. 结构方程模型的社区居民政治参与影响因素实证分析 [J]. 济南大学学报（社会科学版），2008 (3): 77 –79.

[44] 胡那苏图. 产业地域典型社区协同治理研究 [D]. 吉林大学，2020.

[45] 夏永梅. 智慧城市背景下居民自治的发展困境与法律应对 [J]. 求是学刊，2020，47（2）：132－142.

[46] 陈怡如. EPS 社会工作介入模式在社区居民自治能力建设的应用研究 [D]. 中共吉林省委党校（吉林省行政学院），2022.

[47] 方梦星. 社区居民自治视角下业主委员会“两难”的原因探析 [J]. 国际公关，2022（4）.

[48] 袁海霞，汪南平，史德. 德尔菲法确定潜艇舱室空气污染要素权重系数的研究 [J]. 海军医学杂志，2004，25（4）：295－297.

[49] 林建华，林泽阳. 用未确知有理数确定指标主观权重方法研究 [J]. 信息化研究，2014，40（3）：23－27.

[50] Sang X，Liu X. An analytic approach to obtain the least square deviation OWA operator weights [J]. Fuzzy Sets and Systems，2014，240：103－116.

[51] Wu Y，Xu C，Zhang T. Evaluation of renewable power sources using a fuzzy MCDM based on cumulative prospect theory：A case in China [J]. Energy，2018，147：1227－1239.

[52] 谭旭，吴俊江，毛太田，等. 基于三角模糊数犹豫直觉模糊集的多属性智能决策 [J]. 系统工程与电子技术，2017，39（4）：829－836.

[53] 杜康，袁宏俊. 基于熵权的区间梯形直觉模糊数型 VIKOR 多属性群决策方法 [J]. 重庆工商大学学报（自然科学版），2020，37（2）：12－22.

[54] 郝湉湉，程栋，顾月琴，等. 考虑多属性决策者非合作行为的共识模型构建 [J]. 统计与决策，2021，37（8）：162－167.

[55] 林鹏，董春茹，刘萍萍. 基于梯形模糊数的动态混合多属性群决策方法 [J]. 河北大学学报（自然科学版），2024，44（4）：337－345.

[56] 罗志忠，张丰焰. 主成分分析法在公路网节点重要度指标权重分析中的应用 [J]. 交通运输系统工程与信息，2005（6）：78－81.

［57］丁勇，梁昌勇，朱俊红，等．群决策中基于二元语义的主客观权重集成方法［J］．中国管理科学，2010，18（5）：165－170.

［58］王志平，傅敏，王沛文．概率犹豫模糊环境下基于前景理论和TOPSIS法的多属性群决策模型［J］．科学技术与工程，2022，22（4）：1329－1337.

［59］Fengjia G，Jianwei G，Huijuan M，et al. Large－scale group decision－making framework for the site selection of integrated floating photovoltaic－pumped storage power system［J］. Journal of Energy Storage，2021，43.

［60］赵蒙川，杨雁，向毅．基于区间犹豫模糊TOPSIS法的多属性群决策［J］．四川师范大学学报（自然科学版），2019，42（1）：35－40.

［61］Yue Z. Deriving decision maker's weights based on distance measure for interval－valued intuitionistic fuzzy group decision making［J］. Expert Systems with Applications，2011，38（9）：11665－11670.

［62］苏加福，王丹，徐保健，等．基于改进区间直觉模糊多属性群决策的在线知识付费产品评价方法研究［J］．计算机集成制造系统，2024，30（7）：2516－2525.

［63］Zhu C，Liu X，Ding W，et al. Cloud model－based multi－stage multi－attribute decision－making method under probabilistic interval－valued hesitant fuzzy environment［J］. Expert Systems with Applications，2024，255：124595.

［64］许小卫，谢新连，李猛，等．基于R－THIOWGA集成算子的模糊关联多属性群决策方法［J］．交通运输系统工程与信息，2019，19（1）：6－12＋25.

［65］刘兮，陈华友，周礼刚．阿基米德copula概率对偶犹豫模糊信息集成算子及其在多属性群决策中的应用［J］．运筹与管理，2023，32（6）：89－96.

［66］Khan A S M，Abdullah S，Ali A，et al. Pythagorean Hesitant Fuzzy Information Aggregation and Their Application to Multi－Attribute Group Decision－Making Problems［J］. Journal of Intelligent Systems，2018，29（1）：154－

171.

[67] 范建平，刘胜男，吴美琴．单值 Neutrosophic sets 环境下基于参照系数的 VIKOR 方法 [J]．中国管理科学，2019，27（6）：136－145.

[68] 禹春霞，成煜鑫，张路平，等．考虑决策信息变化的多属性群决策方法研究 [J]．工业工程与管理，2024，29（2）：47－58.

[69] E. Roghanian, J. Rahimi, A. Ansari. Comparison of first aggregation and last aggregation in fuzzy group TOPSIS [J]. Applied Mathematical Modelling, 2010: 3754－3766.

[70] 张威威．公众参与型大群体共识决策方法及应用研究 [D]．中南大学，2023.

[71] 李胜利．社会网络关系影响下的大群体共识决策问题研究 [D]．扬州大学，2021.

[72] 武彤．考虑社交关系的二型模糊大规模群决策方法及其商务推荐应用 [D]．东南大学，2020.

[73] 晁祥瑞．异质偏好下的大群体决策行为与共识研究 [D]．电子科技大学，2017.

[74] 刘原园．基于概率语言信息的大群体决策共识模型研究 [D]．西安电子科技大学，2023.

[75] 楚俊峰．考虑社会网络的模糊群决策方法及其商务推荐应用 [D]．东南大学，2017.

[76] Dong Y, Zha Q, Zhang H, et al. Consensus reaching in social network group decision making: Research paradigms and challenges [J]. Knowledge－Based Systems, 2018, 162: 3－13.

[77] Wu T, Zhang K, Liu X, et al. A two－stage social trust network partition model for large－scale group decision－making problems [J]. Knowledge－Based Systems, 2019, 163: 632－643.

[78] Guo J, Wang Z, Zhang Z. A dual－level consensus model for large－scale group decision－making driven by trust relationships in social networks [J]. Engineering Applications of Artificial Intelligence, 2024, 136: 109033.

［79］ Li M, Wang Z, Xu Y, et al. Two – stage group decision making methodology with hesitant fuzzy preference relations under social network: Multiplicative consistency determination and personalized feedback ［J］. Information Sciences, 2024, 681: 121155.

［80］ Xu Z, Xu H, Li P, et al. Social network group decision – making method based on stochastic multi – criteria acceptability analysis for probabilistic linguistic term sets ［J］. Information Sciences, 2024, 681: 121269.

［81］ Mao J, Gou X, Hua Z. An Improved Laplacian Gravity Centrality – Based Consensus Method for Social Network Group Decision – Making with Incomplete ELICIT Information ［J］. Mathematics, 2024, 12 (13): 2013 –2013.

［82］ Cui S, Runtong Z, Xiaomin Z, et al. An adaptive consensus method based on feedback mechanism and social interaction in social network group decision making ［J］. Information Sciences, 2023, 625: 430 –456.

［83］ 庄花. 基于共识视角的概率语言多属性群体决策方法及应用研究［D］. 厦门大学, 2019.

［84］ 吴双胜, 林杰, 杨玉舒, 等. 犹豫模糊语言距离测度及其在多属性决策中的应用［J］. 运筹与管理, 2023, 32 (2): 61 –67.

［85］ 徐选华, 范永峰. 改进的蚁群聚类算法及在多属性大群体决策中的应用［J］. 系统工程与电子技术, 2011, 33 (2): 346 –349.

［86］ 邹文昌. 模糊语言信息环境下的多属性群共识决策研究［D］. 江西财经大学, 2023.

［87］ 吴航遥. 犹豫模糊语言环境下基于不同决策情境的群体共识决策方法及应用［D］. 四川大学, 2021.

［88］ Wang H, Liao H, Huang B, et al. Determining consensus thresholds for group decision making with preference relations ［J］. Journal of the Operational Research Society, 2020, 72 (10): 1 –11.

［89］ Liu B, Zhou Q, Ding R, et al. Large – scale group decision making model based on social network analysis: trust relationship – based conflict detection and elimination ［J］. European Journal of Operational Research, 2018, 275

(2): 737 – 754.

[90] Ben – Arieh D, Easton T. Multi – criteria group consensus under linear cost opinion elasticity [J]. Decision Support Systems, 2006, 43 (3): 713 – 721.

[91] Jindong Q, Minxuan L, Yingying L. Minimum cost consensus model for CRP – driven preference optimization analysis in large – scale group decision making using Louvain algorithm [J]. Information Fusion, 2022, 80: 121 – 136.

[92] Ding R, Wang X, Shang K, et al. Sparse Representation – Based Intuitionistic Fuzzy Clustering Approach to Find the Group Intra – Relations and Group Leaders for Large – Scale Decision Making [J]. IEEE Transactions on Fuzzy Systems, 2019, 27 (3): 559 – 573.

[93] Liu Y, Liang C, Chiclana F, et al. A trust induced recommendation mechanism for reaching consensus in group decision making [J]. Knowledge – Based Systems, 2017, 119: 221 – 231.

[94] Quanbo Z, Yucheng D, Hengjie Z, et al. A Personalized Feedback Mechanism Based on Bounded Confidence Learning to Support Consensus Reaching in Group Decision Making [J]. IEEE Transactions on Systems, Man, and Cybernetics: Systems, 2019, 51 (6): 1 – 11.

[95] Zadeh L A. Fuzzy sets [J]. Information and control, 1965, 8 (3): 338 – 353.

[96] 张清华，王进，王国胤．粗糙模糊集的近似表示［J］．计算机学报，2015，38（7）：1484 – 1496.

[97] Jeon M C, Amekudzi A. Addressing Sustainability in Transportation Systems: Definitions, Indicators, and Metrics [J]. Journal of Infrastructure Systems, 2005, 11 (1): 31 – 50.

[98] Zhu X, Li J, Liu Z, et al. Optimization approach to depot location in car sharing systems with big data [C] //2015 IEEE International Congress on Big Data. IEEE, 2015: 335 – 342.

[99] Zadeh L A. Fuzzy sets [J]. Information and Control, 1965, 8: 338 - 353.

[100] Dagdeviren M, Yavuz S, Kilinc N. Weapon selection using the AHP and TOPSIS methods under fuzzy environment [J]. Expert Systems with Applications, 2009, 36 (4): 8143 - 8151.

[101] Atanassov K T. Intuitionistic fuzzy sets [J]. Fuzzy sets and systems, 1986, 20 (1): 87 - 96.

[102] Xu Z S. Intuitionistic fuzzy aggregation operators [J]. IEEE Transactions on Fuzzy Systems, 2007, 15 (6): 1179 - 1187.

[103] Ouyang Y, Pedrycz W. A new model for intuitionistic fuzzy multi - attributes decision making [J]. European Journal of Operational Research, 2016, 249 (2): 677 - 682.

[104] Atanassov K, Gargov G. Interval valued intuitionistic fuzzy - sets [J]. Fuzzy Sets and Systems, 1989, 31 (3): 343 - 349.

[105] TSAUR R C. Decision risk analysis for an interval TOPSIS method [J]. Applied Mathematics and Computation, 2011, 218 (8): 4295 - 4304.

[106] Zhu X Z, Kuang D, Gu J, et al. Research on operational effectiveness evaluation based on interval number and grey decision making [J]. Advanced Materials Research, 2014: 912 - 914, 1702 - 1705.

[107] Kurka P. Exact real arithmetic for interval number systems [J]. Theoretical Computer Science, 2014, 542: 32 - 43.

[108] Laarhoven P J M V, Pedrycz W. A fuzzy extension of Saaty's priority theory [J]. Fuzzy Sets and Systems, 1983, 11 (1 - 3): 199 - 227.

[109] Wang Z J, Tong X Y. Consistency analysis and group decision making based on triangular fuzzy additive reciprocal preference relations [J]. Information Sciences, 2016, 361: 29 - 47.

[110] Yager R R. On a general class of fuzzy connectives [J]. Fuzzy Sets and Systems, 1980, 4: 235 - 242.

[111] Chen C T. Extensions of the TOPSIS for group decision - making un-

der fuzzy environment [J]. Fuzzy Sets and Systems, 2000, 114 (1): 1-9.

[112] Liou T S, Wang M J J. Ranking fuzzy numbers with integral value [J]. Fuzzy Sets and Systems, 1992, 50 (3): 247-255.

[113] Liu H C, Liu L, Li P. Failure mode and effects analysis using intuitionistic fuzzy hybrid weighted Euclidean distance operator [J]. International Journal of Systems Science, 2014, 45 (10): 2012-2030.

[114] Herrera F, Martínez L. A 2-tuple fuzzy linguistic representation model for computing with words [J]. IEEE Transactions on Fuzzy Systems, 2000, 8 (6): 746-752.

[115] 张发明，王伟明. 多粒度不确定语言信息下的多阶段交互式群体评价方法 [J]. 浙江大学学报（理学版），2017，44（6）：724-734.

[116] Xu Z S. Deviation measures of linguistic preference relations in group decision making [J]. Omega, 2005, 33 (3): 249-254.

[117] Xu Z S. A method based on linguistic aggregation operators for group decision making with linguistic preference relations [J]. Information Sciences, 2004, 166: 19-30.

[118] Wang B L, Liang J Y, Qian Y H. A normalized numerical scaling method for the unbalanced multi-granular linguistic sets [J]. International Journal of Uncertainty and Knowledge-Based Systems, 2015, 23 (2): 221-243.

[119] Yager R R. Quantifier guided aggregation using OWA operators [J]. International Journal of Intelligent Systems, 1996, 11 (1): 49-73.

[120] Chen S M, Han W H. Multiattribute decision making based on nonlinear programming methodology, particle swarm optimization techniques and interval-valued intuitionistic fuzzy values [J]. Information Sciences, 2019, 471: 252-268.

[121] Zhou X, Ji F, Wang L, et al. Particle swarm optimization for trust relationship based social network group decision making under a probabilistic linguistic environment [J]. Knowledge-Based Systems, 2020, 200.

[122] Bondy J A, Murty U S R. Graph theory with applications [M]. London: Macmillan, 1976.

[123] Liu X, Xu Y, Montes R, et al. Social network group decision making: Managing self – confidence – based consensus model with the dynamic importance degree of experts and trust – based feedback mechanism [J]. Information Sciences, 2019, 505: 215 – 232.

[124] Zhou Q, Wu Z, Altalhi A H, et al. A two – step communication opinion dynamics model with self – persistence and influence index for social networks based on the DeGroot model [J]. Information Sciences, 2020, 519: 363 – 381.

[125] Su Z, Xu Z, Zhao H, et al. Hesitant fuzzy DeGroot opinion dynamics model and its application in multi – attribute decision making [J]. International Journal of Computers Communications & Control, 2020, 15 (4).

[126] Wu J, Dai L, Chiclana F, et al. A minimum adjustment cost feedback mechanism based consensus model for group decision making under social network with distributed linguistic trust [J]. Information Fusion, 2018, 41: 232 – 242.

[127] 孙玺菁，司守奎．复杂网络算法与应用 [M]．北京：国防工业出版社，2015.

[128] Komal B, A M N. Towards a methodology for validation of centrality measures in complex networks [J]. PloS one, 2014, 9 (4): e90283.

[129] Scott J. Social network analysis [J]. Sociology, 1988, 22 (1): 109 – 127.

[130] Wasserman, Stanley, Katherine Faust. Social network analysis: Methods and applications [M]. Cambridge university press, 1994.

[131] Mahdi J, Ali S, Yazdan A, et al. CentiServer: A Comprehensive Resource, Web – Based Application and R Package for Centrality Analysis [J]. PloS one, 2015, 10 (11): e0143111.

[132] Freeman L C. Centrality in social networks: Conceptual clarification

[J]. Social network: critical concepts in sociology. Londres: Routledge, 2002, 1: 238 - 263.

[133] Langville A N, Meyer C D. A survey of eigenvector methods for web information retrieval [J]. SIAM review, 2005, 47 (1): 135 - 161.

[134] Brandes U. A faster algorithm for betweenness centrality [J]. Journal of mathematical sociology, 2001, 25 (2): 163 - 177.

[135] 邓亮．金融传销的形式、特点及防控 [J]. 南方金融, 2019, (3): 49 - 55.

[136] Valley News, Legging company, LuLaRoe accused of misleading consultants [EB/OL].

[137] Mizruchi M S, Marquis C. Egocentric, sociocentric, or dyadic?: Identifying the appropriate level of analysis in the study of organizational networks [J]. Social Networks, 2006, 28 (3): 187 - 208.

[138] Wuchty S, Stadler P F. Centers of complex networks [J]. Journal of theoretical biology, 2003, 223 (1): 45 - 53.

[139] Wuchty S, Stadler P F. Centers of complex networks [J]. Journal of theoretical biology, 2003, 223 (1): 45 - 53.

[140] Ma H W, Zeng A P. The connectivity structure, giant strong component and centrality of metabolic networks [J]. Bioinformatics, 2003, 19 (11): 1423 - 1430.

[141] Pastor - Satorras R, Vázquez A, Vespignani A. Dynamical and correlation properties of the internet [J]. Physical review letters, 2001, 87 (25).

[142] Borgatti S P. Centrality and network flow [J]. Social networks, 2005, 27 (1): 55 - 71.

[143] Scott J, Carrington P J. The SAGE handbook of social network analysis [M]. SAGE publications, 2011.

[144] D' Andrea A, Ferri F, Grifoni P. An overview of methods for virtual social networks analysis [M]. Springer London, 2010: 3 - 25.

[145] Koschützki D, Schreiber F. Centrality analysis methods for biological

networks and their application to gene regulatory networks [J]. Gene regulation and systems biology, 2008, 2: 193.

[146] Oldham S, Fulcher B, Parkes L, et al. Consistency and differences between centrality measures across distinct classes of networks [J]. PloS one, 2019, 14 (7).

[147] Batool K, Niazi M A. Towards a methodology for validation of centrality measures in complex networks [J]. PloS one, 2014, 9 (4).

[148] M. West. Effective teamwork. Practical lessons from organizational research [M]. Wiley—Blackwell, 2012.

[149] E. Herrera – Viedma, S. Alonso, F. Chiclana, et al. A consensus model for group decision making with incomplete fuzzy preference relations [J]. IEEE Transactions on Fuzzy Systems, 2007, 15 (5): 863 – 877.

[150] V. Salas – Fumás, C. Sáenz – Royo, A. Lozano – Rojo. Organisational structure and performance of consensus decisions through mutual influences: A computer simulation approach [J]. Decision Support Systems, 2016, 86: 61 – 72.

[151] F. J. Cabrerizo, J. M. Moreno, I. J. Pérez, et al. Analyzing consensus approaches in fuzzy group decision making: advantages and drawbacks [J]. Soft Computing, 2010, 14 (5): 451 – 463.

[152] Z. B. Wu, J. P. Xu. A concise consensus support model for group decision making with reciprocal preference relations based on deviation measures [J]. Fuzzy Sets and Systems, 2012, 206: 58 – 73.

[153] I. Palomares, F. J. Estrella, L. Martínez, et al. Consensus under a fuzzy context: Taxonomy, analysis framework AFRYCA and experimental case of study [J]. Information Fusion, 2014, 20: 252 – 271.

[154] I. Palomares, R. M. Rodríguez, L. Martínez. A semi – supervised multi – agent system model to support consensus reaching processes [J]. IEEE Transactions on Fuzzy Systems, 2014, 22 (4): 762 – 777.

[155] I. J. Pérez, F. J. Cabrerizo, S. Alonso, et al. A new consensus

model for group decision making problems with nonhomogeneous experts [J]. IEEE Transactions on Systems, Man, and Cybernetics: Systems, 2014, 22 (4): 494 -498.

[156] Y. C. Dong, H. J. Zhang, E. Herrera - Viedma. Integrating experts' weights generated dynamically into the consensus reaching process and its applications in managing non - cooperative behaviors [J]. Decision Support Systems, 2016, 84: 1 -15.

[157] H. C. Liao, Z. S. Xu, X. J. Zeng, et al. Framework of group decision making with intuitionistic fuzzy preference information [J]. IEEE Transactions on Fuzzy Systems, 2015, 23 (4): 1211 -1227.

[158] H. C. Liao, Z. S. Xu, X. J. Zeng, et al. An enhanced consensus reaching process in group decision making with intuitionistic fuzzy preference relations [J]. Information Sciences, 2016, 329: 274 -286.

[159] J. Kacprzyk, M. Fedrizzi. A "soft" measure of consensus in the setting of partial (fuzzy) preferences [J]. European Journal of Operational Research, 1988, 34 (3): 316 -325.

[160] E. Herrera - Viedma, F. J. Cabrerizo, J. Kacprzyk, et al. A review of soft consensus models in a fuzzy environment [J]. Information Fusion, 2014, 17: 4 -13.

[161] 徐选华，尹儇鹏，钟香玉，等．大群体决策理论与方法研究综述：问题与挑战 [J]．信息与控制，2021，50 (1)：54 -64.

[162] ZHONG X, XU X. Clustering - based method for large group decision making with hesitant fuzzy linguistic information: Integrating correlation and consensus [J]. Applied Soft Computing, 2020, 87: 105973.

[163] LI Y, KOU G, LI G, et al. Consensus reaching process in large - scale group decision making based on bounded confidence and social network [J]. European Journal of Operational Research, 2022, 303 (2): 790 -802.

[164] XU Y, WEN X, ZHANG W. A two - stage consensus method for large - scale multi - attribute group decision making with an application to earth-

quake shelter selection [J]. Computers & Industrial Engineering, 2018, 116: 113 - 129.

[165] [德] 斐迪南·滕尼斯. 共同体与社会 [M]. 林荣远, 译. 北京: 商务印书馆, 1999: 148.

[166] 洪炜. 协同治理视域下城市社区居民自治决策研究 [D]. 北京交通大学, 2023.

[167] 高旸. 居民参与社区治理的策略选择与行动表现分析——以W市"超级网格"现象为例 [J]. 城市问题, 2021, (12): 77 - 86 + 96.

[168] 张红, 张再生. 基于计划行为理论的居民参与社区治理行为影响因素分析——以天津市为例 [J]. 天津大学学报 (社会科学版), 2015, 17 (6): 523 - 528.

[169] 徐正, 毛佩瑾, 赵小平. 居民参与社区社会组织的影响因素 [J]. 城市问题, 2015 (7): 85 - 89.

[170] 张平, 周东禹. 城市居民参与社区民主选举: 何以可能与何以可为 [J]. 学术交流, 2019 (7): 120 - 128 + 192.

[171] 丽莎·G. 斯蒂尔, 斯科特·M. 林奇, 谭金可. 中国人对幸福的追求: 中国经济社会转型中的个人主义、集体主义和主观幸福感 [J]. 国外理论动态, 2014 (5): 54 - 61.

[172] Ajzen, I. The theory of planned behavior [J]. Organizational Behavior and Human Decision Processes, 1991, 50 (2): 179 - 211.

[173] Tani M, Gheith H M, Papaluca O. Drivers of student engagement in higher education: a behavioral reasoning theory perspective [J]. Higher Education, 2021, 82 (3): 1 - 20.

[174] Yogesh B, Karminder G. Managerial cognition and environmental behavioral intentions: A behavioral reasoning theory perspective [J]. Corporate Social Responsibility and Environmental Management, 2022, 29 (5): 1315 - 1329.

[175] 何雪松, 侯秋宇. 城市社区的居民参与: 一个本土的阶梯模型 [J]. 华东师范大学学报 (哲学社会科学版), 2019, 51 (5): 33 - 42 + 236.

［176］杨晓峰．从文学的视角看美国的个人主义和中国的集体主义价值观［J］．河南社会科学，2009，17（5）：151－153.

［177］卢维良．整合农村社会资本的内在张力，促进农村社区治理［J］．理论与改革，2012（2）：100－103.

［178］Ram S，Jadish N. Consumer resistance to innovations：The marketing problem and its solutions［J］. The Journal of Consumer Marketing，2022（3）：5－14.

［179］徐珣，王自亮．商谈式民主决策及其社会行动机制研究——以温岭民主恳谈为个案［J］．公共管理学报，2014，11（2）：39－50＋140－141.

［180］巢小丽．居民社区归属感对其社区参与行为的影响——基于Z省N市的实证分析［J］．广东行政学院学报，2013，25（3）：23－27.

［181］杨超，陈红，胡小勇，等．中国居民社区责任感问卷的编制及信效度检验［J］．中国临床心理学杂志，2019，27（2）：242－245.

［182］杨超，陈红，胡小勇，等．不同社区责任感水平的居民对利他信息内隐认知加工的差异［J］．心理科学，2022，45（2）：402－408.

［183］张平，张洋，白鸣辉．计划行为理论视角下的城市社区居民民主决策影响因素——基于全国20个城市1956份问卷的调查数据［J］．沈阳大学学报（社会科学版），2020，22（1）：57－64.

［184］郑雯睿，汪仕凯．城市居民自治的发生机制：基于上海经验的研究［J］．中国行政管理，2014（1）：45－49＋82.

［185］Chiclana F，Herrera F，Herrera－Viedma E. Integrating three representation models in fuzzy multipurpose decision making based on fuzzy preference relations［J］. Fuzzy sets and Systems，1998，97（1）：33－48.

［186］Delgado M，Herrera F，Herrera－Viedma E，et al. Combining numerical and linguistic information in group decision making［J］. Information Sciences，1998，107（1－4）：177－194.

［187］徐选华，周声海，周艳菊，等．基于乘法偏好关系的群一致性偏差熵多属性群决策方法［J］．控制与决策，2014，29（2）：257－262.

［188］王欣荣，樊治平．一种具有不同形式偏好信息的群决策方法［J］．东北大学学报，2003（2）：178－181.

［189］熊才权，张玉．群决策中多形式偏好信息的转换及一致性分析［J］．计算机工程，2009，35（22）：188－190.

［190］Lewin K．Field Theory in Social Science［J］．American Catholic Sociological Review，1951，12（2）：103.

［191］张园．社会资本对大学生创业的影响研究［J］．白城师范学院学报，2012，26（6）：44－46＋54.

［192］田毅鹏，王丽丽．单位的“隐形在场”与基层社会治理——以“后单位社会”为背景［J］．中国特色社会主义研究，2017（2）：87－92.

［193］张学良，邵东燕，张富利，等．勒温场动力理论视阈下高校青年教师教学动力的激发探究［J］．西北工业大学学报（社会科学版），2017，37（2）：82－85.

［194］姚升保，古淼．移情关系影响下的群体共识决策模型研究［J］．中国管理科学，2021，29（11）：203－214.

［195］楚俊峰，鲁亚南，王燕燕．考虑非合作行为的社会网络大群体共识决策模型［J］．系统科学与数学，2023，43（4）：961－981.

［196］徐泽水．不确定多属性决策方法及应用［M］．清华大学出版社，2004.

［197］熊烨．面向群体偏好分析的老旧小区改造项目决策研究［D］．哈尔滨工业大学，2021.

［198］Herrera－Viedma E，Cabrerizo F J，Kacprzyk J，et al. A review of soft consensus models in a fuzzy environment［J］．Information Fusion，2014，17：4－13.

［199］Kacprzyk J，Fedrizzi M. A ‘soft’ measure of consensus in the setting of partial（fuzzy）preferences［J］．European Journal of Operational Research，1988，34（3）：316－325.

［200］吴澎，周礼刚，陈华友．基于语言共识模型的电子商务信用风险评价方法［J］．控制与决策，2021，36（6）：1465－1471.

[201] Wu J, Chiclana F, Fujita H, et al. A visual interaction consensus model for social network group decision making with trust propagation [J]. Knowledge – Based Systems, 2017, 122: 39 – 50.

[202] Yang G R, Wang X Q, Ding R X, et al. Managing non – cooperative behaviors in large – scale group decision making based on trust relationships and confidence levels of decision makers. Information Fusion, 2023, 97: 101820.

[203] Ding R X, Wang X Q, Shang K, et al. Sparse Representation – Based Intuitionistic Fuzzy Clustering Approach to Find the Group Intra – Relations and Group Leaders for Large – Scale Decision Making. IEEE Transactions on Fuzzy Systems, 2019, 27 (3): 559 – 573.

[204] Zhang H J, Wang F, Dong Y C, et al. Social trust – driven consensus reaching model with a min – imum adjustment feedback mechanism considering assessments – modifications willingness. IEEE Transactions on Fuzzy Systems, 2021, 30 (6): 2019 – 2031.

[205] V. Torra. Hesitant fuzzy sets [J]. International Journal of Intelligent Systems, 2010, 25 (6): 529 – 539.

[206] M. M. Xia, Z. S. Xu. Hesitant fuzzy information aggregation in decision making [J]. International Journal of Approximate Reasoning, 2011, 52 (3): 395 – 407.

[207] S. A. Orlovsky. Decision – making with a fuzzy preference relation [J]. Fuzzy Sets and Systems, 1978, 1 (3): 155 – 167.

[208] M. M. Xia, Z. S. Xu. Managing hesitant information in GDM problems under fuzzy and multiplicative preference relations [J]. International Journal of Uncertainty, Fuzziness and Knowledge – Based Systems, 2013, 21 (6): 865 – 897.

[209] Chu J. Social network analysis based approach to group decision making problem with fuzzy preference relations [J]. Journal of Intelligent & Fuzzy Systems, 2016 (3): 1271 – 1285.

[210] Wu Z B, Xu J P. A consensus model for large – scale group decision making with hesitant fuzzy information and changeable clusters [J]. Information Fusion, 2018, 41: 217 – 231.

[211] Chu J F, Liu X W, Wang Y M. Social network analysis based approach to group decision making problem with fuzzy preference relations [J]. Journal of Intelligent & Fuzzy Systems, 2016, 31 (3): 1271 – 1285.

[212] Jindong Q, Di W, Yingying L. Social network – driven bi – level minimum cost consensus model for large – scale group decision – making: A perspective of structural holes [J]. Information Sciences, 2023, 649.

[213] Wu J, Zhao Z W, Sun Q, Fujita H. A maximum self – esteem degree based feedback mechanismfor group consensus reaching with the distributed linguistic trust propagation in social network. Information Fusion, 2021, 67: 80 – 93.

[214] Zhang Y J J, Chen X, Gao L, et al. Consensus reaching with trust evolution in social networkgroup decision making. Expert Systems with Application, 2022, 188: 116022.

[215] Du Z, Luo H, Lin X, et al. A trust – similarity analysis – based clustering method for large – scale group decision – making under a social network [J]. Information Fusion, 2020, 63 (prepublish): 13 – 29.

[216] Li Y H, Kou G, Li G X, et al. Multi – attribute group decision making with opinion dynamicsbased on social trust network. Information Fusion, 2021, 75: 102 – 115.

[217] Wu J, Chiclana F, Herrera – Viedma E. Trust based con – sensus model for social network in an incomplete linguistic information context [J]. Applied Soft Computing, 2015, 35 (C): 827 – 839.

[218] Ling L, Shengxue J, Yinghua S, et al. A two – stage consensus model for large – scale group decision – making considering dynamic social networks [J]. Information Fusion, 2023, 100.

[219] 田生芃. 网络公共论坛用户参与度测评研究 [D]. 兰州大

学，2017.

［220］王梓宁，张国防．考虑多交互关系与情感倾向的微博用户可信度评估算法［J］．计算机应用研究，2024，41（10）：3000－3007.

［221］柴雯，左美云，田雪松，等．老年用户使用在线社交网络的行为类型研究［J］．情报杂志，2016，35（7）：167－172.

［222］Wanda P，Jie J H．DeepProfile：Finding fake profile in online social network using dynamic CNN［J］．Journal of Information Security and Applications，2020：52102465－102465.

［223］Abu－Salih B，Qudah D A，AI－Hassan M，et al．An intelligent system for multi－topic social spam detection in microblogging［J/OL］．Journal of Information Science. 2022－09－15.

［224］杨艳萍．基于双向加权图的社交网络用户可信度算法研究［J］．信息网络安全，2017（7）：40－44.

［225］陈波，唐相艳，于泠，等．基于胜任力模型的社交网络意见领袖识别方法［J］．通信学报，2014，35（11）：12－22.

［226］朱卫未，王海琴．基于社会网络和偏好排序的意见领袖识别方法研究——以“阿里平台为云南鲁甸募捐”为例［J］．情报杂志，2015，34（6）：104－108＋125.

［227］Lokesh J．An entropy－based method to control COVID－19 rumors in online social networks using opinion leaders.［J］．Technology in society，2022，70102048－102048.

［228］Li Y，Ma S，Zhang Y，et al．An improved mix framework for opinion leader identification in online learning communities［J］．Knowledge－Based Systems，2013，4343－4351.

［229］张倩．社交网络中基于两阶段的意见领袖挖掘及其信息传播模型研究［D］．上海师范大学，2019.

［230］Liang Z，Zhe S，Si C，et al．Social media opinion leaders and information diffusion of crowdfunding projects：Evidence from China［J］．Technological Forecasting & Social Change，2024.

[231] Nwobodo O L, Inyiama C H. Evaluation of Organizational Intellectual Property Management Decision Structure using Organizational Risk Analyzer (ORA) [J]. International Journal of Recent Technology and Engineering (IJRTE), 2015, 4 (2): 75 - 80.

[232] Molodtsov D. Soft set theory—First results [J]. Computers & Mathematics with Applications, 1999, 37 (4 - 5): 19 - 31.

[233] Maji P K, Biswas R, Roy A R. Soft set theory [J]. Computers & Mathematics with Applications, 2003, 45 (4): 555 - 562.

[234] Feng F, Jun Y B, Zhao X. Soft semirings [J]. Computers & Mathematics with Applications, 2008, 56 (10): 2621 - 2628.

[235] Kazancı O, Yılmaz, Yamak S. Soft sets and soft BCH - algebras [J]. Hacettepe University Bulletin of Natural Sciences & Engineering, 2010, 39 (2): 205 - 217.

[236] Maji P K, Biswas R, Roy A R. Fuzzy Soft Sets [J]. Journal of Fuzzy Mathematics, 2001, 9 (3): 589 - 602.

[237] Cağman N, Enginoğ luS. Soft matrix theory and its decision making [J]. Computers and Mathematics with Applications, 2010, 59 (10): 3308 - 3314.

[238] Xu Z S. Intuitionistic fuzzy aggregation operators [J]. IEEE Transactions on Fuzzy Systems, 2007, 15 (6): 1179 - 1187.

[239] 陈孝国. 模糊软集决策理论扩展研究及其在矿业工程中的应用 [D]. 中国矿业大学 (北京), 2016.

[240] Tversky K A. Prospect Theory: An Analysis of Decision under Risk [J]. Econometrica: Journal of theEconometric Society, 1979, 47 (2).

[241] Tversky A, Kahneman D. Advances in Prospect Theory: Cumulative Representation of Uncertainty [J]. Journal of Risk Uncertainty, 1992, 5 (4).

[242] 耿生玲. 软集理论及其在知识获取中的应用研究 [D]. 陕西师范大学, 2013.

[243] 陈孝国, 杜红. 区间三角模糊软集及其动态决策方法 [J]. 系

统工程与电子技术，2015，37（5）：1111－1115.

［244］赵萌，沈鑫圆，何玉锋，等．基于概率语言熵和交叉熵的多准则决策方法［J］．系统工程理论与实践，2018，38（10）：2679－2689.

［245］江登英，张徐军．基于TFNCD算子的三角模糊数多属性群决策［J］．系统工程与电子技术，2019，41（9）：2065－2071.

［246］陈述，余迪，郑霞忠，等．重大突发事件的协同应急响应研究［J］．中国安全科学学报，2014，24（1）：156－162. DOI：10. 16265/j. cnki. issn1003－3033. 2014. 01. 018.

［247］Prelec D. Compound Invariant Weighting Functions in Prospect Theory［M］. Combridge Cam－brid－ge University Press，2000（1）：156－179.

［248］Pang Q，Wang H，Xu Z. Probabilistic linguistic term sets in multi－attribute group decision making［J］. Information Sciences，2016，369：128－143.

［249］Pang Q，Wang H，Xu Z. Probabilistic linguistic term sets in multi－attribute group decision making［J］. Information Sciences，2016：128－143.

［250］Zadeh L A. The concept of a linguistic variable and its application to approximate reasoning—I［J］. Information sciences，1975，8（3）：199－249.

［251］Pang Q，Wang H，Xu Z. Probabilistic linguistic term sets in multi－attribute group decision making［J］. Information Sciences，2016，369：128－143.

［252］Yu S，Du Z，Xu X. Hierarchical punishment－driven consensus model for probabilistic linguistic large－group decision making with application to global supplier selection［J］. Group Decision and Negotiation，2021，30（6）：1343－1372.

［253］Wu X，Liao H，Xu Z，et al. Probabilistic linguistic MULTIMOORA：A multicriteria decision making method based on the probabilistic linguistic expectation function and the improved Borda rule［J］. IEEE Transactions on Fuzzy Systems，2018，26（6）：3688－3702.

［254］Liu D，Garg H. Linguistic connection number of set pair analysis based on TOPSIS method and numerical scale function [J]. Journal of Intelligent & Fuzzy Systems, 2020, 38 (2): 2369 – 2382.

[255] Zhang Y, Xu Z, Liao H. A consensus process for group decision making with probabilistic linguistic preference relations [J]. Information sciences, 2017, 414: 260 – 275.

[256] Shafer G. A mathematical theory of evidence [M]. Princeton: Princeton University Press, 1976.

[257] 段新生. 证据理论与决策、人工智能 [M]. 北京: 中国人民大学出版社, 1993.

[258] 杨风暴, 王肖霞. D – S 证据理论的冲突证据合成方法 [M]. 北京: 国防工业出版社, 2010.

[259] 赵萌, 沈鑫圆, 何玉锋, 等. 基于概率语言熵和交叉熵的多准则决策方法 [J]. 系统工程理论与实践, 2018, 38 (10): 2679 – 2689.

[260] 朱峰, 徐济超, 刘玉敏, 等. 基于符号距离和交叉熵的概率犹豫模糊多属性决策方法 [J]. 控制与决策, 2020, 35 (8): 1977 – 1986.

[261] 陈述, 余迪, 郑霞忠, 等. 重大突发事件的协同应急响应研究 [J]. 中国安全科学学报, 2014, 24 (1): 156.